Wilhelm von. Festenberg-Pakisch

St. Peter und Pauls-Gemeinde in Mankato, Minnesota

von ihren Anfängen bis zur Gegenwart

Wilhelm von. Festenberg-Pakisch

St. Peter und Pauls-Gemeinde in Mankato, Minnesota
von ihren Anfängen bis zur Gegenwart

ISBN/EAN: 9783743631571

Hergestellt in Europa, USA, Kanada, Australien, Japan

Cover: Foto ©ninafisch / pixelio.de

Weitere Bücher finden Sie auf **www.hansebooks.com**

Mankato vom Agency-Hügel gegen Norden.
(Rechts die St. Peter und Paulskirche und Schule.)

Die
St. Peter und Pauls-Gemeinde

in

Mankato, Minnesota,

von ihren Anfängen bis auf die Gegenwart.

 Von

Wilhelm von Festenberg-Pakisch, S. J.

Herausgegeben

 von

Arthur Schaub, Rechtsanwalt.

Mankato, Minn.,
Druck der „Mankato Post".
1899.

Vorwort.

Die St. Peter und Pauls-Gemeinde in Mankato ist die älteste von den katholischen Pfarrgemeinden im südlichen Minnesota. Ihre Anfänge fallen in die an Entbehrungen, Gefahren und Kämpfen reiche Pionierzeit des Nordwestens. Eine Geschichte dieser Gemeinde versprach deßhalb des Interessanten viel zu bieten, wenn sie geschrieben würde, so lange von dem schon stark gelichteten Häuflein der ersten Ansiedler, welche die Gemeinde gegründet haben, wenigstens noch Einige unter den Lebenden weilten, um als letzte Augenzeugen aus vergangenen Tagen über Selbsterlebtes vernommen zu werden.

Der Aufgabe, diese Geschichte zu schreiben, unterzog sich der Verfasser, nicht zwar aus eigener Initiative, sondern weil er auf den Wunsch von Gemeindemitgliedern von seinem Vorgesetzten damit betraut wurde. Schon vor mehr als einem Jahre nahm er die Arbeit in Angriff und schrieb die ersten Kapitel dieses Buches, die bereits anfangs November 1898 gedruckt vorlagen. Durch dringendere Berufspflichten in Anspruch genommen, sah er sich dann genöthigt, die Arbeit längere Zeit ruhen zu lassen, um sie erst nach monatelanger Unterbrechung wieder aufzunehmen und zu Ende zu führen.

Was dem Verfasser die zu lösende Aufgabe beträchtlich erschwerte, war der Umstand, daß aus der ganzen Zeit von der Gründung der Gemeinde bis in die siebziger Jahre außer etlichen alten Kirchenbüchern mit spärlichen und lückenhaften Eintragungen kaum irgendwelche andere Quellen in Gestalt von geschriebenen Berichten ihm bei seiner Arbeit zur Verfügung standen. Insbesondere war er hinsichtlich der frühesten, mit den ersten Anfängen der Gemeinde verknüpften Ereignisse lediglich auf die mündlichen Aussagen der Ueberlebenden angewiesen. Es kostete viele Zeit und Mühe, diese Mittheilungen zu sammeln und zu einem zusammenhängenden Ganzen zu ordnen. In Fällen, wo von einander abweichende Erzählungen sich gegenüberstanden, war der Verfasser—das kann der Leser ihm glauben—redlich bemüht, das Richtige zu ermitteln, soweit das überhaupt noch möglich war, um nach Ausscheidung des Sagenhaften vom Wohlverbürgten eine vielleicht weniger interessante, aber desto wahrheitsgetreuere Darstellung der Ereignisse zu geben.

Der Verfasser dankt hiermit allen denjenigen, die ihm durch Mittheilungen irgendwelcher Art bei seiner Arbeit behülflich waren. Zu ihnen zählen außer dem nun verewigten Leo Lamm, dem es Gott in der Ewigkeit lohnen möge, namentlich die Herren Philipp Hodapp, Franz Borgmeier, Georg Kiffe, Stephan Lamm, Heinrich Bahle und Heinrich Sontag.

In hervorragender Weise hat sich um das Buch verdient gemacht Herr Rechtsanwalt A. Schaub, der Herausgeber desselben. Nicht nur hat er für den Verfasser werthvolles Material gesammelt, sondern ist auch das am Ende des Buches befindliche Verzeichniß der Gemeindemitglieder mit Angabe ihrer Adressen vornehmlich sein Werk. Er hat weder Zeit noch Mühe gespart, dieses Verzeichniß so vollständig und genau wie möglich zu machen.

Das Buch, dessen äußere Ausstattung der Druckerei, in welcher es hergestellt wurde, sicherlich Ehre macht, ist mit kostspieligen Bildern reich illustrirt. Hinsichtlich der Portraits, die sich in dem ersten Theile des Buches finden, sei bemerkt, daß, wenn auch denselben die Bildnisse von noch manchen anderen wackeren Männern und Frauen aus der Gemeinde angereiht zu werden verdient hätten, doch ihre Zahl nothwendiger Weise innerhalb bestimmter Grenzen bleiben mußte. Daher haben wir uns genöthigt gesehen, die Gruppenbilder von „alten Ansiedlern" auf diejenigen zu beschränken, die noch vor dem Jahre

VI

1857 hierher gekommen sind, insoweit wir überhaupt ihrer Conterfeis habhaft werden konnten. Denn von Manchen aus ihnen, die schon todt sind, waren keine Portraits zu haben.

Was aber die anderen Bilder von einzelnen Personen angeht, so wird dem geneigten Leser bei einiger Aufmerksamkeit auf die im Buche gemachten Angaben nicht entgehen, daß diese Bilder, wenn nicht auch wieder alte Ansiedler aus besagter Zeitperiode, entweder die zur Geschichte der Gemeinde in Beziehung stehenden geistlichen Würdenträger oder solche Gemeindeangehörige vorstellen, die bei Errichtung der Schule und bei dem Kirchenbau als Mitglieder von Comites eine officielle Stellung eingenommen haben.

Im zweiten Theile des Buches werden dem Leser die verschiedenen Vereine in zumeist wohlgelungenen Gruppenbildern vorgeführt. Zu bedauern ist nur, daß einige von diesen Vereinen bei der photographischen Aufnahme bloß durch eine verhältnißmäßig kleine Anzahl von Mitgliedern vertreten waren.

Ohne Zweifel ist der Inhalt des Buches zum großen Theile von allgemeinem Interesse, und dürfte es darum auch über Mankato hinaus in weiteren Kreisen Eingang finden. Im Uebrigen aber trägt es ein durchaus lokales Gepräge, denn zunächst ist es für die St. Peter und Pauls-Gemeinde von Mankato geschrieben. Ihr widmet der Verfasser das Buch. Für die Gründer und Wohlthäter der Gemeinde sei es ein ehrendes Denkmal, für die nachwachsenden Generationen ein bleibendes Andenken an die Väter, auf daß sie ihrer eingedenk in ihre Fußstapfen treten.

Mankato, Minn., den 1. Dezember 1899.

Der Verfasser.

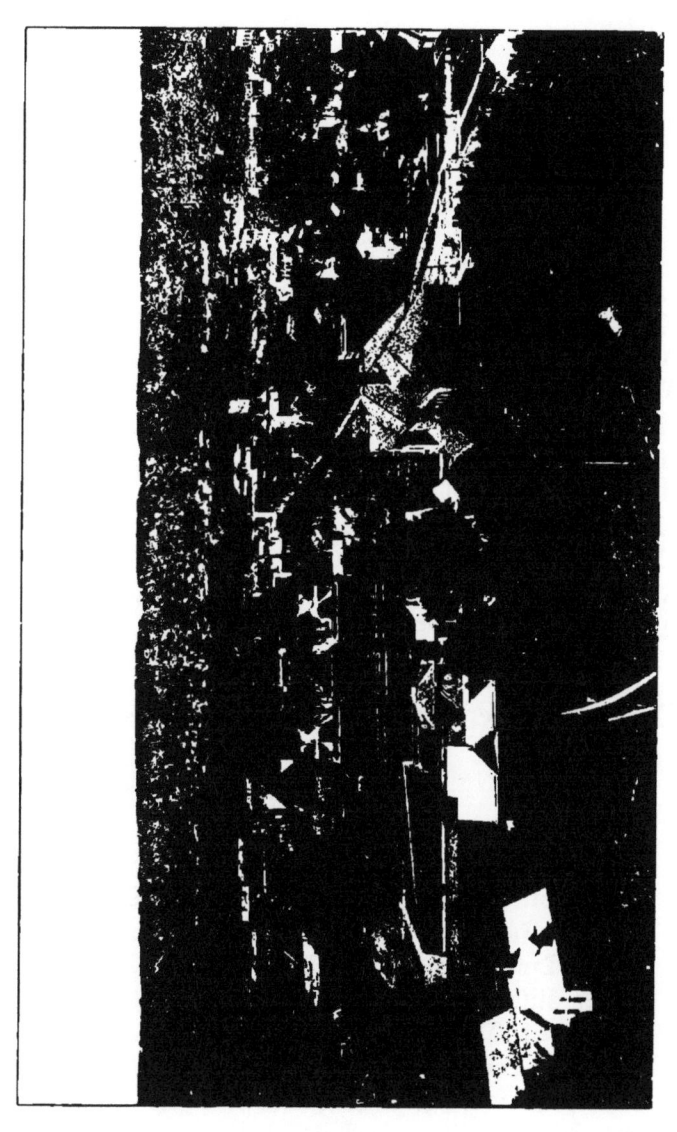

Mankato vom Agency=Hügel gegen Westen.

Inhalt.

Seite.

Vorwort.................................... III

Erster Theil.
Geschichte der Gemeinde.

- I. Der Kundschafter und seine Reisegefährten....... 3
- II. Die sieben Ersten aus St. Charles, Mo......... 9
- III. Die ersten Anfänge...................... 19
- IV. Ein Blockhaus die erste Kirche............... 27
- V. Kirchenbau und Seelsorge.................. 36
- VI. Wachsthum und Gedeihen................. 50
- VII. Eine Schreckenszeit...................... 57
- VIII. Denkwürdige Weihnachten................. 67
- IX. Die Pfarrschule......................... 88
- X. Die neue Kirche........................101
- XI. Fünfundzwanzig Jahre des Segens...........124
- XII. Ein Silbernes Jubiläum...................163

Zweiter Theil.
Verzeichniß der Vereine und Mitglieder der Gemeinde.

- I. Die Vereine.
  1. Die Marianischen Sodalitäten..............171
  2. Der St. Peter und Pauls-Unterstützungsverein..184
  3. Der St. Josephs-Hof des „Katholischen Ordens der Forester"........................192
  4. Der Dramatische Verein „Thalia"...........197
  5. Der Elisabeth-Verein....................200
  6. Der St. Cäcilien-Kirchenchorverein..........202
  7. Der St. Berchmans-Chorknabenverein........203
- II. Verzeichniß der Kirchenstuhl-Inhaber............205
- III. Verzeichniß der Gemeinde-Mitglieder...........215
- Nachtrag................................241

Erster Theil.

Geschichte der Gemeinde.

I.
Der Kundschafter und seine Reisegefährten.

m linken Ufer des Missouri, ungefähr zwanzig Meilen oberhalb seiner Vereinigung mit dem „Vater der Gewässer" und eben soweit von der Stadt St. Louis entfernt, liegt am Fuße schroffer Felsenhügel das Städtchen St. Charles. In der St. Peter= und Paulsgemeinde von Mankato wird noch bei den spätesten Geschlechtern das kleine *) St. Charles, Mo., in gesegnetem Andenken bleiben. Denn von dort kamen die wackeren Männer, die im Vereine mit den Wenigen, welche bereits vor ihnen von anderswo ge= kommen waren, diese Gemeinde gegründet haben.

Das waren biedere, deutsche Männer, brave Katholiken, denen die Erhaltung unserer hl. Religion für sich und ihre Kinder über Alles ging. Männer im kräftigsten Alter stehend, voll Unternehmungslust und mit materiellen Mitteln wohl ver= sehen. So vereinigten sie Alles in sich, nicht bloß einem im

---

*) Zur Zeit, da unsere Geschichte beginnt, im Jahre 1854, als Mankato noch in den ersten Anfängen steckte, zählte St. Charles, Mo. schon mehrere tausend Einwohner und hatte zwei katholische Gemeinden aufzuweisen, eine von Jesuitenvä= tern pastorirte französisch=englische mit blühender Pfarrschule und eine deutsche, die damals noch klein war. Indessen, da St. Charles wegen der allzugroßen Nähe von St. Louis seither nur geringe Fortschritte gemacht hat, so ist es von Mankato überflügelt worden.

Entstehen begriffenen bürgerlichen Gemeinwesen von Nutzen zu sein, sondern auch der Kirche Gottes bei ihrem Vordringen in ein der Kultur sich eben erschließendes Gebiet als tüchtige Pioniere die Wege zu bahnen. Dank einer besonderen Gunst des Himmels waren es Katholiken von solchem Schlage, die den Grundstock unserer Gemeinde zu bilden bestimmt waren, als sie vom Wandertriebe, oder vielmehr, von der Vorsehung nach Mankato geführt wurden.

Die ersten Katholiken von St. Charles, Mo., die nach Mankato übersiedelten, kamen im Jahre 1854, die ersten, denn ihnen folgten später eine Anzahl Anderer. Im Frühlinge des genannten Jahres verbrüderten sie sich mit einander zu dem Zwecke, zusammen nach Minnesota zu ziehen, dessen Vorzüge damals in Aller Munde waren und schaarenweise Ansiedler anzogen. Doch als vorsichtige Leute wollten sie die beschwerliche und kostspielige Reise dorthin nicht wagen, ehe sie über das Land ihrer Wahl die zuverlässigste Kundschaft eingeholt hätten.

Zu dem Ende wurde Einer aus ihrer Mitte, Anton Jlg [*], aus Ringelbach im Großherzogthum Baden gebürtig, ein junger Mann von etlichen zwanzig Jahren, durch das Loos bestimmt, gegen Vergütung der Reisekosten den Uebrigen als Kundschafter zu dienen. Da die Wanderlustigen fast ausnahmslos von Beruf Farmer waren, so sollte Anton's Aufgabe darin bestehen, Minnesota, damals ein noch zum größten Theile ganz wildes Land, nach verschiedenen Richtungen zu durchkreuzen, um die Gegend zu entdecken, die für den Landbau am geeignetsten erschiene.

Von den Segenswünschen der Freunde begleitet, verließ der junge Mann St. Charles in den ersten Tagen des Maimonats. Auf dem Dampfboote, das er in St. Louis bestieg,

---

[*] Ueber die Schreibweise dieses Namens lauten die Angaben so verschieden, daß es uns unmöglich war, die richtige mit Sicherheit festzustellen. Wir haben diejenige gewählt, welche die meiste Wahrscheinlichkeit für sich hat.

um nordwärts zu fahren, machte er die Bekanntschaft von katholischen Leuten, die auch nach Minnesota wollten. Diese von St. Louis kommende Reisegesellschaft zählte die folgenden Personen:

Anton Jakoby (geb. 30. Nov. 1823), seine Frau, sein Töchterchen Clara (jetzt Frau Sebastian Zimmermann) und sein damals bereits 59 Jahre alter Vater Johann Jakoby, die Alle vor einem halben Jahre von Suttrop in Westphalen nach Amerika ausgewandert waren und bis dahin in St. Louis sich aufgehalten hatten. Zu ihnen hatte sich der noch unverheirathete Heinrich Sontag gesellt. Geboren den 30. Juli 1826 zu Groß-Billesheim bei Euskirchen in der Rheinprovinz, war er im Jahre 1848 nach Amerika gekommen. Seitdem hatte er bereits ein gutes Stück des amerikanischen Continents gesehen. War er doch einmal bis zur Landenge von Panama gelangt, wo er mehrere Monate an der den Isthmus durchquerenden, damals im Bau begriffenen Eisenbahn arbeitete. Nun hatte er den Entschluß gefaßt, in Minnesota, wo er das erste Mal im Jahre 1849 gewesen, nochmals sein Glück zu versuchen.

Das waren Anton Jlg's Reisegefährten, mit denen er sich bald befreundete, ein Umstand nicht ohne Bedeutung für die Zukunft. In St. Paul angelangt, ging der junge Mann zu Mgr. Cretin, dem damaligen und ersten Bischof in Minnesota, um seinen Rath zu hören. Dann trat er seine Kundschaftsreise an, während seine neuen Freunde in St. Paul zurückblieben, um, wie es vereinbart war, auf seine Rückkunft zu warten. Der Bischof hatte ihm unter anderen Orten auch Mankato, namentlich aber St. Cloud, wo schon zu jener Zeit die Benediktinerväter die Seelsorge ausübten, anempfohlen. Deßhalb wandte sich unser Kundschafter zunächst dorthin. Er wanderte zu Fuß nach St. Cloud, und auch zu Fuß zurück nach St. Paul. Von dieser Wanderung, zu der er acht Tage gebraucht hatte, zurückgekehrt, berichtete er den Freunden, daß das Land um St. Cloud seiner sandigen Beschaffenheit wegen ihm wenig gefallen habe. Sie dagegen theilten ihm mit, was sie während seiner Abwesenheit betreffs Mankato gehört hatten.

Ein gewisser Bergholz, der Mann, bei dem Heinrich Sonntag in St. Paul abgestiegen war, hatte Diesem erzählt, er habe einen Bruder in Mankato, der die Vortrefflichkeit des Ackerbodens in der dortigen Gegend nicht genug zu rühmen wüßte. Das hatte die Jakobys in dem schon vor Antritt der Reise gefaßten Entschlusse bestärkt, nach Mankato zu ziehen, dessen Name bereits bis St. Louis gedrungen war, und das hatte auch Heinrich Sonntag bewogen, sich ihnen in demselben Vorhaben anzuschließen. Durch das, was nun Ilg bei seiner Rückkehr von den Freunden über Mankato vernahm, wurde er bestimmt, mit ihnen dorthin zu reisen.

So finden wir denn bald nach Ilg's Rückkehr von St. Cloud ihn und seine Freunde auf dem Wege nach dem vielgerühmten Mankato. Sie wollten die Reise zu Schiff machen und nahmen daher Plätze auf einem den Minnesotafluß befahrenden Dampfboote. Aber diese Fahrt flußaufwärts war wegen der häufigen Baumstämme im Flußbette schwierig und gefährlich. Mehr als einmal gerieth sie ins Stocken und mußte schließlich zwischen LeSueur und St. Peter ganz eingestellt werden. Der seichte Fluß hörte auf, schiffbar zu sein. Zu Wagen wurde der Rest des Weges zurückgelegt. Am Ziele der Reise angelangt, fanden sie in der Wildniß ganze fünf Blockhäuser. Das war Mankato. *) Im Uebrigen aber überzeugten sie sich durch den Augenschein, daß es mit der gerühmten Ertragsfähigkeit des Bodens in der Umgegend seine Richtigkeit habe.

Den Jakobys und dem Sonntag gefiel es gleich so gut, daß sie nicht daran dachten, weiter zu wandern, und sofort sich anschickten, in Mankato ihren Wohnsitz aufzuschlagen. Dem Letztgenannten lächelte das Glück gleich anfangs. Es fügte

*) Es war 1852, also erst vor zwei Jahren, gegründet worden.

sich, daß er schon in den ersten Tagen eines von den Block=
häusern unter billigen Bedingungen käuflich erwerben konnte.
Dasselbe stand zwischen Front= und 2. Straße nahe bei Cherry
und bot Raum auch für die Jakobys, die während der ersten
Monate in diesem Häuschen bei Heinrich Sontag wohnten.
Frau Jakoby besorgte den Haushalt. Später zogen die Ja=
kobys aufs Land, um die von ihnen in Besitz genommene
Heimstätte zu behaupten und bewirthschaften. Denn damals
war das Land rings um Mankato noch Regierungsland, und
der Erwerb desselben durch Ansiedler unterlag den bekannten
Bedingungen des Heimstättegesetzes.

Während also Ilg's Reisegefährten sich bereits am Ziele
sahen, mußte er selbst wieder zum Wanderstabe greifen, um seine
Sendung zu erfüllen. So günstig der Eindruck war, den auch
er von Mankato gewonnen hatte, so hielt er es doch im In=
teresse Derjenigen, die ihn auf Kundschaft ausgesandt hatten,
für seine Pflicht, noch weiter Umschau zu halten. Zu dem
Ende besuchte er noch andere Gegenden in Minnesota, und weil
zu den ihm von Bischof Cretin empfohlenen Orten auch Atchison
in Kansas gehörte, wo, wie in St. Cloud, die Söhne des hl.
Benedikt eine Niederlassung besaßen, so reiste er auch noch dort=
hin.

Dann ging es heim nach St. Charles, und nach einer Ab=
wesenheit von sechs bis sieben Wochen traf er dort glücklich bei
seinen Freunden wieder ein. Als Ergebniß seiner Kund=
schaftsreise theilte er ihnen mit, daß Mankato in Minnesota
vor allen anderen Orten, die er besucht habe, entschieden
den Vorzug verdiene. Das gab den Ausschlag. Mankato
war nun die Losung, und den alten Bundesgenossen schlossen
sich neue an, die mit dorthin ziehen wollten.

Die nöthigen Vorbereitungen wurden eifrigst betrieben.
In ungefähr zwei Monaten waren Alle, die an dem Zuge nach
dem Norden sich betheiligen wollten, zur Reise gerüstet. Auch
Ilg, denn er wollte mit den Anderen nach Mankato. Da kam

aus Deutschland ein Brief von seinem Vater mit der Aufforderung, zu ihm in die Heimath zurückzukehren. Der Vater, ein wohlhabender Mann, hatte Anton nach Amerika ziehen lassen, aber unter der Bedingung der Rückkehr, falls er seiner bedürfte. Dieser Fall schien nun eingetreten zu sein, und darum glaubte Anton als guter Sohn, dem Rufe des alten Vaters Folge leisten zu müssen. Er schied also bewegten Herzens von den Freunden und begab sich auf die Reise nach dem alten Vaterlande.

So kam es, daß Anton Jlg, der treue Kundschafter, wohl Anderen dazu verhalf, in Mankato eine neue und schöne Heimath zu finden, selbst aber darauf verzichten mußte, den Anderen dorthin zu folgen.

II.
Die sieben Ersten aus St. Charles, Mo.

Die Reisegesellschaft, die im Spätsommer des Jahres 1854 von St. Charles, Mo., nach Mankato aufbrach, bestand aus Männern, Frauen und Kindern. Die Männer waren elf an Zahl beim Antritte der Reise. Aber von den Unverheiratheten unter ihnen verloren drei schon auf dem Wege den Muth und kehrten um. Ein Vierter, der 28jährige Elsässer Peter Jfritt, kam zwar bis Mankato, blieb aber nicht und kehrte nach nur kurzem Aufenthalte nach St. Charles zurück. Die Sieben, die nicht nur bis ans Ziel der Reise gelangten, sondern auch in Mankato sich bleibend niederließen und zu den Pionieren unserer Gemeinde zählen, waren die Folgenden:

1. David Heidwinkel, geb. 2. Februar 1816 zu Wellingoldhausen in Hannover, nach Amerika ausgewandert 1843.

2. Peter Schulte, geb. 1817 zu Bettinghausen in Westphalen. Kam nach Amerika 1847.

3. Franz Borgmeier, geb. 8. Sept. 1823 zu Wellingoldhausen in Hannover. In Amerika seit 1845.

4. Michael Hund, geb. 22. Sept. 1824 zu Waldulm in Baden. Kam nach Amerika 1832.

5. Philipp Hodapp, geb. 23. April 1833 zu Haßlach in Baden. In Amerika seit 1837.

6. Heinrich Vahle, geb. 1. April 1821 zu Hultrop in Westphalen. In Amerika seit 1854.

7. Leo Lamm, geb. 30. März 1834 zu Haßlach in Baden. In Amerika seit 1852.

Nur die beiden Letztgenannten waren noch ledig. Alle Uebrigen waren verheirathet und reisten mit ihren Frauen und Kindern. *)

Das also war die Reisegesellschaft von St. Charles, die am 28. August 1854 in St. Louis auf einem nach St. Paul, Minn., fahrenden Dampfer sich einschiffte. Nicht bloß die Frauen, auch sämmtliche Männer—und das kennzeichnet den Geist, der sie beseelte—waren am Morgen ihrer Abreise zum Tische des Herrn gegangen, fürwahr die beste Vorbereitung auf die Beschwerden und Gefahren, denen sie entgegengingen. Als Frachtgut führten die Reisenden mit sich, außer den ihre Habe enthaltenden Koffern, reichlichen Mundvorrath, Ackerbaugeräth, elf Pferde und fünf Wagen, auch ein Buggy, was alles mit auf das Dampfboot verladen wurde. Der Name des Bootes war „Henrietta". Als ein wahres Unglücksschiff ist es den Reisenden von damals unvergeßlich geblieben.

Wohlgemuth waren sie Alle an Bord gegangen. Sie ahnten nicht, daß ein furchtbarer Feind sich mit auf das Schiff geschlichen hatte. Das war die Cholera. Doch zeigte sich dieselbe noch nicht sogleich. Bis Keokuk, Ia., ging alles gut. Dort konnte das Boot mit seiner vollen Ladung in dem seichten Wasser nicht voran. Die Männer mußten abladen, die Fracht auf die Wagen verpacken und zu Lande bis nach dem 15 Meilen weiter flußaufwärts gelegenen Montrose vorausfahren. Dort hatten sie zwei Tage zu warten, bis die „Henrietta"

---

*) Zur Zeit, wo wir dieses schreiben, sind von den Sieben noch Vier am Leben. Die drei Verewigten sind:
Peter Schulte, gestorb. zu Mankato 2. Dezember 1893.
David Heidwinkel, gest. zu Mankato 7. Januar 1895.
Michael Hund, gest. zu Newbury in Kansas, 27. Juni 1898.

R. I. P.

Die Ersten aus St. Charles, Mo.
(Michael Hund's Bild ist auf S. 25. Von dem verstorbenen
David Heidwinkel existirt kein Bild.)

nachgekommen. Die Frauen und Kinder waren an Bord geblieben, und da geschah es am zweiten Tage, daß die Frau von Michael Hund von der Cholera so heftig ergriffen wurde, daß sie der schrecklichen Krankheit noch am selben Tage erlag.

Inzwischen hatte das Boot noch vor ihrem Hinscheiden Montrose erreicht und am Ufer angelegt. Dort warteten schon die Männer. Welch schmerzliche Ueberraschung für Michael Hund, als er an Bord eilte und seine Frau dem Tode nahe fand. Als er vor zwei Tagen mit den anderen Männern ans Land ging, hatte sie sich noch der besten Gesundheit erfreut. Nun hatte er wenigstens noch den Trost, die Gattin in seinen Armen sterben zu sehen. Des priesterlichen Beistandes mußte sie freilich entbehren. Denn einen Priester gab es da weit und breit nicht. Wie tröstlich war es da, daß sie mit den Anderen erst vor wenigen Tagen die hl. Sakramente empfangen hatte. Sie verschied ruhig und gottergeben unter den Gebeten des Gatten und der Freunde.

Groß war der Schmerz des so plötzlich zum Wittwer gewordenen Mannes, zumal, wenn er der drei Kinderchen gedachte, die auf dieser beschwerlichen Reise nun der Mutter beraubt waren. Mit ihm trauerten die Freunde, namentlich aber Franz Borgmeier, der in der Dahingeschiedenen seine eigene Schwester verloren hatte. Dazu kam, daß das unheimliche Gespenst der Cholera nun auch die Anderen bedrohte. Mehrere an Bord hatte es thatsächlich schon angefallen. Unter solchen Umständen war es kein Wunder, daß sich der ganzen Reisegesellschaft eine recht gedrückte Stimmung bemächtigte. Unter dem Einflusse derselben geschah es, daß die drei ledigen Burschen, deren wir bereits oben erwähnten, zur Umkehr sich bestimmen ließen. Nicht so die Uebrigen. Sie verzagten nicht. Auf den lieben Gott vertrauend, waren sie entschlossen, die Reise bis zum Ziele fortzusetzen.

Dem Michael Hund blieb nun die traurige Pflicht, für das Begräbniß seiner verstorbenen Frau Sorge zu tragen. Er ließ seine Kinder unter der Obhut von Frau Borgmeier, miethete in Montrose ein Fuhrwerk und nahm auf demselben die ans Land gebrachte Leiche mit sich nach dem 35 Meilen weiten Burlington. Sechs Meilen von dieser Stadt auf dem Lande wohnte ein Bruder von ihm, und deßhalb schien ihm Burlington unter den obwaltenden Umständen der passendste Ort zu sein für die letzte Ruhestätte seiner Frau, deren sterbliche Ueberreste er unmöglich bis ans Ziel der Reise mit sich führen konnte.

Während er, in Burlington angelangt, die nöthigen Vorkehrungen zu dem Begräbnisse traf, war auch die „Henrietta" bis dorthin nachgekommen. Hier verließen die Borgmeiers mit Hund's Kindern das Boot, um dem Begräbnisse der Schwester und Schwägerin beizuwohnen. Desgleichen wurden hier die Hodapps ans Land gesetzt. Den Philipp hatte nämlich die Cholera gepackt.

Der Kranke wurde in eine elende, außerhalb der Stadt gelegene Baracke gebracht. Während er da lag, schwebend zwischen Leben und Tod, hatte seine treue Gattin, die nicht von seiner Seite wich, alle Mühe, die Ratten fernzuhalten, von denen es in dem Neste wimmelte. Des Nachts wurden zu dem Zwecke alle nur verfügbaren Lichter angesteckt. Dank seiner kräftigen Constitution und dem Schutze des Himmels genas der Kranke und war nach vier Tagen soweit wieder bei Kräften, daß Michael Hund's Bruder ihn und Frau in einem Buggy auf seine Farm mitnehmen konnte.

Dort trafen sie außer Michael selbst auch die Borgmeiers. Letztere traten indessen bald die Reise wieder an, aber nicht mehr auf der „Henrietta", die längst von Burlington wieder abgefahren war, sondern auf einem anderen Dampfboote. In St. Paul wollten sie dann zu den Anderen stoßen. Sie sollten sich noch wundern, wie lange sie auf diese Anderen dort zu warten hätten.

Die Hodapps blieben mit Michael Hund, dessen Kinder nun Frau Hodapp's Obsorge anvertraut waren, noch über

eine Woche unter dem gastlichen Dache seines Bruders Johann.
Dann brachen auch sie zur Weiterreise auf. Sie dachten nicht
anders, als daß die „Henrietta" nun schon längst am Orte ihrer
Bestimmung sein müßte, und erstaunten darum nicht wenig,
als ihnen am Landungsplatze in Burlington der Beamte, bei
dem sie die Fahrkarten für ein nach St. Paul gehendes Dampf=
boot lösen wollten, die Mittheilung machte, daß die „Henrietta"
bei Rock Island gestrandet wäre, und noch dort läge, um reparirt
zu werden.

So war es wirklich. Der Unfall hatte sich zwölf Meilen
oberhalb Rock Island ereignet. Dort lief das Boot auf einen
Felsen auf und bekam ein riesiges Leck. Da hieß es: „Alle
Mann an die Pumpen!" Nur den vereinten Anstrengungen
Aller gelang es, das sinkende Fahrzeug so lang über Wasser
zu halten, bis es ans Ufer gebracht war. Hier setzte das
Boot die Passagiere sammt ihrer Habe aus Land und dampfte,
an Ort und Stelle nothdürftig wieder flott gemacht, nach Rock
Island zurück, um sich dort in den Schiffsbauhöfen einer
gründlichen Reparatur zu unterziehen. Dann sollte es zurück=
kehren und die gestrandete Reisegesellschaft wieder aufnehmen.

Was blieb derselben übrig, als auf die Rückkehr des
Bootes zu warten? Das Passage= und Frachtgeld—über 100
Dollars — war einmal an die „Henrietta" bezahlt und nicht
mehr herauszubekommen. Zur Fortsetzung der Reise ein an=
deres Dampfboot nehmen, blieb daher ausgeschlossen. Aber
bis die „Henrietta" wieder käme, mochten Wochen verstreichen,
und in dieser, wie sich in der Folge zeigte, nur allzu richtigen
Voraussetzung begannen nun unsere schiffbrüchigen Freunde
an dem Orte, wo sie ans Land gesetzt waren, sich häuslich ein=
zurichten.

Die mitgebrachten großen Auswandererwagen thaten jetzt
treffliche Dienste. Sie wurden mit den Zeltdächern überspannt
und zum Wohnen und Schlafen eingerichtet. Die Steine am
Ufer lieferten das Material zu Kochherden, und das ange=

schwemmte Holz diente zur Feuerung. Vorräthe wurden in den umliegenden Ortschaften eingekauft.

Mitten in diese Zeit eines friedlichen Lagerlebens fiel die Ankunft des Michael Hund und der Hodapps bei den gestrandeten Freunden. Als sie am Landungsplatze in Burlington vernommen hatten, was sich zugetragen, waren sie sofort darin einig, zunächst nicht nach St. Paul, sondern bloß bis Rock Island zu fahren. Dort angelangt, erkundeten sie bald den Ort, wo sie die Freunde zu suchen hätten, und groß war der Jubel, als sie eines schönen Tages ganz unerwartet in ihrem Lager erschienen.

Aber nicht lange blieben sie Alle zusammen. Schon nach zwei Tagen trat Michael Hund die unterbrochene Reise nach St. Paul wieder an. Seine Absicht war, von dort nach Mankato zu gehen, um sich und Anderen Heimstätten zu sichern, dann nach St. Paul zurückzukehren und der ganzen, inzwischen dort eingetroffenen Reisegesellschaft als Führer nach Mankato zu dienen. Als Begleiter schlossen sich ihm an Peter Ifritt und Leo Lamm, Letzterer, um in St. Paul Beschäftigung in der Ausübung seines Handwerkes zu finden, bis die Freunde dorthin nachgekommen wären. Die Hodapps aber gingen jetzt nicht mit, sondern blieben bei den Andern im Lager.

Sehen wir, wie es diesen weiter erging. Anfangs hatte für sie das Lagerleben der Neuheit wegen seine Reize. Allmählig indessen, als nach zwei, drei Wochen die „Henrietta" immer noch nicht kommen wollte, stellte sich bei den der Unthätigkeit überdrüssigen Leuten die Langeweile ein, und mit steigender Sehnsucht blickten Alle der Wiederkehr des Bootes entgegen. Das ließ aber auf sich warten. In spätestens acht Tagen würde es wiederkehren, so hatte man sie vertröstet. In Wirklichkeit kam es erst nach vier Wochen. Wie froh waren da unsere Freunde, als endlich das ersehnte Schiff auf dem blauen Wasserspiegel des Stromes vor ihren Blicken auftauchte. Bald war die ganze Reisegesellschaft mit ihrer Habe wieder an Bord, und mit Volldampf wurde die so lange unterbrochene Fahrt den Mississippi hinauf wieder aufgenommen. Aber ohne Unfall sollte es auch dieses Mal nicht abgehen.

Es war an einem Vormittage gegen 11 Uhr. Die „Henrietta" hatte bereits Wabasha hinter sich und war da angelangt, wo der Strom sich zum Pepin See erweitert. Ein dichter Nebel lag über der breiten Wasserfläche. Philipp Hodapp und Heinrich Vahle saßen vorn am Bug, schauten dem Spiel der wogenden Nebelmassen zu und unterhielten sich über die Gefährlichkeit solcher Nebel für die Schifffahrt. Sie wußten nicht, in welcher Gefahr sie selber in dem Augenblicke schwebten. Aber während sie noch sprachen, tauchte plötzlich dicht vor ihnen ein Dampfboot aus dem grauen Nebel auf, das schnurstracks und in vollem Laufe auf die „Henrietta" zuhielt. Sie waren starr vor Schreck, ein furchtbarer Zusammenstoß schien unvermeidlich. Da—noch im letzten Augenblicke—eine blitzschnelle Wendung beider Schiffe, und haarscharf schoß das fremde Boot an der „Henrietta" vorüber, streifte sie indessen noch so stark am Achtertheile, daß sie nicht unerheblich beschädigt wurde. In der That waren ihre Schäden solcher Art, daß sie zur Ausbesserung derselben den nächstgelegenen Hafen anlaufen mußte. Es dauerte bis zum Abende des folgendes Tages, bis das Boot so weit reparirt war, daß es seine Fahrt wieder aufnehmen konnte. Die noch übrige kurze Strecke wurde ohne weitere Verzögerung zurückgelegt.

Es war am 6. Oktober, als unsere Reisegesellschaft in St. Paul wohlbehalten ans Land stieg. Da gab es ein freudiges Wiedersehen mit den dorthin vorausgeeilten Freunden, mit Michael Hund und den Anderen. Wie war es diesen ergangen? Auch sie konnten von Abenteuern erzählen.

Wir verließen Michael Hund, als er mit seinen zwei Begleitern Leo Lamm und Peter Jfritt aus der Mitte der auf die „Henrietta" wartenden Freunde schied. In Rock Island bestiegen die Drei ein nach St. Paul fahrendes Dampfboot.

Dieses gerieth bei Galena, Ill., in Brand. Die Verwirrung, die an Bord des schwer belasteten Fahrzeuges entstand, spottet jeder Beschreibung. Dennoch ging kein Menschenleben verloren, aber das Boot war dem Untergange geweiht. Unsere drei ans Land gesetzten Freunde mußten mit den übrigen Passagieren sich gedulden, bis das nächste flußaufwärts fahrende Boot gekommen, sie aufzunehmen. Das ließ glücklicherweise nicht lange auf sich warten. Aber noch waren sie erst kurze Zeit an Bord dieses zweiten Bootes, als sich dasselbe in eine damals so beliebte Wettfahrt mit einem anderen Dampfer einließ. Alles was brennbar war, selbst Fett und Speck, mußte zur Feuerung herhalten, um Dampf zu erzeugen. Mit Hochdruck dampften die beiden Schiffe neben einander her, jedes suchte dem anderen zuvorzukommen, es war eine tolle Jagd. So ging es von Dubuque bis Daytons Bluff, wo die Stadt St. Paul bereits in Sicht war. Da—so nahe dem Ziele—wurde bei einer Biegung des Flusses das Boot, worauf sich unsere Freunde befanden, von dem anderen an das Ufer gedrängt, wo es, während der Rivale sich eilends davon machte, auf dem felsigen Grunde fest saß. Erst nach stundenlanger Arbeit gelang es ihm, wieder loszukommen und St. Paul zu erreichen.

Unter solchen Abenteuern gelangten die drei Freunde nach der Hauptstadt Minnesotas. Während nach kurzer Rast Michael Hund in Begleitung von Peter Ifritt sein Vorhaben, Mankato zu besuchen, in Ausführung brachte, unterzog sich der zurückbleibende Leo Lamm der Aufgabe, die Borgmeiers aufzufinden. Wie oben erzählt wurde, hatten Diese nach dem Begräbnisse von Michael Hund's Frau in Burlington ein nach St. Paul bestimmtes Dampfboot genommen, und falls es ihnen nicht ähnlich ergangen war, wie ihren bei Rock Island gestrandeten Freunden, so mußten sie schon längst in St. Paul angelangt sein.

Also gab sich Leo ans Suchen. Zuerst in Hotels und

Logirhäusern, aber vergeblich. Da beschloß er, den Sonntag abzuwarten. Denn — so dachte er — wenn die Borgmeiers wirklich in St. Paul sind, so gehen sie als gute Christen am Sonntage in die Kirche, dort sind sie zu suchen. St. Paul, das im Jahre 1854 noch kaum viertausend Einwohner zählte, besaß damals nur eine katholische Kirche, die Prokathedrale. Dorthin lenkte Leo seine Schritte am Sonntag in aller Frühe, um schon bei der ersten hl. Messe um 5 Uhr zugegen zu sein, da ja auch die Gesuchten möglicherweise schon zu dieser Messe sich einfinden mochten. Es war eine stille, von Bischof Cretin gelesene Messe. Die Zahl der Andächtigen, die derselben beiwohnten, war nicht groß. Aber unter ihnen die Gesuchten, falls sie wirklich anwesend waren, zu entdecken, hatte doch seine Schwierigkeiten. Denn zu dieser frühen Morgenstunde war es Ende September noch Nacht, und die wenigen Kerzen, die im Gotteshause brannten, erhellten das Dunkel nur spärlich. Da kam dem Leo ein glücklicher Zufall zu Hülfe. Gerade in dem Augenblicke, als eine nicht weit vor ihm knieende Person den Kopf zur Seite wandte, streifte ihr Gesicht der Schein eines Lichtes, und siehe, da erkannte Leo in ihr Frau Borgmeier. Neben ihr kniete noch Jemand, offenbar ihr Mann, und er war es auch. In der Freude seines Herzens wäre Leo am Liebsten gleich auf die Beiden zugeeilt. Aber er wollte sie in der Andacht nicht stören und geduldete sich, bis die Messe aus war. Beim Verlassen der Kirche stieß er dann zu ihnen.

Die Borgmeiers waren freudig überrascht. Seit ihrer Abfahrt von Burlington hatten sie nichts mehr von den Freunden gehört. Sie wußten nichts von dem Unfalle, der der „Henrietta" zugestoßen war, und konnten darum das lange Ausbleiben der Reisegesellschaft sich gar nicht erklären. Nun erzählte ihnen Leo Alles, während er sie nach ihrer Wohnung begleitete. Sie hatten ein abgelegenes Häuschen gekauft, mit der Absicht, es wieder loszuschlagen, sobald für sie die Zeit, nach Mankato zu ziehen, gekommen wäre.

So waren die Borgmeiers wieder gefunden, und als acht Tage später die mit der „Henrietta" kommenden Freunde anlangten, war auch Michael Hund, der den ganzen Weg hin und zurück zu Fuß gemacht hatte, von seinem Streifzuge nach Mankato wiedergekehrt.

Dorthin wurde unter seiner Führung schon nach zwei Tagen aufgebrochen, und zwar zu Wagen. Noch eine volle Woche nahm diese Fahrt in Anspruch und war äußerst beschwerlich. Als endlich das Ziel glücklich erreicht war, schrieb man den 15. Oktober 1854. Die ganze Reise von St. Charles bis Mankato hatte 48 Tage gedauert. Noch fehlten die Borgmeiers und Leo Lamm, die durch verschiedene Umstände noch für längere Zeit in St. Paul zurückgehalten wurden. Sobald die Verhältnisse es gestatteten, folgten auch sie den Anderen nach der neuen Heimath, nach Mankato, die Borgmeiers noch vor Ablauf des Jahres 1854, Leo Lamm im März 1855.

Nun waren sie Alle wieder beisammen, die Sieben von St. Charles, Mo., die als die Ersten von dort hier sich niederlassen und an der Gründung unsrer Gemeinde einen hervorragenden Antheil haben sollten. Vereint waren sie von St. Charles ausgezogen, ein widriges Geschick hatte sie getrennt, aber eine gütige Vorsehung beschützte sie in so vielen Gefahren und führte sie auf verschiedenen Wegen glücklich wieder zusammen am Ziele—in Mankato.

III.
Die ersten Anfänge.

Nichts weniger als ermuthigend wirkten die ersten Eindrücke von Mankato auf die neuen Ankömmlinge. Einige von ihnen, zumal von den Frauen, wären am Liebsten gleich wieder umgekehrt. Zu den fünf Blockhäusern, aus denen noch im Frühjahre das ganze Mankato bestanden hatte, waren unterdessen die zwei ersten Framehäuser, die hier gebaut wurden, hinzugekommen. Das eine, ein „Hotel", nannte sich „Mankato House", das andere war ein Krämerladen. Sonst aber sah es rings umher noch gerade so wild und unwirthlich aus, wie damals.

Bis ins Stadtgebiet hinein erstreckte sich der dichte Urwald. Da gab es werthvolles Klein= und Hochwild, aber auch gefährliches Raubzeug. Die alten Ansiedler erzählen von manchen Abenteuern, die sie mit den reißenden Thieren der Wildniß zu bestehen hatten. *)

---

*) Ein solches Abenteuer erlebte noch im Jahre 1858 Stephan Lamm. Am Ausgange des Winters von einer weiten Geschäftsreise heimkehrend entschloß er sich, den Weg von St. Peter nach Mankato in Ermangelung einer Fahrgelegenheit zu Fuß und noch in der Nacht zurückzulegen. Denn ihn drängte es nach Hause zu seiner schwer erkrankten Gattin. Als er bereits Kasota hinter sich hatte und rüstig fürbaß schritt auf der offenen Prairie, da sah er sich zu seinem Entsetzen auf einmal von einem Rudel Wölfe angefallen.

Seine einzige Waffe war ein derber Knotenstock, den er sich im Walde geschnitten hatte. Entschlossen, seine Haut theuer zu=

Eine ganz absonderliche Erscheinung war die fabelhafte Menge von wilden Tauben. Sie bevölkerten die Wälder so massenhaft, daß man durch den Wald kaum gehen konnte, ohne von ihren Excrementen beschmutzt zu werden. Zum Schutze gegen diese unliebsame Bescherung banden sich Frauen, wenn sie ins Holz gingen, Tücher um den Kopf. Für den Landbau waren diese körnerfressenden Thiere ein Gemeinschaden. Indessen, in dem Maße wie der Urwald sich lichtete, verschwand auch diese Taubenplage.

Herr der Wildniß war noch immer der Indianer. Zwar hatten die Sioux in Folge des im Jahre 1851 mit ihnen zu Traverse des Sioux abgeschlossenen Vertrages das Minnesotathal räumen und an die Weißen abtreten müssen. Aber für die Sioux kamen die Winnebagos, als im Jahre 1855 ein bedeutender Theil von Blue Earth County ihnen als Reservation zugewiesen wurde. Das brachte die Indianer bis in die unmittelbare Nachbarschaft von Mankato. Bald schwärmte von ihnen die Umgegend, so daß, um in den Worten alter Ansiedler zu reden, „fünfzehn bis zwanzig Rothhäute auf einen Weißen kamen". In ihrer Ueberzahl hätten sie also gefährlich werden können, wären sie nicht im Allgemeinen friedlicher Natur gewesen. Nur vor ihrer Rache mußte man sich hüten. Es kam vor, wenn auch selten, daß sie von den Weißen zugefügte Kränkungen durch Brandstiftung, Raub und selbst Mord furchtbar an

---

verkaufen, schlug er mit dem Stocke ganz verzweifelt um sich. Allein, er erkannte bald, daß er in diesem ungleichen Kampfe unfehlbar den Kürzeren ziehen müßte, und nun gab er sich ans Laufen. Er lief um sein Leben, und das war seine Rettung. Die Angst verlieh ihm übermenschliche Kräfte, und es gelang ihm wirklich, einen immer größer werdenden Vorsprung den ihm nachsetzenden Bestien abzugewinnen, bis diese die Verfolgung aufgaben. Heimgekehrt, brach er, überwältigt von der Aufregung und Anstrengung, völlig zusammen, und war nun selber für längere Zeit ernstlich krank.

Ansiedler von 1852–'54.

ihnen rächten. Die Waldungen rings um Mankato waren ihre Jagdgründe, und häufig erschienen sie, einzeln oder zu Mehreren, an den Thüren der Farmer, um gegen die Erzeugnisse der ihnen eigenthümlichen Industrie oder auch gegen Jagdbeute Lebensmittel und Kleidungsstücke einzutauschen.

Und wie war es mit der Religion bestellt, als unsere Freunde von St. Charles hier anlangten? Sie fanden in und um Mankato ein kleines Häuflein Katholiken, die, aus verschiedenen Gegenden kommend, in der Zeit von 1852 bis Sommer 1854 sich hier niedergelassen hatten. Schon im Jahre 1852, im Jahre, da Mankato gegründet wurde, waren **Jakob Günther** und **Peter Fränzel** gekommen. Darauf im Jahre 1853 **Bernhard Brüggemann**, **Johan Bruels**, **Joseph Frohnert**, **Blasius Jobst**, **Levi Kotthoff**, **Clemens Kron**. Endlich im Frühjahre und Sommer 1854 **Michael Kauffmann**, **Adam Freundl** und, wie dem Leser bereits bekannt ist, die **Jakobus** und **Heinrich Sontag**. Die Meisten von den Genannten waren bereits Familienväter.

Das war eine kleine Herde ohne Hirte, ohne Kirche. Noch nie war ein Priester in Mankato gewesen, der sich auch nur vorübergehend da aufgehalten hätte, um für diese ersten Ansiedler das hl. Meßopfer zu feiern, das Brod des Wortes Gottes zu brechen und die hl. Sakramente zu spenden. Da erhielt mit der Ankunft unserer Freunde aus St. Charles, Mo. die verlassene Herde einen neuen, lebenskräftigen Zuwachs, und nun erwachte in ihr ein frischer Hauch religiösen Lebens.

Kaum hatten die neuen Ankömmlinge ihre Heimstätten ausgewählt und, von denselben Besitz ergreifend, in Mankato ihr Heim gegründet, da waren auch schon ihre Gedanken darauf hingerichtet, Mittel und Wege zu finden, um so bald als möglich der Segnungen einer geregelten Seelsorge theilhaft zu werden.

Zu dem Zwecke fand noch Ausgangs des Jahres 1854 eine

Zusammenkunft katholischer Männer statt. Sie wurde am Sonntage zwischen Weihnachten und Neujahr in Kron's Hotel, einem einfachen Blockhause, abgehalten. Die derselben beiwohnten, waren die Folgenden: Franz Borgmeier, Johann Bruels, Peter Fränzel, Karl Frohnert (Sohn von Joseph F.), Jakob Günther, David Heidwinkel, Philipp Hodapp, Michael Hund, Anton Jackoby, Blasius Jobst, Clemens Kron, Peter Schulte, Heinrich Sontag, Heinrich Vahle.

Das war die erste Versammlung von Katholiken in Mankato. In derselben ging es noch recht patriarchalisch zu. Es gab da weder Vorsitzenden, noch Schriftführer, noch Geschäftsordnung, und man wurde doch fertig. Das Ergebniß dieser ersten Zusammenkunft war, daß die in dem unlängst gegründeten Mankato bereits vorhandenen Katholiken ihrer Zusammengehörigkeit sich bewußt zu werden anfingen und einmüthig waren in dem Entschlusse, treu zusammenzustehen behufs Gründung einer Gemeinde mit Kirche, Priester und Schule. Damit aber war der erste Schritt in dieser Richtung gethan.

Dieser ersten Versammlung folgten andere im Frühjahre und Sommer 1855. Den Gegenstand der Berathungen bildete der Bau einer Kirche. Die Frage, wo sie errichtet werden sollte, wurde auf die glücklichste Weise gelöset. Man erwählte dafür die Stelle, an der sich noch heute Kirche, Pfarrhaus und Schule der St. Peter und Paul's Gemeinde erheben. Auch die Erwerbung des Bauplatzes wurde vom Glücke begünstigt.

Das Stadtgebiet, so weit es damals abgesteckt und nicht schon in Privatbesitz übergegangen war, befand sich in den Händen von Theilhabern einer Gesellschaft, die sich „Mankato Claim Company" nannte. Der Antheil, welcher das von den Katholiken zum Kirchenbau ausgewählte Grundstück in sich faßte, war P. K. Johnson, *) einem der Gründer Mankato's,

---

*) P. K. Johnson und Henry Jackson waren die ersten Weißen, die sich auf dem Grund und Boden von Mankato nieder-

zugefallen. Dieser den Katholiken wohlwollende Mann erklärte sich bereit, denselben die eine Hälfte besagten Grundstückes zu schenken, unter der Bedingung, daß sie die andere Hälfte dazu kauften. Aber woher das dazu nöthige Geld nehmen? Es durch Sammlungen aufzubringen, hätte Zeit gebraucht, und dennoch galt es, die dargebotene hülfreiche Hand sofort zu ergreifen, um sie nicht von sich zu weisen.

Da erbot sich Michael Hund großmüthig, den Ankauf der fraglichen Hälfte ganz aus seiner eigenen Tasche zu bestreiten, mit dem Vorbehalte, daß die im Entstehen begriffene Gemeinde später einmal, wenn sie, herangewachsen, über reichlichere Mittel verfügen würde, ihm die Kaufsumme zurückzahlen sollte.

Das beiderseitige Anerbieten wurde dankbar angenommen, worauf P. K. Johnson, seinem Versprechen getreu, die eine Hälfte schenkte, und Michael Hund die andere von ihm kaufte. Er zahlte als Kaufpreis die Summe von 200 Dollars. Er hat dieses Geld von der Gemeinde auch wiedererhalten, freilich erst nach langen Jahren.

So gelangte unsere Gemeinde in den Besitz ihres werthvollen Grundeigenthums. Man betrachte dessen herrliche, die Stadt und das Minnesotathal weithin beherrschende Lage am Abhange waldiger Hügel, und man wird jenen Männern, die den Ort zu wählen hatten, die Anerkennung zollen, daß sie für Kirche, Pfarrhaus und Schule einen reizenden Fleck Erde auszufinden verstanden.

Aber das in besagter Weise ausgesuchte und erworbene Grundstück war nicht bloß schön gelegen. Den Raum eines ganzen Häusergeviertes (einen sog. „Block") einnehmend, war es auch groß. Ja, anfangs wollte es zu groß erscheinen, indem

---

ließen. Im Jahre 1855 wurde Johnson der erste Postmeister von Mankato. Er lebt noch und steht jetzt im 83. Lebensjahre, ist aber seit einer Reihe von Jahren nach Brainerd, Minn. gezogen.

nicht Wenige der Meinung waren, daß man soviel Raum für die Kirchenzwecke der Gemeinde nicht brauchte. Noch in späteren Jahren, als die Gemeinde bereits zu ansehnlicher Größe herangewachsen war, wurde allen Ernstes der Vorschlag gemacht und erörtert, die eine Hälfte des Geviertes wieder zu verkaufen. Da im Verhältnisse zu dem fortschreitenden Wachsthume der Stadt auch der Grundbesitz innerhalb ihrer Grenzen im Werthe gestiegen war, so hätte man aus dem Erlöse nicht bloß die Schuld an Michael Hund abtragen, sondern noch ein Erkleckliches zum Baue der neuen Kirche erübrigen können. Aber Dank dem unbeugsamen Widerstande des Pfarrers, des weitblickenden Rev. Sommereisen, wurde nichts aus einem Plane, dessen Ausführung man jetzt sehr zu bereuen hätte. So blieb bis auf den heutigen Tag das Grundeigenthum unserer Kirche in seinem ganzen ursprünglichen Umfange erhalten. — —

Ein Mann wurde nun schon so häufig im Laufe unserer Erzählung an hervorragender Stelle genannt, daß es am Schlusse dieses Kapitels wohl am Platze sein dürfte, seinem Andenken in verdienter Weise gerecht zu werden. In der That ist sein Name mit der Gründungsgeschichte unserer Gemeinde eben so rühmlich, wie unzertrennlich verknüpft. Wir meinen M i c h a e l H u n d.

Wir können seiner nicht ohne Wehmuth gedenken. Denn wir zweifeln nicht, daß er, wenn es seine Gesundheit nur irgendwie erlaubt hätte, auch aus dem fernen Kansas zur Jubelfeier unserer Kirche herbeigeeilt wäre. Nach Gottes unerforschlichen Rathschlüssen sollte ihm diese Freude nicht mehr vergönnt sein. Er ist, wie wir an anderer Stelle bereits erwähnten, am 27. Juni des laufenden Jahres aus diesem Leben geschieden. So dürfen wir das Lob, welches der Bescheidenheit des Lebenden zu nahe getreten wäre, doch rückhaltslos dem Todten spenden.

Und in seinem Lob sind Alle einig, die ihn gekannt haben. Unsere alten Ansiedler sprechen alle mit der größten Achtung von Michael Hund. Er war ihr treuester Freund und Berather,

Michael Hund.

er war ihr Führer in jener kritischen Zeit, da die in ihrer Bildung begriffene Gemeinde noch des Seelenhirten entbehrte. Ohne ihn wäre der Gemeinde wohl schwerlich gleich bei ihrer Gründung ein so ansehnliches und für spätere Zeiten so werthvolles Grundeigenthum in den Schooß gefallen. Ohne ihn wäre sie ebensowenig, wie wir in der Folge noch sehen werden, schon so bald zu einem Gotteshause, zu regelmäßiger Seelsorge, zu einem residirenden Priester gekommen. Wenn ihm aber in solchen, für den Fortbestand und das geistliche Wohl der jungen Gemeinde so wesentlichen Angelegenheiten eine Führerrolle zufiel, so war es nicht, weil er sie gesucht, oder sich vorgedrängt hatte, sondern weil er um der vortrefflichen Eigenschaften willen, die er in sich vereinigte, bei Allen das höchste Ansehen genoß und durch sein eigenes leuchtendes Beispiel die Anderen zu allem Guten aneiferte und nach sich zog. Als dann einmal die Gemeinde in ihrem Pfarrer ihren Vorgesetzten erhalten hatte, da war wieder Niemand bereitwilliger, sich seiner Leitung zu unterstellen, und Niemand redlicher bemüht, ihm eine Stütze zu sein, als Michael Hund.

In der That, der Mann kannte keine Selbstsucht. Mit seinem warmen Herzen für die Religion lebte er ganz ihren Interessen. Um diese in jeder Weise zu fördern, dazu fand man ihn immer bereit, aus seinen eigenen Mitteln reichlich beizusteuern. Dazu benützte er seinen ganzen Einfluß und entfaltete jene Entschlossenheit, Ausdauer und Klugheit, die ihn in hohem Grade auszeichneten. Sein in einem lebendigen Glauben wurzelndes, unerschütterliches Gottvertrauen hielt ihn auch im Unglücke aufrecht und verlieh ihm eine liebenswürdige Heiterkeit des Gemüthes, die erfrischend auf seine Umgebung wirkte.

Das war Michael Hund, so wie er in der Erinnerung seiner alten Freunde noch fortlebt. Um unsere Gemeinde hat er sich große Verdienste erworben. Nun ist er, wie wir zuversichtlich hoffen, zum ewigen Lohne eingegangen. Er ruhe im Frieden.

IV.

Ein Blockhaus die erste Kirche.

in guter Anfang war gemacht. Unter der Führerschaft von Michael Hund hatte sich das Häuflein Katholiken von Mantato zu einer Gemeinde organisirt und war noch im Winter von 1854 auf '55 in den Besitz eines ansehnlichen und schön gelegenen Grundstückes für Kirchenzwecke gelangt. Mit der Erwerbung dieses werthvollen Grundeigenthums war es also, Dank der Gunst besonderer Umstände, überraschend schnell gegangen. Aber nun sollte die Kirche gebaut werden, und damit mußte es naturgemäß weit langsamer von Statten gehen.

Die Gemeinde war noch klein, sehr klein; sie zählte außer den wenigen noch unverheiratheten Männern kaum anderthalb Dutzend Familienhäupter. Woher sollte diese Handvoll Leute, die als erste Ansiedler, als Bahnbrecher der Kultur in einer Wildniß selbst noch am Nothwendigsten Mangel litten, die Mittel nehmen, eine, wenn auch noch so bescheidene, Kirche zu bauen? So hatte es den Anschein, als wäre an die Verwirklichung des geplanten Kirchenbaues einstweilen nicht zu denken, als müßte man dazu die Zeit abwarten, wo die Gemeinde durch Zuzug neuer katholischer Ansiedler sich verdoppelt und verdreifacht hätte. Aber wie lange konnte das noch dauern? Und doch war es für den Fortbestand und das Wohl der neu gegründeten Gemeinde von der größten Bedeutung, daß sie nicht länger ihres Einigungspunktes entbehrte, nämlich einer dem Gottesdienste geweihten Stätte, wo auch wirklich wenigstens gelegentlich ein Priester das hl. Meßopfer feiern und die Tröstungen der Religion spenden könnte.

Da war es wieder Michael Hund, der in der richtigen Erkenntniß dessen, was noth that, der Gemeinde zu Hülfe kam. Er hatte von Joseph Günther (Bruder von Jakob G.) den Rechtsanspruch (claim right) auf eine Heimstätte gekauft, die von dem als Bauplatz für die Kirche erworbenen Geviert ungefähr eine Meile in östlicher Richtung entfernt war und auf dem Hügel lag, der noch heute der „Agency Hügel" heißt, weil über ihn der Weg nach der Winnebago Agentur führte. Auf diesem Grundstücke stand 50 Ruthen nördlich von der nach der Agentur führenden Fahrstraße ein Blockhaus. Es war ganz neu, maß 24 Fuß in der Länge, 16 in der Breite und hatte glatte Wände innen und außen; denn es war aus b e h a u e n e n Baumstämmen errichtet, ein in jener rauhen Pionierzeit ganz besonderer Luxus.

Dieses also beschaffene Blockhaus schenkte nun Hund der Gemeinde im Frühjahre 1855, damit es zu gottesdienstlichen Zwecken benützt würde, bis die zu erbauende Kirche fertig gestellt wäre. Einstweilen mußte man das Haus auf der Stelle lassen, wo es stand. Denn es durfte von der Heimstätte nicht entfernt werden, bis nach Ablauf der vom Gesetze vorgeschriebenen Frist der Besitztitel auf das Heimstätteland erworben war. Aber das that seiner neuen, gottgeweihten Bestimmung keinen Eintrag. Auch während es noch an seiner ursprünglichen Stelle auf dem Hügel verblieb, wurde darin Gottesdienst gehalten. So wurde das von Michael Hund geschenkte Blockhaus eine Kirche—wenn man eine Hütte überhaupt so nennen darf—und das war d i e e r s t e   k a t h o l i s c h e   K i r c h e   i n   M a n k a t o.

Indessen, noch in die Zeit vor der Schenkung dieses Blockhauses und dessen Benutzung als Kirche fällt der denkwürdige Tag, an welchem das unblutige Opfer des Neuen Bundes zum ersten Male innerhalb der Grenzen unserer Gemeinde dargebracht wurde. Das geschah am 2. Februar 1855, also am Feste Mariä Lichtmeß, durch Rev. A. Ravour, den so hochverdienten Pionierpriester Minnesotas. Auf der Durchreise befindlich, kam er am Abende vorher in Mankato an und nahm sein Absteigequartier bei Michael Hund, der auf seiner drei und eine halbe Meile von der Stadt gelegenen Heimstätte wohnte und ihm von dessen Aufenthalt in St. Paul her bekannt war. Im Hause Hund's las Vater Ravour am anderen Morgen die hl. Messe, die erste Messe in Blue Earth County, ja, wahrscheinlich die erste im südwestlichen Minnesota.

Bei derselben waren außer Hund selbst nur wenige Leute zugegen. Denn da Vater Ravour Tags zuvor zu später Stunde angelangt war, so konnten bei der Kürze der Zeit nur die nächsten Nachbaren von dem Besuche des Priesters in Kenntniß gesetzt werden. Auch blieb Rev. Ravour nicht länger, sondern reiste nach seiner Messe wieder ab.

Glücklicher waren Alle, die dieser ersten hl. Messe nicht beigewohnt hatten, als ihm Juni desselben Jahres 1855 die Katholiken von Mankato durch einen hohen Besuch geehrt und erfreut wurden. Es war in der zweiten Hälfte des genannten Monates, als sich eines Tages wie ein Lauffener die Alle in die freudigste Aufregung versetzende Kunde verbreitete, Bischof Cretin von St. Paul wäre da und würde am Sonntage für die Gemeinde in dem Blockhause auf dem Hügel Gottesdienst halten.

So war es in der That, und daran hatte keinen geringen Antheil wieder Michael Hund. Gelegentlich einer vor Kurzem unternommenen Reise nach der alten Heimath St. Charles, Mo., von wo er mit seinen betagten Eltern nach Mankato zurückgekehrt war, hatte er bei Mgr. Cretin in St. Paul vorgesprochen, denselben von dem Stande der Dinge in Mankato unterrichtet und mit Bitten bestürmt, der zwar noch kleinen, aber für die Zukunft viel versprechenden Gemeinde so bald als möglich einen Seelsorger zu senden. Darauf hin hatte sich der

Mgr. Joseph Cretin, erster Bischof
von St. Paul, Minn.

Bischof, dessen Interesse für Mankato lebhaft erwacht war, vorgenommen, dieser neugegründeten Niederlassung einen Besuch abzustatten.

Getreu seinem Vorhaben, war er nun wirklich gekommen, der gute Hirte, um nach der kleinen Herde in Mankato zu sehen. Das allein hatte ihm, dem seeleneifrigen Manne, der „Allen Alles zu werden" verlangte *), vollkommen genügt, die in jener eisenbahnlosen Zeit weite und beschwerliche Reise von St. Paul nach Mankato zu unternehmen. Er machte sie in einem mit zwei Pferden bespannten Reisewagen. Als Begleiter hatte er

---

*) Mgr. Joseph Cretin, dieser heiligmäßige, erste Bischof von St. Paul, hatte sich bei seiner Erhebung auf den Bischofssitz der nach dem Völkerapostel benannten Stadt dessen Ausspruch: „Omnia omnibus factus sum—Ich bin Allen Alles geworden", zu seinem Wahlspruche erwählt. Daß er dieses Wort in der That an sich bewahrheitete und so in die Fußstapfen seines großen Vorbildes, des hl. Paulus, trat, dafür legten Zeugniß ab seine leuchtenden Tugenden: seine die Menschen ohne Unterschied umfassende Nächstenliebe, seine unwandelbare Güte gegen Jedermann, seine Unermüdlichkeit in der Arbeit, seine Ausdauer in Entbehrungen, seine Geduld in Leiden, seine tiefe Frömmigkeit, seine Demuth. Erst nach langem Kampf und nur aus Gehorsam gegen den hl. Stuhl konnte er sich dazu verstehen, die bischöfliche Würde anzunehmen. Die Ehre Gottes und das Heil der Seelen waren die einzigen Ziele seines Strebens. Die Wirksamkeit dieses von apostolischem Eifer erfüllten Bischofs in der neugegründeten Diöcese St. Paul, die sich damals auf das ganze Minnesota ausdehnte, war nur von kurzer Dauer. Am 26. Januar 1851 zum Bischof consecrirt, starb er schon am 22. Februar 1857, erst 57 Jahre alt. Er war geboren zu Lyon in Frankreich im Jahre 1800 und kam 1839 mit Bischof Loras nach Amerika. Er war 12 Jahre lang Generalvicar von Dubuque und widmete sich später den Indianermissionen, bis er Bischof von St. Paul wurde. Sein Andenken bleibt im Segen.

bei sich A. Oster, einen jungen Kleriker, der bereits die Diakonatsweihe empfangen hatte. *)

Der Besuch des Bischofs Cretin in Mankato hat sich dem Gedächtnisse unserer ältesten Ansiedler unauslöschlich eingeprägt. Der Hochwürdigste Herr blieb vom Freitag bis zum Montag, und das waren Tage der Freude und des Trostes für die kleine Gemeinde, die sich jetzt, da ihr Oberhirte wie ein Freund und Vater in ihrer Mitte weilte, nicht mehr verlassen fühlte.

Das Blockhaus auf dem Hügel diente nun zum ersten Male als Gotteshaus. Es sah in seinem Inneren einen Hohenpriester seines heiligen Amtes walten, einen wahren „Bischof der Seelen", der seinen Schäflein mit liebevoller Hingebung seine Hirtensorge angedeihen ließ.

Am Samstage hörte der Bischof viele Beichten. Des Deutschen nicht mächtig, bediente er sich bei Denjenigen, die nicht anders als in deutscher Sprache beichten konnten, mit ihrer Einwilligung des Diakons Oster als eines Dolmetschers. Am folgenden Morgen faßte die Blockhütte die Menge der Gläubigen kaum, die von nah und fern herbeigeeilt waren. Sie freuten sich Alle, endlich einmal wieder seit langer Zeit einer sonntäglichen hl. Messe beiwohnen zu können. Der Tag dieses, für unsere Gemeinde allerersten, sonntäglichen Gottesdienstes war der 24. Juni, das Fest des hl. Johannes des Täufers, welches in jenem Jahre auf den Sonntag fiel. Zur Feier des hl. Opfers bediente sich der Bischof eines für die Gelegenheit errichteten Nothaltares. Während der hl. Handlung wurde von Johann Bruels und Heinrich Sontag eine Choralmesse gesungen, selbstverständlich ohne

---

*) Der Hochw. A. Oster, noch von Bischof Cretin zum Priester geweiht und bis vor Kurzem Pfarrer an der St. Malachias Kirche zu Clontarf, Swift County, bekleidet zur Zeit das Amt eines Spirituals für die Studenten im Priesterseminare zu St. Paul.

Begleitung eines Instrumentes, denn das gab es damals noch nicht in Mankato. Die Mehrzahl der Erwachsenen aus der Gemeinde ging zum Tische des Herrn. Nach der Messe empfingen Viele auch das Skapulier U. L. F. vom Berge Karmel aus den Händen des Bischofs, der, selbst ein großer Verehrer der glorreichen Gottesmutter, überall wo er hinkam, ihre Verehrung als eine Bürgschaft des Heils zu fördern bemüht war.

Die Mahlzeit, die nach Beendigung des Gottesdienstes von Frauen aus der Gemeinde für den Bischof in einem Nachbarhause bereitet wurde, ließ er sich bringen, um keine Zeit zu verlieren. Denn schon wartete seiner neue Arbeit. Man brachte ihm Kinder zum Taufen, und er taufte im Laufe des Nachmittags elf im Ganzen. Eines von ihnen war der am 21. Mai 1854 geborene Joseph Kron, **das erste weiße Kind**, welches in Mankato das Licht der Welt erblickte.

Während der ganzen übrigen Zeit war der Bischof für Alle zu sprechen, die in irgend einem Anliegen seines Rathes und Beistandes bedurften. Mit den leitenden Männern der Gemeinde besprach er sich lang und eingehend über den geplanten Kirchenbau. Er drückte seine Befriedigung aus über die glückliche Wahl und Erwerbung des Bauplatzes und betonte nachdrücklich, daß die Kirche eben dort, und nicht anderswo, gebaut werden müßte. Es scheint nämlich, daß es an Solchen nicht fehlte, die der Ansicht waren, man sollte—ohne Zweifel, um es einigen Wenigen bequemer zu machen—die Kirche weiter weg von der Stadt bauen. Diesen entgegnete der Bischof mit dem heute noch nicht vergessenen Worte: „Wir bauen keine Kirche in den Busch hinein, wir bauen die Kirche in der Stadt". Er ermunterte die Leute, das Werk des Kirchenbaues mit allem Eifer zu betreiben, und versprach ihnen, er wolle den nächsten Priester, den er zur Verfügung hätte, ihnen geben. Darauf zog er $20 in Gold aus der Tasche und überreichte sie Michael Hund als seinen Beitrag zu der neuen Kirche. Dem Geschenke des Bischofs fügte Herr Oster noch mehrere Dollars hinzu,

Unterdessen war es spät geworden. Die Nacht brach an und man lud den Bischof ein, in die Stadt zurückzukehren zur Nachtruhe, deren er nach des Tages ermüdender Arbeit so sehr bedürftig schien. Er aber lehnte ab und erklärte, er zöge vor, zu bleiben wo er wäre. Er könnte überall schlafen, er wäre nicht verwöhnt. Das war er freilich nicht, dieser genügsame und abgehärtete Pionierbischof.

Niemand wagte, weiter in ihn zu dringen, und so blieb er mit dem Diakon, der—ein anderer Laurentius—von der Seite seines Bischofes nicht weichen wollte, die Nacht über in dem Blockhause. Das war zum Schlafen gar nicht eingerichtet. Aber die Beiden machten wenig Umstände. Sie legten sich zur Ruhe auf den Fußboden, über den sie ihre Decken und Mäntel gebreitet hatten. Von den Männern aus der Gemeinde war Einer zu ihrer Bedienung zurückgeblieben, Heinrich Sontag. Er wachte draußen und unterhielt vor dem Eingange zur Hütte ein mächtiges Feuer, um die Moskitos—damals eine arge Plage in der noch unkultivirten Gegend—in die Flucht zu jagen.

Des andern Morgens las der Bischof zu früher Stunde die hl. Messe. Bezeichnend für die ärmlichen Verhältnisse von damals, sowie für die apostolische Einfachheit des Mannes ist, daß das Frühstück, welches er nach der Messe einnahm, aus in Wasser gekochten Kartoffeln und etwas gebratenem Speck bestand, und daß er sich die Ueberbleibsel von diesem üppigen Mahle noch einpacken ließ, um sie mit auf den Weg zu nehmen. Denn er wollte noch am selben Morgen die Rückreise nach St. Paul antreten.

Inzwischen hatte sich Philipp Hodapp eingefunden, dem erst vor wenigen Tagen—am 19. Juni—ein Sohn geboren war. Denn der Bischof hatte ihm zugesagt, er würde das Kind taufen, wenn er auf der Heimreise bei Philipp's Farm vorbeikäme.

Bald waren der Bischof und sein Diakon zur Abreise gerüstet. Noch ein letztes Mal ertheilte der Oberhirte den an=

wesenden Leuten seinen bischöflichen Segen und nahm mit seinem Begleiter in dem Reisewagen Platz, während Philipp sich zum Kutscher auf den Bock schwang, um die Kutsche nach seinem Heim zu dirigiren. Dort angelangt, taufte der Bischof Philipp's Erstgeborenen und gab ihm, da man sich in der Festoktav des großen Vorläufers des Herrn befand, diesem zu Ehren den Namen Johannes. Nach dem kurzen Aufenthalte, den die heilige Handlung in Anspruch genommen, trat Mgr. Cretin die Reise wieder an.

So verlief der denkwürdige Besuch des ersten Bischofes von St. Paul in Mankato. Er hinterließ segensreiche Früchte. Im Glauben bestärkt, im religiösen Leben erneuert, ging das Häuflein Katholiken mit Entschlossenheit ans Werk, eine Kirche zu bauen. Einstweilen aber war es dem Blockhause auf dem Hügel, das durch den hohenpriesterlichen Besuch zu ungeahnten Ehren gekommen, noch für längere Zeit beschieden, der Gemeinde als Kirche zu dienen.

V.
Kirchenbau und Seelsorge.

or uns liegt ein interessantes Büchlein. Es ist Eigenthum der Frau Philipp Hodapp und stammt aus dem Nachlasse ihres ersten Mannes, des Johann Bruels, der als Sekretär dem von der Gemeinde erwählten Kirchenbau-Comite angehörte.*) Die von seiner Hand herrührenden Aufzeichnungen in dem Büchlein geben uns werthvolle Aufschlüsse über den Fortgang des Werkes sowohl, wie über das fortschreitende Wachsthum der Gemeinde.

Gleich die erste, vom 2. Juli 1855 datirende Eintragung zeigt uns, daß die zum Kirchenbau ermunternden Worte, die Bischof Cretin bei seinem Besuche erst vor acht Tagen gesprochen,

---

*) Johann Bruels wurde geboren am 5. August 1822 zu Rocherath in der Rheinprovinz, kam nach Amerika 1852 und ließ sich im darauffolgenden Jahre in dem neugegründeten Mankato nieder. Er starb daselbst den 4. Februar 1871. Er war ein Mann des Glaubens, der aus dem Glauben lebte und voll Eifer für das Gute war. In der Geschichte unsrer Gemeinde gebührt ihm ein Ehrenplatz an der Seite von Michael Hund. Mit ihm einträchtig zusammen arbeitend, hat er sich namentlich um den Bau der Steinkirche in hervorragender Weise verdient gemacht. Dafür haben wir ein schönes Zeugniß von Michael Hund selbst, der noch in einem, vom 28. März 1898 datirten Briefe—dem letzten, den wir von ihm haben— seinem ihm schon längst in die Ewigkeit vorausgegangen Freunde Anerkennung zollt in den Worten: „Wenn der John Bruels nicht so gut mitgeholfen hätte, wäre es nicht so schnell gegangen mit dem Kirchenbau."

Wir müssen leider darauf verzichten, in diesem Buche den Bildern der ältesten Ansiedler unserer Gemeinde auch das von Johann Bruels anzureihen. Da er sich niemals abnehmen ließ so gibt es kein Portrait von ihm,

Anfiedler von 1855.

empfängliche Herzen gefunden hatten. Es ist nämlich eine Liste Derjenigen, die zum Bau der Kirche bereits Beiträge gezeichnet haben. Wir begegnen da, außer den dem Leser schon bekannten, den folgenden neuen Namen:

Gottfried Robel, Balthasar Henlein, Joseph Weber, Johann Bender, Balthasar Eisenreich, Andreas Bruner, Johann Koch, Kaspar Traut, Georg Volz, Martin Siebauer, Heinrich Veigel, Michael Seiler, Moritz Hund (Vater von Michael H.), Franz Jakoby, Jakob Sontag.

Aus dieser Liste ersehen wir auch den Zuwachs, welchen die Gemeinde in den letzten drei bis vier Monaten erhalten hatte. Denn bis zum Frühlingsanfang des Jahres 1855 hatte sich noch Keiner von Denen, deren Namen wir hier aus besagter Liste ausgehoben haben, in Mankato niedergelassen. Die Meisten von den Genannten waren verheirathete Männer.

Die nächste Eintragung ist vom 22. desselben Monats und bezeichnet eben diesen Tag als denjenigen, an welchem der Bau der Kirche in Angriff genommen wurde. Zugleich werden die Namen der Männer aufgeführt, welche mit den Erdarbeiten behufs Fundamentirung des Gebäudes begonnen haben.

Es war der Beschluß gefaßt worden, eine 40 Fuß lange und 20 Fuß breite Kirche zu errichten, und zwar aus Bruchsteinen. Denn das war das Material, welches man in dem durch seine Steinbrüche noch heute berühmten Mankato gut und billig haben konnte. Mit der Ausführung der Mauerarbeit wurde Ludwig Volz betraut, während Gottfried Robel und Co. mit der Lieferung der zum Gebäude gehörenden Holztheile beauftragt wurden. Die Balken, die Bretter, die Dachschindeln wurden alle noch mit der Hand gesägt und geschnitten. Denn vor 1857 gab es noch keine Sägemühle in Mankato. Steine und Sand fuhren die Männer der Gemeinde um Gottes Lohn. Die Leitung des Baues lag in den Händen von Michael Hund, der im Bau-Comite auch die Stelle eines Schatzmeisters einnahm.

Bis zum 1. Januar 1856 waren nicht mehr als $494.96 für den Kirchenbau verausgabt, und hatte dementsprechend derselbe erst geringe Fortschritte gemacht. An gutem Willen fehlte es nicht, wohl aber an baarem Gelde.

Die Lage der Leute in der neuen Ansiedelung war immer noch drückend. Die Mehrzahl von ihnen bestand aus Farmern, aber der Landbau lieferte noch keinen Ertrag. Es dauerte noch Jahre, bis das von dichtem Urwalde bedeckte Land soweit urbar gemacht war, daß es des Farmers Fleiß und Arbeit mit einer Ernte lohnte. Nicht früher, als im Herbste des Jahres 1859 wurde der erste Weizen in dieser Gegend geerntet und gedroschen. Alles zum Leben Nöthige mußte von weither gebracht werden, von St. Paul, und zwar meistens über Land und auf den denkbar schlechtesten Wegen. Eine Fahrt nach St. Paul, dessen Entfernung bei der Route, der man damals zu folgen hatte, auf 100 Meilen berechnet wurde, nahm hin und zurück fünf bis sechs Tage in Anspruch. Eisenbahnen gab es in ganz Minnesota noch keine, und wenn auch Dampfboote den Minnesotafluß befuhren, so kamen sie doch so selten und unregelmäßig bis Mankato herauf, daß sie von geringem Nutzen waren.

Bei solchen Schwierigkeiten des Verkehres waren aber die Lebensmittel enorm theuer. So kostete z. B. ein Faß Salz 9 Dollars, ein Faß Weizenmehl 16 bis 18 Dollars. Um daher das Mehl, dessen sie zum täglichen Brode benöthigten, billiger zu haben, so mahlten die Farmer sich den Weizen, den sie anfangs selbst noch kaufen mußten, auf ihren Kaffeemühlen selber.*)

---

*) Berühmtheit erlangte damals eine große Kaffeemühle, die Philipp Hodapp gehörte, und die er auf seiner Farm zum Nutz und Frommen seiner Mitmenschen an die Außenseite seiner Blockhütte befestigt hatte. Da kamen die Leute von nah und fern herbei, um auf dieser Mühle ihr Korn zu mahlen. So wäre das eigentlich die erste Mühle in Mankato gewesen. Denn eine andere, dem Gemeinwohle dienende Mahlmühle gab es nicht vor 1859, in welchem Jahre die erste Mühle dieser Art in Blue Earth County in Betrieb gesetzt wurde.

Anfiedler von 1855 und '56.

Daß bei einer solchen Lage der Dinge die Beiträge zum Baue der Kirche nur spärlich fließen konnten, ist einleuchtend. Wundern muß man sich nur, daß in so harten Zeiten und von so wenigen Leuten die Kirche dennoch gebaut wurde. Aber der Opfergeist der Leute war auch groß. Es gab Solche, welche Geld borgten und also Schulden sich aufbürdeten, nur um zum Baue der Kirche mithelfen zu können.

Es war ein Glück, daß gerade zu der Zeit, da die Kirche gebaut wurde, d. i. von 1855 auf '56, die Gemeinde durch Zuzug von neuen Ansiedlern sich nicht unerheblich vergrößerte. Das war eine große Hülfe.

Soweit sich von uns noch ermitteln ließ, kamen nach Mankato im Jahre 1855 außer den schon oben Genannten noch die Folgenden: Franz Obele, Johann Pirath und Johann Pohl mit ihren Familien; dann Georg Hoffmann, Benedikt Jörger, Franz Hündlein, Martin Magin, Johann Mann, Thomas Rieger, Nikolaus Sänger, J. Peter Sänger, Engelbert und Matthias Sonntag und Ludwig Volz, die Alle noch unverheirathet waren.

Das Jahr 1856 brachte wieder Mehrere von St. Charles, Mo., sämmtlich Freunde von den 1854 Gekommenen. Das waren: Matthias Borgmeier (Vater von Franz B.), Konrad Eckler, Georg Kiffe, Stephan Lamm, August und Peter Wenner, Alle verheirathet, und der noch ledige Peter Krämer.

Von anderswo kamen im selben Jahre mit ihren Familien: Michael Arnold, Joseph Guth, Heinrich Heinzmann, Jakob Lunkenheimer, Bernhard Meier, Heinrich Rausch, Michael Reinbold, Matthias Römer und Aloys Stock. Dann die noch unverheiratheten Johann Hoffmann, Wilhelm Kruse, Andreas Lackmann und Adam Meidenbauer.

Im Jahre 1856 kamen auch **die ersten irischen Katholiken** nach Mankato und schlossen sich unserer Gemeide an. Es waren dieß: Daniel Foley, Johann McGarry und

Dr. McMahon mit ihren Familien, und der noch unverheirathete John F. Meagher.

Durch solchen Zuwachs verstärkt und ermuthigt, baute die Gemeinde rüstig weiter an ihrem Kirchlein. Was den Eifer der Leute nicht wenig anspornte, war die Aussicht auf baldige Seelsorge durch den von Bischof Cretin versprochenen Priester. Seit dem Besuche des Oberhirten hatten sie nur selten und gelegentlich Gottesdienst in dem Blockhause auf dem Hügel. Dort las Rev. Vivaldi, der Indianermissionär von der Winnebago Agentur, einige Male die hl. Messe. Bei einer solchen Gelegenheit segnete derselbe auch die erste katholische Ehe ein, die in Mankato geschlossen wurde. Die Brautleute waren Johann Bender und Eva Freundl (Schwester von Adam F.). Im Uebrigen waren in der jungen Niederlassung heirathsfähige Mädchen noch so rar, wie Perlen im Minnesotaflusse. Die Junggesellen, die einer Lebensgefährtin nicht länger entrathen konnten, mußten auf Reisen gehen, um in der Ferne zu suchen, was in der Nähe nicht zu haben war.

Endlich kam der Tag—der 16. März 1856—an welchem die kleine Herde ihren langersehnten Hirten erhielt, in der Person des Hochw. Valentin Sommereisen. Erst vor wenigen Tagen—am 8. März—hatte er aus den Händen des Bischofs Cretin die hl. Priesterweihe empfangen. Geboren am 28. Mai 1829 zu Ruffach im Elsaß, war er Einer von den sieben Studenten der Theologie gewesen, die dem Mgr. Ravoux nach Amerika gefolgt waren, als derselbe im Jahre 1854 von einem Besuche in seinem Heimathslande Frankreich zurückkehrte.

Der junge Priester widmete sich mit Feuereifer seinen Obliegenheiten auf dem ihm zugewiesenen Arbeitsfelde. Und das war groß. Es beschränkte sich keineswegs bloß auf seinen Wohnort Mankato, sondern erstreckte sich ungefähr auf das ganze, südwestlich von St. Paul gelegene Minnesota. Ueber dieses ungeheure, noch spärlich besiedelte Gebiet zerstreut, wohnten da und dort Katholiken, für die Mankato, auch selbst

Hochw. Valentin Sommereisen.

bei einer Entfernung von hundert Meilen und darüber, immer noch der nächstgelegene Ort mit einem residierenden Priester war. Dem Vater Sommereisen fiel daher die schwierige Aufgabe zu, von Zeit zu Zeit die Runde zu machen bei diesen vereinsamten Glaubensbrüdern, um ihnen soviel Seelsorge zuzuwenden, als unter solchen Umständen menschenmöglich war. *)

---

*) Wir besitzen noch ein von Vater Sommereisen eigenhändig geschriebenes Verzeichniß der Orte, die er von Mankato aus in der Eigenschaft als Seelsorger und Missionär zu besuchen hatte. Wir geben hier die Namen der Orte nach Counties geordnet:

In Blue Earth Co. — Lake Crystal, Good Thunder, Perch Lake, Winnebago Agency. In Faribault Co. — Minnesota Lake, Wisner's Grove. In Waseca Co. — St. Mary. In LeSueur Co. — LeSueur, Cleveland, Marysburgh, Elysian. In Scott Co. — Shakopee, Belle Plaine, Marystown, Sand Creek, St. Johns. In Carver Co. — Chaska. In Wright Co. — Big Woods. In Traverse Co. — Traverse City. In Yellow Medicine Co. — Yellow Medicine. In Redwood Co. — Cottonwood. In Sibley Co. — Henderson, Arlington, Jessenland, Green Isle. In Brown Co. — New Ulm, West Newton, Sleepy Eye, Wilford, Leavenworth, Red Wood. In Renville Co. — Birch Cooley. In Nicollet Co. — St. Peter, Swan Lake, Middle Lake, Fort Ridgely.

In Summa: 36 Orte in 14 verschiedenen, zum Theile weit entlegenen Counties. Allerdings gelten diese Zahlen zumeist für die ersten Jahre von Vater Sommereisen's Verweilen in Mankato. Aber wenn Vater Sommereisen ein Arbeitsfeld von so kolossalem Umfange mehrere Jahre lang allein oder beinahe allein zu besorgen hatte, so ist das wohl ein recht anschauliches Beispiel von der aufreibenden Thätigkeit jener hart arbeitenden Pionierpriester der damaligen Zeit, wenn man bedenkt, — und daran sei hier nochmals erinnert — daß es damals noch keine Eisenbahnen gab in Minnesota, und die Wege noch viel oder alles zu wünschen übrig ließen. Da war es keine Kleinigkeit, zu Pferd oder zu Wagen durch den dichtesten Urwald, über steile Hügel, über brückenlose Bäche und Flüsse, über die keinerlei

Diese Rundreisen nahmen in den ersten Jahren einen großen Theil seiner Zeit in Anspruch und hielten ihn oft wochenlang von Mankato fern. So konnte er anfangs nur einmal im Monate den sonntäglichen Gottesdienst in Mankato halten, später zwei- und dreimal, und endlich jeden Sonntag, ganz in dem Maße, wie mit der sich mehrenden Zahl der in diesem Theile des Landes residierenden Priester die Zahl der auswärtigen Stationen, die er zu versehen hatte, sich allmählig verminderte.

An den Sonntagen, an welchen Vater Sommereisen von Mankato abwesend war, pflegten viele Leute aus der Gemeinde nach der zwölf Meilen entfernten Winnebago Agentur zu fahren, um dort der von dem Indianermissionär gehaltenen hl. Messe beizuwohnen. Das hatten sie auch schon vor Vater Sommereisen's Ankunft gethan, seit nämlich im Sommer 1855 mit den Winnebagos auch der für sie von der Regierung angestellte Priester in die Reservation gekommen war.

So oft dagegen Vater Sommereisen an einem Sonntage in Mankato weilte, hielt er Gottesdienst in dem Blockhause, das auch schon vor ihm seiner Bestimmung als Nothkirche so trefflich gedient hatte. Er fand es bei seiner Ankunft immer noch an dem alten Platze auf dem Hügel. Dort blieb es auch vorder-

---

Schutz bietende Prairie bei der sengenden Hitze des Sommers oder bei der sibirischen Kälte eines schneereichen Winters hundert Meilen und mehr zurückzulegen, um einem in solcher Entfernung wohnenden, verlassenen Häuflein von Katholiken die Tröstungen der Religion zu spenden oder einem Sterbenden beizustehen.

Aber das ist so schön in der katholischen Kirche, und darin offenbart sich ihr göttlicher Charakter, daß sie niemals Mangel leidet an Priestern, die als gute Hirten von den Miethlingen sich dadurch unterscheiden, daß sie vor Beschwerden und Gefahren nicht die Flucht ergreifen, sondern mit Hintansetzung des eigenen Lebens, wenn das nöthig ist, überall da zu finden sind, wo es gilt, Seelen zu retten.

hand, und war nun Kirche und Pfarrhaus zugleich, indem Pater Sommereisen darin seinen Wohnsitz aufschlug. Da hauste er wie ein Einsiedler ganz allein und ohne jegliche Bedienung. Er bereitete sich seine Mahlzeiten selber, und nur das Brod, das er aß, ließ er sich von einer Nachbarsfrau backen.

So wohnte Pater Sommereisen anfangs noch auf dem Hügel, bis ungefähr drei Monate nach seiner Ankunft—im Juni 1856—das Blockhaus von der inzwischen durch Michael Hund erworbenen Heimstätte entfernt und auf das Kirchengrundstück versetzt werden konnte. Das geschah nun, aber auf sehr primitive Art. In der Kunst des Häuserversetzens hatte man es damals noch nicht so weit gebracht, wie heutzutage. Jedenfalls fehlte es noch in Mankato an den erforderlichen Mitteln und Leuten, und so konnte das Blockhaus nicht, wie es war, von der Stelle gerückt werden. Man mußte es stückweise fortschaffen. Das Dach wurde in vier Theile zerschnitten, die Wände wurden auseinander genommen und dann die einzelnen Stücke theils von Ochsen- theils von Pferdegespannen den Hügel hinabgeschleppt und auf den Kirchenplatz gebracht.

Dort wurde dicht hinter der im Baue begriffenen Steinkirche das Blockhaus wieder aufgerichtet, und bis Erstere fertig war, immer noch als Nothkirche benutzt. Es wurden jetzt auch Kniebänke darin aufgestellt, die, so bescheiden sie waren, doch einen Fortschritt bedeuteten. Denn bis dahin hatten die Leute damit fürlieb nehmen müssen, beim Gottesdienste zu stehen oder auf dem Boden zu knieen. Die aber auch sitzen wollten, brachten von Hause ihre eigenen Stühle mit, wenn sie auf ihren zumeist mit Ochsen bespannten Farmerwagen—Pferde waren damals noch selten—zur Kirche fuhren.

Noch länger, wie als Kirche, sollte das Blockhaus auch noch an seinem neuen Standorte als Pfarrwohnung dienen. Um es zu diesem Zwecke für den Priester wohnlicher einzurichten, wurde gleichzeitig mit seiner Wiederaufrichtung auf dem Kirchenplatze ein Anbau mit Küche hinzugefügt. In dieser Gestalt blieb es Vater Sommereisen's Wohnung noch mehrere Jahre, nachdem es schon längst aufgehört hatte, als Kirche benutzt zu werden. —

Die Herde hatte also ihren Hirten, und die Leute freuten sich dessen. Wie bereitwillig sie waren, zum Unterhalte des Priesters nach Kräften beizusteuern, davon zeugt in Johann Bruels' Büchlein eine Aufzeichnung vom 23. März 1856, d. i. vom achten Tage nach Vater Sommereisen's Ankunft in Mankato. Es ist eine stattliche Liste von Gemeindemitgliedern, die zum Monatsgehalte des Seelsorgers ihren Theil bereits beigetragen haben.

Aber auch zum Kirchenbau flossen jetzt die Beiträge reichlich. Gleich die erste Collekte, die zu dem Zwecke unter Vater Sommereisen aufgenommen und von ihm selbst mit einem Geschenke von 50 Dollars eröffnet wurde, ergab in Baar und Noten die Gesammtsumme von $1,185.68. Das brachte den Bau ein gutes Stück weiter, und bereits bei Beginn des Herbstes in demselben Jahre 1856 standen die Mauern der Kirche fertig da. Nur das Dach war noch unvollendet.

Da kam die Mission, eine Mission, gehalten von dem großen Volksmissionäre P. Franz Xaver Weninger S. J. In der richtigen Erkenntniß, daß nach so langer Zeit des Entbehrens regelmäßiger Seelsorge den Mitgliedern der jungen Gemeinde eine gründliche Erneuerung im religiösen Leben vor allen Dingen noth thäte und das wirksamste Mittel zu diesem Zwecke eine hl. Mission wäre, hatte der neue Seelsorger bald nach seinem Amtsantritte sich bemüht, für die Abhaltnng einer solchen in Mankato den berühmten Missionär zu gewinnen. *)

---

*) In den 50er Jahren stand P. Weninger auf der Höhe seiner großartigen Wirksamkeit. Dieser merkwürdige Mann, der, geboren 1805 zu Wildhaus in Steiermark, nach Erlangung des theologischen Doktorgrades in die Gesellschaft Jesu eintrat und 1848 nach Amerika kam, schien von der Vorsehung vorzüglich dazu bestimmt, in der dem Revolutionsjahre folgenden Zeit

Derselbe hatte zugesagt und kam noch im September desselben Jahres 1856.

Die Mission dauerte acht Tage, vom 21. bis zum 29. des genannten Monates, und war ein großer Segen für die Gemeinde. Die Erwachsenen—über 100 an Zahl—gingen während der Mission Alle zu den hl. Sakramenten. Zwei Protestanten wurden in die Kirche aufgenommen.

Es traf sich auch, daß in die gnadenreiche Zeit der Mission eine Heirath fiel. Die Brautleute, die am Altare den Bund fürs Leben schlossen und deren Ehe Vater Sommereisen einsegnete, waren Johann Bruels und Anna Katharina Bruels. In Ermangelung von Brautjungfern, die aus dem oben angedeuteten Grunde nicht zu haben waren, fungirten als Zeugen zwei Männer.

---

der deutschen Masseneinwanderung dem katholischen Deutschthume in Amerika die Güter des Glaubens zu retten.

Zu dem Ende durchzog er nahezu 40 Jahre lang als Volksmissionär die Ver. Staaten von Ocean zu Ocean und vom kalten Norden bis zum sonnigen Süden. Namentlich in den nördlichen Staaten, in Michigan, Wisconsin, Minnesota und Dakota, begegnet man fast allerorts, sei es in volkreichen Städten, sei es auf den entlegensten Dörfern oder bei dem Kirchlein auf einsamer Bergeshöhe, den von Vater Weninger aufgepflanzten Missionskreuzen noch heute, als ebenso vielen Zeugen der in ihrer Ausdehnung einzig dastehenden Missionsthätigkeit dieses Mannes.

Tausende und Tausende wurden durch seine erschütternden Predigten mit der Kirche wieder ausgesöhnt und zu ihren religiösen Pflichten zurück geführt. Hunderte von Protestanten wurden von ihm in den Schooß der Kirche aufgenommen. Dabei fand der unermüdliche Missionär noch Zeit, auch durch eine Menge von Unterrichtsbüchern und kleineren Schriften die katholische Wahrheit zu beleuchten und zu vertheidigen.—Er erreichte das hohe Alter von 82 Jahren und verschied fromm im Herrn nach kurzer Krankheit im Jesuitencollegium von Cincinnati.

Hochw. P. Franz Xaver Wening

Da die Steinkirche, wie schon bemerkt, noch nicht völlig eingedacht war, so mußte die Mission in dem Blockhause abgehalten werden. Aber schon bei Eröffnung der Mission drückte Vater Weninger in der ihm eigenen nachdrücklichen Weise den Wunsch und die Erwartung aus, die Mission in der neuen Kirche zu schließen. Das zündete. Mit wahrer Begeisterung gingen die Männer ans Werk, diesen schönen Gedanken zu verwirklichen. Da war Keiner, der nicht mit Hand anlegen wollte. Den Predigten wohnten Alle mit der größten Aufmerksamkeit bei. Aber sobald die Predigt aus war, da sah man auch schon die Leute die mitgebrachten Werkzeuge zur Hand nehmen, auf das Dach der Kirche klettern und darauf los sägen und hämmern, daß es eine Freude war. So ging es jeden Tag während der Mission, und siehe! am letzten Tage derselben wurde auch der letzte Nagel eingeschlagen. Das Dach war fertig, und wie der Missionär es gewünscht hatte, so geschah es: Der Schluß der Mission wurde in der Steinkirche gefeiert.

Und das war ein imposanter Schluß. Mankato hatte dergleichen noch nie gesehen. Vater Weninger, bekanntlich ein großer Freund von eindrucksvollen Feierlichkeiten bei Missionen, wünschte, daß auch der Schluß dieser ersten Mission in Mankato einen unvergeßlichen Eindruck hinterließe. Ueberdieß sollte ja bei dieser Schlußfeier das neue Gotteshaus zum ersten Male seiner Bestimmung dienen, ein Ereigniß für die Gemeinde, das gleichfalls einer besonderen Auszeichnung werth erschien. Der Missionär lud also die Männer ein, für diese feierliche Gelegenheit ihre Flinten mitzubringen. Das ließen sich unsere wackeren Männer nicht zweimal sagen. Zur festgesetzten Stunde waren sie Alle mit Flinten bewaffnet zur Stelle. Denn wer von ihnen hätte kein Schießgewehr gehabt in jener Pionierzeit, da noch die Nothwendigkeit eintreten konnte, mit den Waffen in der Hand den häuslichen Herd zu vertheidigen?

Vor Beginn der Schlußfeier versammelte sich die Gemeinde

in dem Blockhause. Von da zog man in Prozession zur Stein=
kirche. Vor derselben wurde Halt gemacht. Die Männer stell=
ten sich in einer Reihe an Mainstraße auf und gaben auf Com=
mando mit ihren Flinten eine Salve, daß von dem Echo der=
selben die Mankato umkränzenden Hügel dröhnend wiederhall=
ten und lange zur Ruhe nicht kommen konnten, als hätten sie
erstaunt einander fragen wollen: "Was war das?"—Das war
die erste, öffentliche Kundgebung der katholischen Männer von
Mankato, womit sie der Welt zu wissen thaten, daß sie sich ihres
katholischen Glaubens freuten.—

Darauf zog die Gemeinde in ihr neues Gotteshaus ein,
der Missionär hielt seine Schlußpredigt, das Missionskreuz
wurde von ihm aufgepflanzt und eingeweiht, der Lobgesang
"Großer Gott, Dich loben wir" stieg in mächtigen Tonwellen
zum Himmel empor, und die erste hl. Mission, mit der unsere
Gemeinde begnadigt wurde, war zu Ende.

VI.

Wachsthum und Gedeihen.

it dem Jahre 1856, in welchem die Gemeinde einen Priester erhielt und eine Kirche baute, schließt die Geschichte ihrer Gründung. Es folgt die Periode ihrer weiteren Entwickelung. Was aus dem ersten Abschnitte dieser Periode, nämlich aus der Zeit von 1856 bis 1862, Erwähnung verdient, soll in diesem Kapitel erzählt werden.

An erster Stelle kommt da der weitere Ausbau der Steinkirche. Damals, als in derselben der Schluß der Mission gefeiert wurde, befand sie sich noch in einem sehr unfertigen Zustande. Die Mauern und das Dach waren fertig, aber es fehlten noch die Thüren, die Fenster, der Mörtelverputz der Wände, der Fußboden. Nicht vor dem Frühjahre 1857 waren auch diese Theile des Gebäudes fertig. Aber das hinderte nicht, daß seit der Mission nur mehr die neue Kirche zum sonntäglichen Gottesdienst benutzt wurde, und nicht mehr das Blockhaus. Dieses diente von da an bloß noch als Pfarrhaus.

Ausgangs 1856 fand eine Doppelhochzeit statt, die in Anbetracht besonderer Umstände von Interesse sein dürfte. Der geneigte Leser wird sich erinneren, daß unter den sieben Ersten aus St. Charles, Mo., deren abenteuerlicher Zug nach Mankato im 2. Kapitel erzählt wurde, sich zwei noch unverheirathete

Männer befanden. Diese Beiden standen am 27. Dezember des genannten Jahres zusammen am Altare, um nach so vielen gemeinschaftlich bestandenen Gefahren auf dem stürmischen Meere dieses Lebens auch gemeinschaftlich in den Hafen einer glücklichen Ehe und stillen Häuslichkeit einzulaufen. Es hielten also am gleichen Tage und zur gleichen Stunde Hochzeit Leo Lamm mit Theresia Guth und Heinrich Vahle mit Franziska Obele.—Und 25 Jahre später? Da sehen wir beide Paare wieder zusammen an den Stufen des Altares. Sie feiern das frohe Fest ihrer silbernen Hochzeit, umringt—wenigstens das eine von beiden—von einem Kranze freudestrahlender Kinder.—

Auf dieses freudige, und für die kleine Gemeinde außerordentliche Ereigniß einer Doppelhochzeit folgte bald eine Begebenheit ernsterer Natur, als am 4. Januar 1857 sich **der erste Todesfall** in der Gemeinde ereignete. An dem genannten Tage starb die verehlichte Maria Eschbach im Alter von 32 Jahren.

Jeder Todesfall ist eine Mahnung an den Weg alles Fleisches, aber dieser war es in einer besonderen Weise. Erst jetzt schien nämlich die junge Gemeinde sich daran zu erinnern, daß in einem menschlichen Gemeinwesen Menschen nicht bloß geboren werden und heirathen, sondern zuweilen auch sterben. Thatsächlich hatte bis dahin noch Niemand daran gedacht, nach einem für einen Gottesacker geeigneten Platze Umschau zu halten. Aber jetzt, wo besagte Frau ziemlich schnell und unerwartet gestorben war, da fragte man sich: „Wo begraben wir sie, damit ihr Leib in geweihter Erde ruhe?" Natürlich konnte diese Frage nur in der Erwerbung eines Grundstückes behufs Anlegung eines Gemeinde=Begräbnißplatzes ihre Lösung finden, und man wählte zu dem Zwecke ein an der 6. Straße gelegenes Stück Land, das dem **Blasius Jobst** gehörte. Es war sechs Acker groß. Fünf Acker kaufte die Gemeinde und einen erhielt sie geschenkt.

Das ist der Ursprung des Gottesackers, der

zum Unterschiede vom neuen jetzt der „alte" heißt. Wohl
den eigenthümlichen, zur Eile drängenden Umständen, die keine
Zeit zu reiflicherer Ueberlegung ließen, ist es zuzuschreiben, daß
die Wahl des Ortes nicht eben die glücklichste war. Denn wäre sie
besser ausgefallen, so hätte man nicht so bald einen neuen Got=
tesacker gebraucht.

Mit dem Ankaufe eines kleinen und nicht mehr neuen
Melodiums für die Kirche im Jahre 1857 reorganisirte sich auch
der Kirchenchor, der bis dahin nur aus den drei Männern Johann
Pohl, Heinrich Sontag und Johann Bruels bestanden hatte.
Nun übernahm die Leitung der Kirchenmusik der Organist J.
B. Wiedenmann, und es traten als neue Mitglieder dem Chore
bei: Die Gattin und mehrere Kinder des Letztgenannten, des=
gleichen Frau Heinzmann und M. Schlingermann.

Aus dem Jahre 1857 ist noch zu erwähnen die erste, durch
Indianer verursachte Panik, die, von der südwestlichen Grenze
Minnesotas ausgehend, bis Mankato und noch weiter ihre Wel=
len schlug. Inkpaduta (Scharlachrothe Spitze), ein Sioux=
Häuptling, dem wegen verschiedener Gewaltthaten von der Re=
gierung die jährlichen Gelder vorenthalten wurden, sammelte
racheschnaubend eine Bande gleichfalls unzufriedener und ge=
walttthätiger Stammesgenossen um sich. Mit ihnen überfiel er die
Ansiedlungen in der Umgegend des in Jowa, aber hart an der
Grenze Minnesotas gelegenen Geistersees (Spirit Lake), wo sie
von Farm zu Farm zogen, die Häuser in Brand steckten und die
Bewohner mordeten, 47 im Ganzen, darunter die Wood's,
Vater und Sohn, die in Mankato, wo sie noch vor wenigen
Wochen Geschäfte halber sich aufgehalten hatten, wohl bekannt
waren.

Auf die Kunde von diesem gräßlichen, durch die Wilden
angerichteten Blutbade bemächtigte sich der Landbevölkerung im
südwestlichen Minnesota panischer Schrecken, der auch nicht
Wenige von unseren Farmern erfaßte. Sie glaubten sich auf
dem Lande nicht mehr sicher; ließen ihre Farmen im Stich und

flüchteten mit Weib und Kind und soviel beweglicher Habe, als
sie mit sich führen konnten, in die Stadt, wo sie in den solider
gebauten Häusern, namentlich in der neuen Kirche, die, weil
aus Stein gebaut, als besonders fest galt, Schutz vor den Indianern suchten. Denn was am Geistersee geschehen, hielten
Viele für den Anfang eines allgemeinen Indianer-Ausbruches.
So schlimm war es nun freilich nicht, und nachdem die gegen
die Mordbande ausgesandten Soldaten dieselbe überwältigt
und den Häuptling mit elf Spießgesellen erschossen hatten, war
auch die Ruhe wiederhergestellt und die Landbewohner kehrten
auf ihre Farmen zurück. Aber ein bedenkliches Symptom von
einer im Wachsen begriffenen Erbitterung unter den Rothhäu-
ten war das Vorkommniß doch. Hätte es nur zur Warnung
gedient. Aber weil man auf die Zeichen nicht achten wollte, so
war es nur ein Vorspiel von weit schrecklicheren Dingen, die noch
kommen sollten.

Abgesehen von der bald sich legenden Aufregung der erschreckten Gemüther, wie sie durch den eben erzählten Zwischen-
fall verursacht wurde, waren die Jahre bis 1862 für unsere
Gemeinde eine Zeit friedlicher Entwickelung.

Mit dem Jahre 1857 begann das Wachsthum der Gemeinde einen rascheren Verlauf und einen größeren Maßstab anzunehmen, wie auch Mankato selbst, das noch im Frühjahre 1856
nicht mehr als 16 Häuser zählte, von da an sich rasch vergrößerte. Mankato, das schon als Centrum einer vorzüglichen Acker-
baugegend sich eines weitreichenden Rufes erfreute, hatte vor
vielen anderen neugegründeten Niederlassungen des Nordwestens
noch den für praktische Katholiken schwer in die Wagschale
fallenden Vorzug, bereits eine katholische Kirche mit residieren-
dem Priester zu besitzen, und dieser Umstand zog auch in der
That viele katholische Ansiedler hierher. Jedes neue Jahr
führte nun unserer Gemeinde eine Menge neuer Leute zu, und
zwar durchgängig solcher, die als gute und eifrige Katholiken

ein willkommener Zuwachs waren. *)

Ein so gedeihliches Wachsthum war höchst erfreulich und rechtfertigte die Hoffnungen der Gründer der Gemeinde, die an die Zukunft derselben fest geglaubt hatten. Aber mit diesem Wachsthume ging es jetzt rascher, als man beim Bau der Kirche vorgesehen hatte. Denn kaum vollendet, erwies sich dieselbe schon als zu klein, um die Leute alle zu fassen, die in fortwährend sich mehrender Zahl zum sonntäglichen Gottesdienste sich einfanden.

Bereits im Jahre 1859 war dieser Uebelstand so fühlbar, daß man sich vor die Nothwendigkeit gestellt sah, die Kirche zu vergrößern. Und weil auch die Gründung einer Pfarrschule bereits ins Auge zu fassen war, so erschien es am Rathsamsten, gelegentlich der Vergrößerung des Gebäudes dasselbe auch in solcher Weise umzubauen, daß es in Zukunft zugleich als Kirche und Schule dienen könnte. Dieser durchgreifende Umbau wurde in folgender Weise ausgeführt:

Die Kirche wurde um ein Stockwerk erhöht und ein neuer, gleichfalls zweistöckiger Flügel vorne angebaut, dergestallt, daß nun der Grundriß des ganzen Gebäudes die Form eines lateinischen **T** annahm, dessen Querbalken durch den neugebauten Theil dargestellt wurde. Dieser Neubau — selbstverständlich auch aus Stein—maß 46 Fuß in der an der 5. Straße gelegenen Front, und mit seiner 27 Fuß messenden Breite brachte er die Länge der Kirche auf 67 Fuß. Der zum Gottesdienste bestimmte Raum, also die eigentliche Kirche, wurde nach

---

*) Hier sind wir bei einem Punkte angelangt, wo die Möglichkeit aufhört, noch weiter die Familien in der Reihenfolge, wie sie Jahr für Jahr hier einwanderten und unserer Gemeinde sich anschlossen, einzeln aufzuführen. Doch werden ihre Namen—wenigstens insoweit die noch hier wohnhaften Familien in Betracht kommen—in dem Verzeichnisse der Gemeindemitglieder am Ende des Buches ihren Platz finden.

Die Steinkirche nach dem Umbau i. J. 1862.
(Die hinter ihr stehende Blockhütte, damals Pfarrwohnung, war die erste Kirche in Mankato.)

dem oberen Stockwerke verlegt, während das untere Stockwerk für Schulzwecke reservirt blieb. *)

Dieser Umbau des Kirchengebäudes nahm einen langsamen Fortgang. Mit häufigen Unterbrechungen arbeitete man bis ins Jahr 1862 daran. Die Kirche wurde um die Zeit unter anderen Dingen auch mit neuen, von den Gebrüdern Fritz und Heinrich Bögen angefertigten Kirchenbänken ausgestattet. Das Dach des Gebäudes erhielt ein Thürmchen, einen sog. Dachreiter, zur Aufnahme der Glocke. Denn man war schon im Besitze einer solchen. Groß war sie nicht, aber von vorzüglichem Guß.

Diese—aus Europa importirte—Glocke hat ihre Geschichte. Wer kennt nicht die Sage von der versunkenen Glocke mit ihrem geheimnißvollen Tönen aus verborgener Tiefe? Nun, hier haben wir eine Glocke, von der wenigstens soviel fest steht, daß sie wirklich einmal versunken war, versunken in den Fluthen

---

*) Unser Bild zeigt die Steinkirche, wie sie nach dem Umbau aussah. Hinter ihr und zum Theile verdeckt von ihr gewahrt man das zur Pfarrwohnung eingerichtete, altehrwürdige Blockhaus—die erste Kirche von Mankato. Ansichten von dem Blockhause und von der Steinkirche in ihrer ursprünglichen Gestalt sind leider nicht zu haben. Ersteres existirt nun überhaupt nicht mehr, und von der Steinkirche steht nur noch jener neuere, in der Zeit von 1859 auf '62 erbaute Theil. Der andere Theil, der wenigstens in seinem unteren Stockwerke die ursprüngliche Kirche darstellte, wurde im Jahre 1887, da er leer stand und keinen Zweck mehr hatte, niedergerissen, um für den Spielplatz der Schulkinder mehr Raum zu gewinnen.

Von einer besonderen Weihe, die die Steinkirche in ihrer früheren oder späteren Gestalt erhalten hätte, ist nichts bekannt. Um so auffallender ist es, daß in dem 1870 von P. F. A. Reiter, S. J. herausgegebenen Schematismus die Kirche in Mankato als St. Philipp's Kirche aufgeführt wird, ein Titel, von dem Niemand in der Gemeinde etwas weiß, da eben die Steinkirche unter keinem anderen Namen, als dem der katholischen Kirche bekannt war.

des Mississippi. Denn das Boot, das sie den Strom hinauf=
trug, ging mit ihr unter. Wie lange sie aber da unten ruhte
im Schooße des „Vaters der Gewässer", läßt sich nicht mehr mit
Sicherheit ermitteln, ebensowenig, ob ihr Tönen aus der Tiefe
zu ihrer Auffindung führte. Gewiß ist nur, sie wurde von
Uferbewohnern gehoben und als „Strandgut" veräußert. Ihr
Käufer war kein Anderer, als der Indianermissionär von der
Winnebago Agentur.

Dort diente die Glocke ihrer Bestimmung in der katholischen
Indianermission, solang dieselbe bestand. Als die Mission
aufgelöst wurde und damit die Agentur ihren residierenden
Priester verlor, kam die Glocke durch Vater Sommereisen nach
Mankato.

Sie hing, bis sie in dem Thürmchen auf der Steinkirche
ihren Platz fand, in einem neben dem Blockhause errichteten
Holzgerüste. In späterer Zeit, nach Vollendung der jetzigen
Kirche, diente sie noch manches Jahr als Schulglocke. Nun
hängt sie in dem Thürmchen der Grabkapelle auf dem neuen
Gottesacker, und sie, die so lang mit ihrem silberhellen Tone
das in unserer munteren Schuljugend fröhlich aufsprießende
Leben an Ordnung und an Arbeit mahnte, läutet jetzt zur
ewigen Ruhe—den Todten.

VII.

Eine Schreckenszeit.

Obgleich es, wie im vorhergehenden Kapitel angedeutet wurde, an Vorzeichen des drohenden Verderbens nicht fehlte, so kam dasselbe dennoch so plötzlich und unerwartet, daß es wie ein Blitzstrahl aus heiterem Himmel in die friedlichen Ansiedelungen des nordwestlichen Minnesota hineinfuhr, als im Sommer des Jahres 1862 der Schreckensruf durch das Land ging: „Die Indianer kommen, die Indianer auf dem Kriegspfade!" Mehr als einmal waren die Ansiedler auch schon früher in ähnlicher Weise erschreckt worden, und immer war es bloß blinder Lärm gewesen. So gab es Viele, die auch dieses Mal an die Gefahr nicht glaubten. Sie sollten sich bitter täuschen. Denn dieses Mal war es blutiger Ernst.

Die Sioux=Indianer von den westlich von New Ulm gelegenen Reservationen—6000 im Ganzen—hatten sich zu einem allgemeinen Vernichtungskampfe gegen die Weißen erhoben und damit begonnen, in eine Menge kleiner Banden zertheilt, das platte Land nach allen Richtungen zu durchstreifen und Tod und Verderben zu verbreiten. Am 18. August war der Ausbruch der Wilden erfolgt, und schon am Morgen des 19ten beschien die aufgehende Sonne auf viele Meilen in der Runde die Gräuel einer unbeschreiblichen Verwüstung: Vernichtete Pflanz=

ungen, rauchende Ruinen von Häusern und Gehöften, und Hekatomben von — theilweise schrecklich verstümmelten — Leichen. Denn schon lagen Hunderte von wehrlosen Männern, Frauen und Kindern erschlagen in ihrem Blute. Sie waren ahnungslos überfallen worden.

Das war der Anfang des Indianeraufstandes von 1862, einer Katastrophe, die zu den schrecklichsten in der Geschichte des Landes zählt. Wir würden über die uns vorgesteckten Grenzen hinausgehen, wollten wir versuchen, diese Katastrophe in ihren Ursachen und in ihrem ganzen Verlaufe zu schildern. Auch ist das schon von verschiedenen Seiten und in der ausführlichsten Weise geschehen. Unsere Aufgabe kann es nur sein, diejenigen Momente des Dramas, die für die Geschichte unserer Gemeinde von Bedeutung sind, zur Darstellung zu bringen.

Die Kunde von dem Ausbruche der Sioux erreichte am 18. August gegen Abend Mankato und verursachte große Aufregung, die sich noch steigerte, als Tags darauf die Nachricht eintraf, die Wilden hätten sich zu einem Angriffe auf das nur 28 Meilen entfernte New Ulm vereinigt. Da war Gefahr im Verzug. Denn fiel New Ulm, dann war auch Mankato fast sicherem Untergange geweiht, zumal, wenn auch die Winnebagos, deren Reservation ja bis in die unmittelbare Nachbarschaft von Mankato hineinreichte, an der Erhebung theilnehmen und, mit den Sioux vereinigt, über Mankato herfallen sollten, Befürchtungen, die allerdings sehr begründet waren. Denn wie sich später herausstellte, hatten die Sioux in der That nichts Geringeres im Schilde geführt, als New Ulm und Fort Ridgely zu nehmen und darauf gemeinsam mit den Winnebagos St. Peter und Mankato anzugreifen, um nach deren Zerstörung alle Weißen im ganzen Minnesotathale auszurotten. *)

---

*) Das wäre nicht so unausführbar gewesen, wie es heutzutage scheinen möchte. Das südwestliche Minnesota war immer noch sehr dünn besiedelt. Während ganz Blue Earth County

Aus diesem sauberen Plane wurde nun freilich nichts, weil es den Sioux nicht gelang, sich des Fort Ridgely oder New Ulm's zu bemächtigen, und die Winnebagos, die sich mit ihnen überworfen hatten, nicht mitmachen wollten. Aber eine so glückliche Wendung war keineswegs vorauszusehen, und darum herrschte begreiflicher Weise bange Sorge in Mankato.

Die Sturmglocke rief das Volk zur Versammlung, um über die Mittel und Wege zu berathen, wie der drohenden Gefahr zu begegnen wäre, verschiedene Comites wurden ernannt, darunter eines, das mit der Aufgabe betraut wurde, Mankato in Vertheidigungszustand zu setzen, während ein zweites ein Freiwilligen-Corps anzuwerben und auszurüsten hatte, das dem hartbedrängten New Ulm, von dessen Rettung soviel abhing, zu Hülfe kommen sollte.

Von den vier Männern, die das erstgenannte Comite zu bilden bestimmt waren, fanden sich am anderen Morgen nur noch Drei zur ersten Berathung ein. Denn Einer, wohl in der Ueberzeugung, daß für das Heil Mankato's am Besten gesorgt wäre, wenn er vor allen Dingen seine eigene, werthe Person in Sicherheit brächte, war in der Nacht nach östlichen Gegenden

---

bloß 4800 Einwohner zählte, betrug die Bevölkerung der umliegenden Counties nicht einmal halb so viel. Ueberdieß vergesse man nicht, daß zur selben Zeit der Bürgerkrieg wüthete und ein großer Theil der waffenfähigen Mannschaft von Minnesota auf den Schlachtfeldern des Südens gegen die Rebellen kämpfte. Gerade auf diesen Umstand hatten die Sioux bei ihrer Erhebung gerechnet. Und in der That, wenn auch schließlich von der Regierung eine Truppenmacht zur Niederwerfung des Indianeraufstandes ausgesandt wurde, so konnte das nur unter Schwierigkeiten geschehen. Denn man mußte zu dieser Expedition die in Fort Snelling zusammengezogenen Regimenter verwenden, die für den südlichen Kriegsschauplatz bestimmt waren und schon Marschordre dorthin erhalten hatten.

verduftet. Und ein Zweiter, dem die blasse Furcht auf der Stirne geschrieben stand, hatte dergestalt den Kopf verloren, daß er, obgleich anwesend, nicht zu gebrauchen war. Blieben noch übrig ein Prediger, Namens Thompson, und ein Mitglied unserer Gemeinde, Leo Lamm. Diese Beiden beschlossen nun, die aus Stein gebauten Häuser Mankato's zu befestigen, damit im Falle eines feindlichen Angriffes die Leute Schutz in denselben fänden.

Dem Leo fiel behufs Ausführung dieses Beschlusses die Befestigung der katholischen Kirche zu. Er ließ zunächst ihre Fensteröffnungen, die am unvollendeten Neubau noch theilweise leer standen, mit Brettern vernageln, die so dick waren, daß man hätte glauben sollen, sie würden jedem Gewehrfeuer Widerstand leisten. Ein Versuch bewies das Gegentheil. Ein Flintenschuß, der auf eines der also vernagelten Fenster an der Nordseite des Gebäudes abgegeben wurde, hatte die Wirkung, daß die Kugel bei diesem Fenster hineinging und bei dem gegenüberliegenden an der Südseite, obschon es mit gleichstarken Brettern verkleidet war, wieder hinausfuhr. Das war nicht sehr ermuthigend. Da wäre es im Ernstfalle um das Leben der in der Kirche Schutz suchenden Leute doch nicht zum Besten bestellt gewesen.

Das Hülfscorps zur Vertheidigung des benachbarten New Ulm, dessen Errichtung dem an zweiter Stelle genannten Comite oblag, wurde in der Zeit von einem Tage angeworben und, so gut es in der Eile ging, mit Munition und Waffen ausgerüstet. Es wäre auch sofort nach New Ulm aufgebrochen, hätte nicht ein Theil der Bevölkerung von Mankato sich seinem Abmarsche widersetzt, indem diese aufs Aeußerste erschreckten Leute der Ansicht waren, Mankato würde sehr bald in eine Lage kommen, wo es alle waffenfähige Mannschaft zu seiner eigenen Vertheidigung dringend nöthig hätte. Dieser Widerspruch brachte Unentschlossenheit selbst in die Reihen der schon Angeworbenen, von denen Einige auch wirklich zurücktraten. Da=

durch entstand eine Verzögerung von zwei Tagen, bis endlich der Ruf: „Auf nach New Ulm" über allen Widerstand den Sieg davontrug. 85 furchtlose Männer, die sich für das Hülfscorps hatten anwerben lassen, blieben treu ihrer Fahne und stellten sich unter das Commando von Wilhelm Bierbauer als ihrem Hauptmann.

Es war am Donnerstag, den 21. August, Morgens 5 Uhr, als diese wackere Schaar von Mankato abmarschirte. Vater Sommereisen—New Ulm hatte damals noch keinen residierenden Priester—begleitete sie als Feldkaplan, und Dr. McMahon in der Eigenschaft als Wundarzt. Von Leuten unserer Gemeinde gehörten diesem Hülfscorps sonst noch an: John F. Meagher als erster Lieutenant, Heinrich Vahle als zweiter Sergeant, und J. Peter Krost als dritter Korporal. Ferner als Gemeine: Patrick Burns, Theodor Fitterer, Adam Freundl, Franz Oberle, Thomas Rieger, Peter Ulmann, Karl Veigel.

Um 4 Uhr Nachmittags rückte das Corps nach angestrengtem Marsche in New Ulm ein. Auch von anderen Orten, von St. Peter und LeSueur, waren Verstärkungen bereits eingetroffen. Sie kamen alle sehr erwünscht. Zwar hatten die New Ulmer in der Schlacht vom 19. August den ersten Angriff der Sioux auf ihre Stadt glücklich, wenn auch unter nicht unbedeutenden Verlusten, zurückgeschlagen. Aber nun galt es, auf den Entscheidungskampf sich zu rüsten. Denn darüber herrschte kein Zweifel, daß die Indianer, die für einstweilen abgezogen waren, um dem Fort Ridgely einen Besuch abzustatten, zu einem zweiten und furchtbareren Angriffe auf New Ulm dahin zurückkehren würden.

Und sie kamen. Schon am Morgen des 23. August—Samstag—sah man von den Verschanzungen New Ulm's die Indianer auf ihren flinken Ponies von allen Seiten anrücken und die Stadt umzingeln. Bald entbrannte eine heiße und blutige Schlacht: Die ganze Nacht vom Samstag auf den

Sonntag wurde gekämpft, bis endlich bei Tagesanbruch die Sioux zu weichen begannen. Der Tag des Herrn brachte die Erlösung. Während die Verluste der Indianer sehr bedeutend waren, bezifferten sich die der Vertheidiger New Ulm's nur auf 10 Todte und ungefähr 60 Verwundete. **Zwei von den Gefallenen und sechs von den Verwundeten waren von Mankato**, sicherlich ein Beweis, daß das kleine Häuflein Mankataner sich wacker gehalten hat. Unter den Verwundeten waren zwei von **unserer Gemeinde**: Patrick Burns und Adam Freundl.

Der Sieg von New Ulm, von so großer Bedeutung für das Wohl und Wehe der Nachbarstadt Mankato, war nächst Gott dem Commandanten in der belagerten Stadt, dem tapferen **Oberst Flandrean** zu verdanken. Doch hatte auch **Vater Sommereisen** keinen geringen Antheil an demselben. Während des Kampfes sah man ihn überall dort, wo die Gefahr am Größten war, mitten im Kugelregen, wie er den Kämpfenden durch Wort und Beispiel Muth einflößte und den Verwundeten die Tröstungen der Religion spendete. Nach den übereinstimmenden Aussagen von Augenzeugen war er es, der zu jener Kriegslist rieth, die, so abenteuerlich sie auch jetzt klingen mag, doch thatsächlich und mit Erfolg ausgeführt wurde.

Bekanntlich haben diese Wilden, so furchtlos sie auch sonst sind, einen gewaltigen Respekt vor Kanonen. Den Belagerten stand auch nicht ein Geschütz zur Verfügung. In Ermangelung eines solchen wurde — wie gesagt, auf Anregung von Vater Sommereisen — in der Morgendämmerung des Sonntag Angesichts der Indianer ein Ofenrohr auf Räder gestellt und daneben mit zwei auf einander gelegten und in der Mitte mit Pulver gefüllten Ambossen gefeuert, was beim Feinde den Eindruck erwecken sollte, als hätte man während der Nacht eine Kanone erhalten. Allem Anscheine nach gelang die List vollkommen. Denn sofort sah man die Indianer sich nach rück=

wärts concentriren und auf ihrem Lagerplatze zur Berathung sich versammeln, worauf sie dann bald gemeinsam abzogen. *)

Die Stadt war erlöst. Aber wie sah es in derselben aus? Nur noch vier Häusergevierte standen unversehrt, diejenigen, auf welche man die Befestigung und Vertheidigung Neu-Ulm's beschränkt hatte. Die ganze übrige Stadt war preisgegeben worden und lag nun in Schutt und Asche. Wie sollte man in den 49 Häusern, die noch bewohnbar waren, eine Menschenmenge unterbringen, die, gering gerechnet, 2500 Seelen betrug? Wie sie unterhalten, wie die Verwundeten pflegen, da es an Lebensmitteln, Medicamenten und Vorräthen aller Art gebrach? Von der Menge von Thiercadavern, mit denen Stadt und Umgegend angefüllt waren, wurde die Luft verpestet. Auch die Möglichkeit eines erneuten Angriffs auf die Stadt war keineswegs ausgeschlossen. Angesichts dieser Erwägungen kam man nach Ueberwindung des Widerstandes einer Minderzahl zu dem gemeinsamen Entschlusse, die Stadt gänzlich zu räumen und bis auf Weiteres in Mankato Obdach zu suchen.

So geschah es, daß Montag Morgens, den 25. August, eine beinahe unabsehbare Karawane von Flüchtlingen zu Wagen, zu Fuß und zu Pferde sich aus der zerstörten Stadt auf der Straße gegen Mankato bewegte. In dem Zuge zählte man 153 Wagen, worunter 56 mit Kranken und Verwundeten. Ein mitleiderregender Anblick! Wen mußte es nicht rühren, diese armen Leute zu sehen, die den heimathlichen Herd, den sie heldenmüthig und auch siegreich vertheidigt hatten, nun doch preisgeben mußten, nur, um nicht vielmehr als das nackte Leben zu retten.

---

*) Eine ausführliche und fesselnde Beschreibung von Neu-Ulm's Belagerung und Vertheidigung in den Augusttagen des Jahres 1862 enthält des Hochw. Alexander Berghold Buch: „Indianer-Rache oder die Schreckenstage von New Ulm".

In Mankato angekommen, fanden die Obdachlosen die liebevollste Aufnahme und Verpflegung. Was insbesondere die Leute unserer Gemeinde angeht, so waren sie schon durch Vater Sommereisen, der dem Zuge der Flüchtlinge vorausgeeilt war, auf ihr Kommen vorbereitet worden. Sie wetteiferten nun miteinander, das traurige Loos der Unglücklichen, von denen die Meisten ganz ausgehungert waren, nach Kräften zu mildern. Eine Anzahl derselben fand in der Kirche Unterkunft, sehr viele wurden in Privathäuser aufgenommen, andere in ausgeräumten Kaufläden und Schuppen, noch andere unter Zelten untergebracht. Das „Mankato House" diente als Lazareth für die Verwundeten.

Diese Zustände dauerten ungefähr eine Woche. Dann wurden die Meisten von den Verwundeten, Kranken, Frauen und Kindern in die Ortschaften im unteren Minnesotathale vertheilt und selbst bis nach St. Paul gebracht. Viele aber von den muthigeren Bewohnern New Ulm's kehrten dahin zurück, um, sobald die Verhältnisse es gestatteten, die Stadt wieder aufzubauen.

Für den Augenblick war daran nicht zu denken. Es dauerte noch geraume Zeit, bis das Gefühl der Ruhe und Sicherheit in die aufgeregten Gemüther zurückkehrte. Die von den Indianern verübten Gräuelthaten im südwestlichen Theile des Staates hatten die Landbewohner in solche Furcht versetzt, daß viele von denen, die von ihren Farmen geflüchtet waren, auf dieselben nicht zurückkehren wollten. Es wurde nothwendig, Schutztruppen an verschiedenen günstig gelegenen Punkten, angefangen von Mankato und New Ulm bis an die Grenze von Jowa, unter Waffen zu halten, um das öffentliche Vertrauen wieder herzustellen.

Eine Bürgerwehr (Home Guard), die zu dem Zwecke in Mankato errichtet wurde, betheiligte sich an Oberst Flandreau's Expedition zur Vertheidigung der südlichen Grenze des Staates. Ihr Hauptman war John F. Meagher. Von Männern

John F. Meagher.

unserer Gemeinde waren sonst in dem Corps die Folgenden: M. Ulmen, dritter Korporal: Ambros Lorenz, fünfter Korporal: Leo Lamm, sechster Korporal. Dann die Gemeinen Heinrich Bögen, Peter Fränzel, Georg Hoffmann, H. B. Kauffer, Joseph Kunz, Stephan Lamm, Johann Lies, Johann Lorenz, Franz Oberle, Joseph Schaus, Johann Ulmen, Peter Ulmen, Heinrich Wittrock.

Zum Schutze von Mankato selbst organisirte sich unter Wilhelm Bierbauer eine Schützencompagnie, die bis zum 12. Oktober 1862 bestand. Unsere Gemeinde war in derselben durch die Folgenden vertreten: Hubert Bruels, erster Korporal: Heinrich Borgmeier, Theodor Leicht, Xaver Oberle, Karl Veigel.

Die Genannten und ihre Kameraden bildeten ohne Zweifel ein tüchtiges und tapferes Corps. Hatten sie doch für dasselbe sich anwerben lassen, weil sie Alle bereit waren, zum Schutze ihrer Mitbürger Blut und Leben, falls das nöthig wäre, in die Schanze zu schlagen, und das war gut. Aber noch besser war, daß diese verhängnißvolle Nothwendigkeit gar nicht eintrat. Denn während in anderen Gegenden von Minnesota auch noch nach den Tagen von New Ulm das Blut der Weißen unter dem Tomahawk des Rothen Mannes in Strömen floß *), blieben Mankato und Umgegend in dem ganzen Kriege von den Indianern unbehelligt, und dafür sei Lob und Dank dem allgütigen Gott!

---

*) Unter Denen, die in den Schreckenstagen von 1862 durch die Hand der Indianer fielen, war auch ein früheres Mitglied unserer Gemeinde, der auf S. 37 dieses Buches erwähnte Balthasar Eisenreich. Im Jahre 1855 nach Mankato gekommen, hatte er mehrere Jahre hier gewohnt, war aber später nach Brown County übergesiedelt, wo ihn auf der Farm sein tragisches Schicksal ereilte.

Mantato vom Agency=Hügel gegen Süden.

VIII.
Denkwürdige Weihnachten.

Langwierig und schwierig war der Feldzug gegen die aufständigen Sioux. Erst nach einer Reihe blutiger Kämpfe mit bedeutenden Verlusten an Todten und Verwundeten auf beiden Seiten gelang es General Sibley, dem Höchstkommandierenden der gegen die Indianer ausgesandten Truppen, die Wilden zu Paaren zu treiben. Viele von den rothhäutigen Mordbrennern waren eingefangen worden, von denen nicht weniger als 303 ihre Schandthaten mit dem Tode büßen sollten. Und den Tod schienen sie reichlich verdient zu haben. Denn nach einer keineswegs übertriebenen Schätzung waren mehr als tausend Weiße, Männer, Frauen und Kinder, aufs grausamste von ihnen hingeschlachtet worden. Wenig hätte gefehlt, daß die Gefangenen auf ihrem Wege von New Ulm nach Mankato, wohin sie in der ersten Hälfte des November gebracht wurden, der Volkswuth zum Opfer gefallen wären. Nur der außerordentlichen Vorsicht der sie begleitenden Mannschaft, insbesondere der Offiziere, war es zu verdanken, daß eine blutige Katastrophe, die unbedingt das Verdammungs-urtheil der Nachwelt verdient hätte, abgewandt wurde und die 303 Indianer lebendig Mankato erreichten. Dort wurden sie einstweilen in einem an der Mündung des Blue-Earthflusses in den Minnesota — also in der Gegend des heutigen Sibley-

Parkes—aufgeschlagenen Lager untergebracht und in strengem Gewahrsam gehalten, bis das zu ihrer Aufnahme bestimmte Gefängniß in der Stadt, ein geräumiges an Ecke von Front- und Mainstraße errichtetes Blockhaus, fertig war.

In dem Maße aber, wie die Zeit verstrich und die von den Wilden verübten Gräuelthaten aus der frischen Erinnerung schwanden, machte die anfängliche Erbitterung gegen sie allmählig einer milderen Stimmung Platz, und die öffentliche Meinung im Lande sprach sich immer lauter dahin aus, daß es weder weise noch menschlich wäre, so viele hundert Männer auf einmal dem Tode durch Henkershand zu überliefern, und wenn sie ihn auch alle verdient hätten.

So kam es zu Verhandlungen mit der Regierung behufs endgültiger Feststellung, an wie vielen und welchen von den Gefangenen das Todesurtheil vollstreckt werden sollte. Durch Ordre vom 7. Dezember 1862 entschied Präsident Abraham Lincoln diese Frage dahin, daß er die Zahl der Hinzurichtenden auf 39 — diejenigen, welche von allen als die Schlimmsten galten — beschränkte. Von der Liste dieser 39 Todescandidaten wurde nachträglich wegen mangelnder Schuldbeweise noch einer gestrichen, so daß in Wirklichkeit nur 38 hingerichtet wurden. Die Hinrichtung war auf Freitag, den 26. Dezember, festgesetzt und sollte in Mankato als dem Orte, wo die Uebelthäter gefangen gehalten wurden, vollzogen werden.

So geschah es, daß der letzte Akt des blutigen Dramas von 1862 in M a n k a t o sich abspielte an dem Tage, da die 38 Indianer zu gleicher Zeit und an e i n e m Galgen ihr Leben endeten. Eine Beschreibung dieser merkwürdigen Execution, deren grauenerregende Einzelheiten unseren Lesern, wenn sie nicht selbst noch Augenzeugen waren, doch aus anderweitigen Berichten wohl sattsam bekannt sein dürften, brauchen wir hier nicht zu wiederholen, um so weniger, als dieses in der Geschichte des Landes vielleicht einzig dastehende Ereigniß doch an und für sich mit der Geschichte unserer Gemeinde nichts zu thun hat.

Wohl aber müſſen wir hier eines diesbezüglichen Umſtandes gedenken, dem ein Platz auch in ihren Annalen gebührt und von Anderen, die über den Gegenſtand geſchrieben haben, nicht die verdiente Würdigung gezollt wurde.

Wir meinen den Umſtand, daß dreißig von den Verurtheilten, die noch Heiden waren, das Glück hatten, am Weihnachtsfeſte, dem Vorabende ihrer Hinrichtung, nach ſorgfältiger Vorbereitung aus den Händen des hochw. Vater Ravour von St. Paul die hl. Taufe zu empfangen, in Folge deſſen ihre Namen in unſer Buch des Lebens, in das Taufbuch unſerer Gemeinde, eingetragen wurden. Daß aber die, wenngleich zur elften Stunde erfolgte, Bekehrung dieſer blutbefleckten Miſſethäter eine keineswegs abgenöthigte und bloß äußerliche, ſondern aus der freien Mitwirkung mit der göttlichen Gnade hervorgehende und aufrichtige war, das erhellt in überzeugender Weiſe aus dem Berichte, den Vater Ravour, noch unter dem friſchen Eindrucke der Ereigniſſe ſtehend, an ſeinen Biſchof ſandte. Dieſer Bericht ſpiegelt ſo ſehr die ausgezeichnete Frömmigkeit und den glühenden Seeleneifer des ehrwürdigen und hochverdienten Pionierprieſters wieder und ſchildert ſo rührend die Wunder der göttlichen Gnade in den Seelen jener auf den Tod ſich vorbereitenden Söhne der Wildniß, daß wir es unſern Leſern zu ſchulden glauben, ihn hier in deutſcher Ueberſetzung und unverkürzt wiederzugeben. *) Der Bericht iſt an Mgr. Tho-

---

*) Urſprünglich iſt dieſer Bericht von Vater Ravour in franzöſiſcher Sprache verfaßt worden. In ſeinen 1890 veröffentlichten „Reminiscences, Memoirs and Lectures" findet ſich die engliſche Ueberſetzung, die uns bei unſerer Uebertragung ins Deutſche gedient hat.

Der jetzt hochbetagte Mgr. A. Ravour wurde am 11. Januar 1815 zu Langeac unweit Puy in Frankreich geboren, ließ ſich 1838, als er im Prieſterſeminare zu Puy den theologiſchen Studien oblag, von dem Frankreich beſuchenden Biſchof Loras von Dubuque für das Miſſionswerk in den Ver. Staaten anwerben und folgte ihm dorthin noch im ſelben Jahre. Nach

Mgr. A. Ravoux.

71

mas Grace, den damaligen Bischof von St. Paul, adressiert und lautet folgendermaßen:

St. Paul, den 29. Dezember, 1862.

Hochwürdigster Herr!

Um Ihrem wiederholt ausgesprochenen Wunsche zu willfahren, erstatte ich Ihnen hiermit Bericht über meine Reise und Sendung zu den Indianern, die während der letzten Monate zu Mankato gefangen gehalten wurden. Gott sei Dank ging es mit meiner Gesundheit weit besser, als ich bei meiner Abreise von St. Paul erwarten konnte, und ich war im Stande, seit Montag täglich geraume Zeit mit denen zuzubringen, die vorigen Freitag die Todes=strafe erlitten haben. Es waren ihrer 38 im Ganzen.

Am 19ten d. M. kam ich in Mankato an. Ich ver=fügte mich am anderen Morgen früh zum Bezirkskomman=danten, Oberst Miller, und überreichte ihm ein Empfeh=lungsschreiben von Brigade=General Sibley. Ich wurde sehr gut aufgenommen und erhielt volle Freiheit, die ge=fangenen Indianer zu sehen und zu unterrichten. Ich fand sie alle zusammengedrängt in e i n e m Raume. Es waren über 300, mehr als 60 Wilde nicht mit eingerech=

---

seiner anfangs 1840 erfolgten Priesterweihe war er zuerst kurze Zeit zu Prairie du Chien, Wis. in der Seelsorge unter seinen Landsleuten, dann mehrere Jahre als Missionär unter den Sioux=Indianern thätig, bis im Jahre 1844 das weite Arbeitsfeld von Mendota, Minn., zu dem damals das in seinen ersten Anfängen steckende St. Paul gehörte, seiner priesterlichen Obhut unterstellt wurde. Vom Jahre 1851 an, da St. Paul in Mgr. Cretin seinen ersten Bischof erhielt, bekleidete er das Amt eines Generalvicars, wiederholt auch das eines Diöcesan=verwesers. In Anerkennung seiner Verdienste wurde er vom Heiligen Vater mit der Würde eines päpstlichen Prälaten aus=gezeichnet.

net, die freigesprochen wurden und ihren Familien bei Fort Snelling wiedergegeben werden sollen, sobald sie ohne Gefahr dorthin gebracht werden können. Denn die Erbitterung der Bevölkerung gegen die Sioux ist immer noch groß.

Unter den Gefangenen befanden sich mehrere Halbblutindianer, die sehr erfreut zu sein schienen, uns zu sehen. Ich redete zu ihnen von Gott, vom Seelenheile, von der Ewigkeit, auf welche wir alle uns durch Gebet, durch Reue und den Empfang der Sakramente vorbereiten müßten. Ich sprach auch zu den Vollblutindianern, die mir mit großer Aufmerksamkeit zuhörten. Die Namen derjenigen, die den Tod erleiden sollten, waren noch nicht bekannt gemacht, und ich fürchtete sehr, daß man sie bis zum letzten Augenblicke geheim halten möchte, was den Hauptzweck meiner Sendung vereitelt hätte. Glücklicherweise war das nicht der Fall.

Am Montag Morgen theilte mir Oberst Miller mit, daß man diejenigen Indianer, die am 26. d. M. hingerichtet werden sollten, von den Anderen zu trennen beabsichtige, und er bat mich, um 3 Uhr Nachmittags, zu welcher Stunde ihnen das Todesurtheil verkündet würde, nach dem neuen Gefängnisse zu kommen. Demgemäß fanden sich um 3 Uhr der Oberst mit einigen Offizieren, die Herren Williamson und Riggs, die protestantischen Geistlichen, der Herr Sommereisen und ich in dem Gefängnisse ein. Nach Verlesung des Urtheils auf Englisch und in der Siouxsprache eröffnete der Oberst den Verurtheilten, daß sie für dieses Leben keine Hoffnung mehr hätten. Er ermahnte sie, ihre Gedanken auf den Welterlöser hinzurichten und, ganz wie sie es für das Beste hielten, einen katholischen oder protestantischen Geistlichen zu ihrem geistlichen Beistande zu wählen. Major Brown fertigte zwei Listen an: Vierundzwanzig—darunter drei Halbblutindianer unter

zwanzig Jahren, die noch nicht zur Ersten Kommunion
gegangen waren — ließen sich in die Liste der „Schwarzröcke"
eintragen. *) Ungefähr ein Dutzend setzten ihre Namen
auf die protestantische Liste.

Ich war wirklich überrascht, die Mehrzahl sich für
uns erklären zu sehen, in Anbetracht, daß die Herren Wil=
liamson und Riggs die Sprache der Sioux vollkommen
bemeistern und 25 Jahre unter ihnen zugebracht haben.
Allerdings war auch ich eine Zeit lang bei den Indianern.
Aber es ist nun schon 18 Jahre her, daß ich wegen des
Mangels an Priestern für die Weißen sie in der Wildniß
zurücklassen mußte. Und dem ist noch beizufügen, daß
die genannten Herren die Gefangenen während ihrer Haft
in Mankato oft besucht und ihnen manchen Dienst erwie=
sen haben. Wie kamen sie demungeachtet dazu, den
„Schwarzröcken" den Vorzug zu geben? Ich wüßte keine
andere Erklärung, als daß es Gottes Werk gewesen und
die Erfüllung jenes Wortes des Herrn an seine Kirche und
ihre Diener: „Gehet hin und lehret alle Völker."

Vom Montag bis zu dem Augenblicke, da die Indi=
aner wiedergeboren wurden aus dem Wasser der Taufe,
war der Gegenstand meiner Unterweisungen zunächst der
große Gott des Himmels und der Erde, der in den Werken
der sichtbaren Schöpfung sich allen, auch den in der Cul=
tur am tiefsten stehenden, Menschen offenbart. Dann
folgten die Geheimnisse von Einem Gott in drei Personen,
von der Menschwerdung und Erlösung der Welt durch
das Kreuz, von Tod, Gericht, Himmel, Hölle, Ewigkeit,
von der himmlischen Glorie der Gerechten und der Auf=
erstehung des Fleisches am Ende der Zeiten. Die Lehren

---

*) Bekanntlich verstehen die Indianer unter „Schwarz=
röcken" die katholischen Priester, zum Unterschiede von den pro=
testantischen Predigern, die sie „Weißröcke" nennen.

unserer heiligen Religion schienen auf ihre Gemüther großen Eindruck zu machen, und mit den Gefühlen innigster Freude redete ich zu ihnen von diesen erhabenen Wahrheiten, die diese armen Wilden erleuchteten und trösteten, während sie so manchen sog. „Gebildeten" verächtlich erscheinen. Ich kann in Worten nicht ausdrücken, welchen Trost ich empfand, als ich wahrnahm, mit welcher Aufmerksamkeit und Ehrfurcht von diesen armen Indianern, die so bald dieser Welt auf immer Lebewohl sagen sollten, die Grundlehren unseres Glaubens aufgenommen wurden.

Und weil das wirksamste Mittel zur Erleuchtung des Verstandes das Gebet ist, so nahmen wir fleißig zu ihm unsere Zuflucht. Das Kreuzzeichen mit der Anrufung der Hl. Dreifaltigkeit, das Vater Unser, ein kurzes Gebet zu Maria, das apostolische Glaubensbekenntniß, die Akte des Glaubens, der Hoffnung und der Liebe—Der Liebe Gottes und des Nächsten — und Akte der Reue wurden in alle unsere Unterredungen während der vier Tage vor der Hinrichtung eingeflochten. Die Frömmigkeit, mit der sie an diesen Uebungen sich betheiligten, erfüllte mein Herz mit Trost. Wer die Sinnesart und den Charakter der Sioux kennt, der weiß auch, wie schwer es hält, sie dazu zu bringen, daß sie nach Art der Christen beten. Ich sage ohne Bedenken, daß die göttliche Gnade ihre Seelen überfluthete. Nur sie konnte eine solche Sinnesänderung in ihnen hervorbringen. Manchmal, wenn ich allein war und der Inbrunst gedachte, womit sie die Hl. Dreifaltigkeit anriefen, füllten sich meine Augen mit Thränen der Rührung.

Ich versichere Sie, Hochwürdigster Herr, daß die Gluth ihres Glaubens und ihrer Gottesliebe und die Ergebung, mit der sie dem Tode entgegensahen, von solcher Art waren, daß ich aus innigster Ueberzeugung öfters zu ihnen sagte: „Wenn ihr in diesen Gesinnungen verharret, so werdet ihr, sobald ihr euren letzten Athemzug gethan, auch schon ins Himmelreich eingehen, und wie eine Mutter ihr Kind mit Zärtlichkeit an ihr Herz drückt, so wird Gott in dem Augenblicke euch den Kuß des ewigen Friedens geben." O, wie oft mahnte ich sie deshalb, sie sollten den Tod nicht fürchten, sondern Gott lieben von ganzem Herzen und aus allen ihren Kräften. Dann würde bald unvergängliche Herrlichkeit sie krönen und ihre Leiber würden eines Tages aus den Gräbern auferstehen, strahlend wie die Sonne, um wieder vereinigt mit ihren Seelen mit diesen zusammen eine vollkommene und niemals endende Glückseligkeit zu genießen. O, wie begierig lauschten sie diesen schönen und trostreichen Verheißungen des göttlichen Heilandes.

Als Einer von ihnen mich bat, ihm einen gewissen, zum Festschmucke der Indianer gehörenden Gegenstand zu verschaffen, sagte ich ihm, er solle sich wegen eines schönen Anzuges weiter keine Sorgen machen, sondern bis zum letzten Augenblicke mit aller Inbrunst zum Herrn des Lebens beten, und er würde mit Kleidern geschmückt werden weißer wie der Schnee und herrlicher wie das Sternengezelt. Meine Erwiderung schien ihn völlig zu befriedigen.

Dieser Indianer war ein Stammeshäuptling und hieß Shounka-Ska, Weißer Hund. Wiederholt gab er mir die Versicherung, daß er den Tod nicht fürchte. Eines Tages jedoch sagte er zu mir: "Mein Herz ist bekümmert." "Was fehlt Dir?" fragte ich ihn. "Mein Bruder", erwiderte er, "der in dem anderen Gefängnisse schmachtet, ist sehr krank und wird sterben. Gehe zu ihm und sage ihm, es sei mein Wunsch, daß du ihn unterrichtest und taufest." Ich versprach, als ich ging, ihn zu besuchen. Aber da ich vier Stunden hintereinander bei meinen guten Sioux zugebracht hatte, war ich so abgespannt, daß ich erst einen Imbiß zu mir nehmen und eine Weile ruhen mußte, worauf ich mich aufmachte, mein Versprechen zu erfüllen.

Als ich das Gefängniß betrat, fand ich, wie mir gesagt worden, den Bruder von Shounka-Ska sehr krank. Ich machte ihm Mittheilung von der Bekümmerniß und dem sehnlichen Wunsche des Häuptlings und drang auch meinerseits in ihn, die Religion des „Schwarzrockes" zu lernen, damit er vor seinem Tode die Taufe empfangen könnte. „Ich habe eben meinen Bruder gesehen", erwiderte er, „und er sprach mit mir über die Sache." Nun verlangt auch dieser Indianer, der Herde Jesu Christi beigezählt zu werden.

Von diesem Gefängnisse begab ich mich nach dem andern zurück zu Shounka-Ska. Ich unterrichtete ihn von meinem Besuche bei seinem Bruder, und er zeigte sich sehr erfreut. Derselbe Indianer bat mich, an seine Familie und Verwandten einige Abschiedsworte zu schreiben, die er mir diktierte, worin er sie beschwor, sich auch unterrichten und taufen zu lassen. Er liebe sie alle, versicherte er wiederholt, er drücke ihnen die Hand zum letzten Male und verspreche, er wolle, wenn er im Lande der Seligen sein werde, beim Herrn des Lebens für sie Fürsprache einlegen.

Die große Mehrzahl der Sioux, die sich bekehrten, wie auch die drei Halbblutindianer, schrieben an ihre Familien fast gleichlautende Briefe, und die Uebrigen trugen mir auf, ihre Familien aufzusuchen, um ihnen den Ausdruck eben solcher wohlmeinender Gesinnungen zu übermitteln. Möchten ihre Gebete Erhörung finden, möchte ihr inbrünstiges Flehen das Herz Gottes rühren und auf ihre Stammesgenossen reichliche Gnade herabziehen, die ihnen die Augen öffne, ihre Blindheit heile, ihren Verstand erleuchte und ihre Herzen umwandle, sie entzündend mit dem göttlichen Feuer, von dem der Welterlöser wollte, daß es brenne auf Erden.

Am Weihnachtsmorgen um 6 Uhr reichte ich den drei Halbblutindianern die hl. Kommunion. Es war das erste und letzte Mal, daß sie das Brod der Engel empfingen. Welche Freude, welchen Trost bereitete es ihnen an ihrem Todestage, sich so innig vereinigt zu wissen mit Ihm, der da gesagt hat: „Ich bin das Leben. Wer mein Fleisch ißt und mein Blut trinkt, der hat das Leben, und ich will ihn auferwecken am jüngsten Tage." Sie waren unbeschreiblich glücklich. Einer von ihnen versicherte wiederholt, daß er keine Furcht mehr habe vor dem Tode. Und ich durfte ihm wohl glauben. Denn der Widerschein eines tiefen Seelenfriedens war über sein Antlitz ausgegossen. Auch die beiden anderen Halbblutindianer erschienen von beseligender Hoffnung ganz durchdrungen.

Um sie zu trösten und aufzurichten in ihrer Trübsal, sagte ich ihnen zwei Tage vor ihrem Tode, ein großer Diener Gottes, ein großer Heiliger, der hl. Alphons von Liguori, vertrete in seinen Schriften die Ansicht, daß Derjenige der den Tod mit Ergebung hinnähme, das Böse das er gethan soviel als möglich zu sühnen verlangte und bereit wäre, in allen Dingen den Willen Gottes zu erfüllen, wie ein Märtyrer stürbe. Es schien, als ob der Geist Gottes in seiner unendlichen Barmherzigkeit meine Worte befruchtete. Ihm allein sei Ehre und Ruhm in Zeit und Ewigkeit. Denn in Wahrheit ist Er es allein, der alle Herzen aufschließt, sie mit seiner göttlichen Gnade erfüllt, erleuchtet, rührt, bekehrt und umwandelt zur Aehnlichkeit mit dem großen Vorbilde, welches da ist Jesus Christus, unser Herr.

Ich verließ das Gefängniß gegen 8 Uhr Morgens und kehrte um 2 Uhr Nachmittags dorthin zurück. Ich gab meinen Katechumenen einen Unterricht über das Sakrament der Taufe, welches sie nun empfangen sollten. Als um 4 Uhr mein Mitmissionär, der hochw. Herr Sommereisen kam, um mir zu helfen, zogen wir unsere Chorhemden an und ich nahm die Stola. Wir beteten gemeinschaftlich und schritten sofort zur Vornahme der hl. Handlung. Mein Herz strömte über von Freude, als ich die innige Andacht der Verurtheilten wahrnahm und im Geiste erwog, welche Fülle von Gnaden ihnen in Ansehung des Blutes Jesu Christi, das er am Kreuze für das Heil der Menschheit vergossen, zufließen sollte. Ich stellte an Jeden die üblichen Fragen, und sie antworteten alle der Reihe nach mit dem Ausdrucke eines innigen und festen Glaubens. Es waren ihrer dreißig, die getauft wurden. Außer diesen taufte ich noch einen Indianer bedingungsweise. Er hatte mich oft gebeten, ihm diese Gunst zu erweisen, obgleich er vier oder fünf Tage vorher von einem presbyterianischen Prediger getauft worden war. Dieser Mann wurde nicht hingerichtet. Zwei oder drei Stunden vor der Hinrichtung der Anderen wurde er aus dem Gefängnisse geholt und zu den übrigen bis auf Weiteres zurückgehaltenen Gefangenen gebracht, damit sein Fall in Wiedererwägung gezogen würde. Man war der Meinung, daß die Zeugen hinsichtlich seiner Person sich getäuscht hätten und er des ihm zur Last gelegten Mordes nicht schuldig wäre.

Von den 38 Sioux, die den Tod erlitten, waren es schließlich dreiunddreißig, die sich den „Schwarzrock" zu ihrem geistlichen Vater gewählt hatten, und ich versichere Sie, Hochwürdigster Herr, der Allmächtige flößte mir für dieselben die Gefühle eines Vaters ein. Denn ich liebte sie alle mit einer innigen Liebe in unserm Herrn Jesus Christus, und ich würde gerne, wie ich glaube und im Verlaufe unserer Unterredungen ihnen auch mehr als einmal sagte, mein Blut und Leben für das Heil ihrer Seelen hingegeben haben. Demungeachtet hatte ich den Schmerz zu sehen, wie Einer von denen, die ihre Namen auf meine Liste gesetzt hatten, die Gnade der Taufe von sich wies.

Aber Gott tröstete mich, indem er dafür zehn Anderen den Gedanken eingab, zu meinem priesterlichen Beistande ihre Zuflucht zu nehmen, nachdem sie drei Tage lang unseren Unterweisungen und den Gebeten, die wir inbrünstig zum Himmel sandten, zugehört hatten. Die Ursache, die jenen unglücklichen Wilden verleitete, die Gnade der Taufe von sich zu weisen, war, wie ich glaube, seine Anhänglichkeit an die abergläubischen Gebräuche seines Stammes. Noch ein Anderer folgte seinem Beispiele, aber sein Name hat niemals auf meiner Liste gestanden. Die noch übrigen drei ließen sich von einem presbyterianischen Geistlichen taufen. So oft ich der himmlischen Gnadengaben gedenke, die diesen armen Kindern der Wildniß zutheil wurden, kann ich nicht umhin auszurufen: „Haec est dies quam fecit Dominus—das ist der Tag, den der Herr gemacht hat."

Von dem Augenblicke an, da meine Neophiten wiedergeboren waren aus dem Wasser der Taufe, zeigten sie sich ganz zufrieden und ergeben in ihr Schicksal. Klagen und Murren hörte man nicht mehr in ihrer Mitte. Sie wußten, daß der Tod die Pforte ist, durch welche die Kinder Gottes zur ewigen Seligkeit eingehen, und daß die Glieder des auferstandenen Jesus am jüngsten Tage auferweckt werden. Für sie, die von so großen Gedanken und so süßen Hoffnungen beseelt waren, schien der folgende Tag, von dem sie nur wenige Stunden erleben sollten, keine Schrecken zu haben. Am anderen Morgen gingen sie zum Tode und bestiegen das Schaffot ohne das geringste Zeichen von Furcht. Sie stellten sich an die ihnen angewiesenen Plätze, sie erwarteten den Todesstreich ohne einen Laut des Widerstrebens und trotzten allen Leiden, erfüllt von der großen Hoffnung auf das Zukünftige. So vermögen Menschen zu sterben, wenn sie auch erst Christen von gestern sind. Was Wunder, wenn ich da ausrufen muß: O Herr Jesus, wie glorreich ist Dein Name und wie mächtig Deine

Gnade, die solche Wunder wirkt!

Am Weihnachtsfeste blieb ich bei ihnen von 2 Uhr Nachmittags bis 1 Uhr Nachts. Die Zeit wurde mir nicht lang. Denn es machte mir Freude, mit den armen Burschen zu beten und mich mit Gruppen aus ihnen oder mit Einzelnen im Besonderen zu unterhalten. Es bereitete mir großes Vergnügen, eine Weile mit einem Jeden von ihnen zu reden. In solchen vertraulichen Augenblicken sprachen wir von Gott und göttlichen Dingen. Ich redete von der Glückseligkeit des Himmels und der Glorie der Auserwählten, deren sie bald theilhaftig werden sollten, wenn sie nur fortführen, durch ihren Eifer sich derselben würdig zu machen. Solchen Reden hörten sie gerne zu. Ich schätzte mich glücklich, daß es mir vergönnt war, sie auf die große Reise in die Ewigkeit vorzubereiten. Aus ihren friedlichen Gesichtszügen war unschwer zu erkennen, daß sie sich großer Seelenruhe erfreuten, und wenn sie mir versicherten, daß der Tod keine Schrecken für sie habe, so glaubte ich ihnen das aufs Wort.

Können Sie es mir glauben, Hochwürdigster Herr, daß sie mit sehr wenigen Ausnahmen in der letzten Nacht ihres Lebens ruhig schliefen? Auch eine Thatsache anderer Art, die mich mit Staunen erfüllte und einen unauslöschlichen Eindruck auf mich machte, darf ich nicht mit Stillschweigen übergehen. Der Indianer, der seinen Namen anfänglich auf meine Liste hatte eintragen lassen, aber nachher die Taufe von sich wies, war weit entfernt davon, sich desselben Seelenfriedens wie die Anderen zu erfreuen. Im Gegentheile, er schien sehr aufgeregt, und seine verstörten Gesichtszüge verriethen die Seelenpein, die er litt.

So glücklich fühlte ich mich unter meinen lieben Neophiten, daß ich mich kaum von ihnen losreißen konnte. Um 1 Uhr Nachts verließ ich endlich meine kleine Herde und begab mich nach dem kleinen Hause, in welchem der hochw. Herr Sommereisen wohnte. Dort legte ich mich, nachdem ich noch Matutin und Laudes gebetet hatte, ein wenig zur Ruhe. Um 5 Uhr stand ich am Altare und brachte das kostbare Opfer des Neuen Bundes für die meinem Herzen so theuren Verurtheilten dar, indem ich zum Allmächtigen betete, daß ihr Tod nichts anderes als ein friedlicher Uebergang aus diesem Lande der Verbannung in das Reich der ewigen Glückseligkeit sein möchte. Während des hl. Meßopfers war meine Seele tiefergriffen, und Thränen entströmten meinen Augen bei dem Gedanken, daß diejenigen, für die ich betete, nur noch wenige Stunden zu leben und bald vor ihrem höchsten Richter zu erscheinen hätten. Freilich war ich nicht zum ersten Male so ergriffen. Aber ich vergoß niemals in ihrer Gegenwart Thränen. Gott verlieh mir immer die Kraft, meine Rührung zu bemeistern und hinreichende Fassung zu bewahren, sie zu unterrichten und zu trösten.

Nach der Messe eilte ich zu meinen Indianern und fand alle oder fast alle noch schlafend. Ich mußte sie erst wecken. "Komm, meine kleine Herde", so rief ich, "die Zeit drängt, und wir müssen zu Gott beten und auf den Tod uns vorbereiten. Euer Hirte muß schon in einer Stunde euch verlassen." Sobald sie aufgestanden waren, gab ich ihnen einen Unterricht, und wir vereinigten unsere Herzen und Seelen im Gebete. Um 7 Uhr kam man, ihnen die Fesseln abzunehmen und die Vorkehrungen zur Hinrichtung zu treffen. Nun war der Augenblick gekommen, wo ich nach der am vorhergehenden Abende erhaltenen Weisung mich genöthigt sah, das Gefängniß zu verlassen, fast ohne jede Aussicht, die Verurtheilten noch einmal zu sehen. Ich schied also von ihnen, aber mit meinen Gedanken, mit Herz und Seele blieb ich bei ihnen. Und meine Liebe zu ihnen war so mächtig, daß ich mit Gottes Hülfe es ermöglichte, noch einmal in das Gefängniß zu gelangen, noch eine Stunde mit meinen Neophiten zu beten und ein letztes Mal sie zu mahnen, ohne Klagen und Murren zu sterben und ihr Leben muthig hinzugeben, wie es sich zieme für Kinder Gottes, die ihr ganzes Hoffen auf eine glückselige Ewigkeit gestellt haben.

Kaum hatte ich das Gefängniß hinter mir, da fühlte ich auch schon mein Herz zerrissen von Schmerz bei dem Gedanken, daß es mir nicht vergönnt sein sollte, meine lieben Indianer zu sehen und bei ihnen zu sein in den letzten Stunden ihres Lebens, in diesen schrecklichsten und verhängnißvollsten Augenblicken, von denen für sie eine glückliche oder unglückliche Ewigkeit abhing. Was sollte ich thun, an wen mich wenden? Der Oberst war mir als ein wohlwollender Mann bekannt. Zu ihm ging ich und eröffnete ihm meinen Kummer und meine bange Sorge um die armen Indianer, von denen man mich gerade in dem Augenblicke trennen wolle, wo mein geistlicher Beistand für sie von der größten Bedeutung sein müßte. Ich sah mich in meiner Hoffnung nicht getäuscht. Der vortreffliche Offizier stellte mir einen Paß aus, mit welchem ausgerüstet ich den Militärcordon überschreiten konnte, eine Vergünstigung, die man auch schon dem presbyterianischen Geistlichen, Herrn Williamson, eingeräumt hatte. Bereits wenige Minuten später war ich wieder an der Thüre des Gefängnisses und versuchte, ob ich nicht auf irgend eine Weise zu meinen theuren Neophiten hineingelangen könnte. Ich blieb eine Weile vor einem Fenster stehen, durch welches ich meine Blicke auf sie heften und auch von ihnen gesehen werden konnte. Schon dieser wechselseitige Anblick war ein Trost für mich.

Nachdem die letzten Vorkehrungen getroffen waren, öffnete mir der dienstthuende Hauptmann die Thür, und ich hatte Gelegenheit, noch eine Stunde mit den Verurtheilten zu beten und sie aufzumuntern, ihre unselige irdische

Hinrichtung der achtunddreißig Sioux=Indianer zu Mankato, Minn., am 26. Dezember 1862.

Laufbahn gottselig zu beschließen. Oft erinnerte ich sie daran, daß bald die ewige Glückseligkeit ihr Antheil sein würde, wenn sie nur bis zum letzten Athemzuge ihren Versprechungen treu blieben.

Um 10 Uhr trat der mit der Hinrichtung betraute Hauptmann ein. Der letzte Augenblick war gekommen. Sie mußten jetzt gehen, ihre Strafe zu erleiden. Die Indianer stellten sich zu zwei und zwei auf und marschierten ab. Ich folgte dem traurigen Zuge und wäre, wie schon gesagt, ohne Furcht mit in den Tod gegangen. Die wenigen Augenblicke, während welcher sie auf dem Schaffote standen und die Henker einem Jedem die verhängnißvolle Schlinge um den Hals legten, verharrte ich auf meinen Knieen, indem ich mit aller Inbrunst des Herzens die Barmherzigkeit Gottes auf sie herabflehte. Die Hinrichtung ging rasch von Statten, in einem Augenblicke waren sie in die Ewigkeit befördert. Mögen ihre Seelen im Frieden ruhen! Mögen sie selig ruhen am Herzen Gottes, und möchten sie durch ihre Fürbitten die Gnade der Bekehrung für ihre Stammesgenossen erlangen.

Ich müßte befürchten, Sie, Hochwürdigster Herr, mit einem so langen Berichte zu ermüden, wüßte ich nicht, wie sehr Ihr väterliches Herz darnach verlangt, von allem ausführlich in Kenntniß gesetzt zu werden, was sich auf die Bekehrung von mehr als dreißig Seelen bezieht, die von dem lieben Heilande Jesus Christus, dem großen Hirten der Seelen, Ihrer Hirtensorge anvertraut waren.

Zum Schlusse gestatten Sie mir, Hochwürdigster Herr, Ihnen zu versichern, daß Ihre Gebete sowohl, wie die der Geistlichkeit an der Kathedrale und der frommen, um den Erfolg unserer Sendung so besorgten Seelen, in Vereinigung mit den Gebeten des hochw. Herrn Sommereisen und der Gläubigen von Mankato, ohne Zweifel wie Weihrauchduft zum Himmel stiegen und in hohem Grade dazu bei=

Aus dem Taufbuche.
(Siehe die Anmerkung zu S. 86.)

The following list of names, are the names of the Sioux Indians that were baptized on Christmas Day before their execution at Mankato 1862.

Shunkosha baptized Michael

Tatankanka, Thomas

Wakantanka, Jean

Celandouta, Jacques

Tazekutamani, Raphael

Atayaya, Andree

Tevdonitsha, Augustin

Napeshni, Paul

Tankanitshatankmani, Jean

Nevtshahan, Joseph

Kerobeneake, Simeon

Wazondonta, Mathieu

Aitsharke, Pierre

Inamani, Francis

Towanya, Bartholomew
Happan, Philip
Hienhonshinghoyagnani, Ambroise
Mahutatnajin, Linas
Wakuna, Gabriel
Waxishun, James
Bhankakita, Bernard
Equihlya, Dominic
Wakpedouta, Isidore
Ibashete, Charley
Oyetnakou, Celestin
Ibotanihon, Gervais
Makewawa, Pius
Ohunkoimashin, Theodore
Mazopweta, Vabutier
Taddemima, Joseph

Very Rev A Ravroux berefty'd and for her Boureroise Assistant and Zensor.

trugen, den Gnadenthau des Himmels auf die armen Indianer herabzuziehen. Ich hoffe zuversichtlich, daß dieselben nun schon im Reiche Gottes weilen und ihrerseits für alle diejenigen beten, die ihnen behülflich waren, aus der Finsterniß, die sie umfangen hielt, den Weg des Heils zu finden.

Ich verbleibe, Hochwürdigster Herr, etc.,

A. Ravour, V. G.

In den Schlußworten dieses Berichtes wird, wie wir sehen, den Katholiken von Mankato das ehrende Zeugniß ausgestellt, daß sie mit ihrem Seelsorger an der Spitze in echt christlicher Weise es an Gebeten für die Bekehrung der armen zum Tode durch den Strang verurtheilten Indianer nicht fehlen ließen. Wenn mithin fast alle diejenigen von ihnen, die noch Heiden waren, nicht anders denn als katholische Christen sterben wollten und als solche hienieden in unser Taufregister,*) im Himmel aber, wie wir vertrauen, in das Buch der Auserwählten eingeschrieben wurden: ja, dann haben daran sicherlich einen Antheil auch jene Gebete, die damals aus dem Schooße unserer Gemeinde zum Throne der Gnade emporgesandt wurden. Mit Recht bezeichnen wir daher das Weihnachtsfest des Jahres 1862 als ein denkwürdiges in der Geschichte unserer Gemeinde. Als an jenem gnadenreichen Tage die dreißig Wildlinge durch die hl. Taufe eingepflanzt wurden in den edlen Oelbaum, der im Kinde von

---

*) In dem Facsimile aus dem Taufbuche geben wir eine Copie der vom hochw. Vater Sommereisen gemachten Eintragung, enthaltend die Liste der vor ihrer Hinrichtung getauften Indianer. Die christlichen Namen, die sie in der hl. Taufe erhielten, stehen hinter ihren indianischen Namen. Diese sind größentheils sehr sonderbar, wie z. B. die folgenden: Teodonitsha, der sein Haus Verbietende. Snamani, der klingende Fußgänger. Hienchonshunghonagmani, mit Eulenschwanz bekleideter Fußgänger. Wahpedouta, Rothes Laub. Mazopomeda, Eisenbläser.

Bethlehem der Welt geschenkt ward, da mochte wohl der Himmel mit besonderem Wohlgefallen auf Mankato niederblicken, als den Schauplatz so großer Wunderwerke göttlichen Erbarmens. Da mochten die Engel frohlocken ob dieser neuen Erfüllung dessen, was sie an der Krippe des neugeborenen Welterlösers gesungen: "Ehre sei Gott in der Höhe und Friede den Menschen auf Erden, die eines guten Willens sind!"

IX.

Die Pfarrschule.

Wenn auch nach Niederwerfung des Indianeraufstandes der den Norden und Süden in zwei feindliche Lager trennende Bürgerkrieg noch nicht zu Ende war, so kehrten doch nach den Schreckenstagen von 1862 für das dem Kriegsschauplatze fern liegende Minnesota friedlichere Zeiten wieder. Mit der gedeihlichen Entwickelung des Staates und mit der wachsenden Bevölkerung Mankatos hielten auch Wachsthum und Gedeihen unserer Gemeinde gleichen Schritt. Da war es an der Zeit, die Gründung einer Pfarrschule ernstlich ins Auge zu fassen. Denn rasch mehrte sich die Schaar schulpflichtiger Kinder, die im Schooße der Gemeinde in den acht Jahren ihres Bestandes emporgeblüht war. Dank dem Umbaue der ursprünglichen Steinkirche, der, wie wir oben erzählten, im Hinblicke auf die zu gründende Schule ausgeführt wurde, war die Gemeinde bereits im Besitze eines zu Schulzwecken geeigneten Gebäudes. Nur fehlte noch etwas sehr Wesentliches: es fehlten die Lehrkräfte.

Um diese zu beschaffen und damit die Schule zu gründen, wurde bereits im Winter 1863—wie wir einer Mittheilung der „Mankato Review" vom 28. Februar besagten Jahres entnehmen — ein Schulverein innerhalb unserer Gemeinde ins

Leben gerufen, zu dessen Vorstand außer dem Pfarrer die Gemeindemitglieder Johann Bruels, Leo Lamm, Georg Kiffe und Michael Hund gehörten. Doch bis dieser Schulverein seine Aufgabe als gelöst betrachten durfte, sollten noch mehr als zwei Jahre vergehen.

Es war eben in damaliger Zeit mit nicht geringen Schwierigkeiten verknüpft, Lehrkräfte für katholische Pfarrschulen zu bekommen. Nicht nur fehlte es an weltlichen Lehrern, die für den Zweck sich eigneten, noch fast gänzlich; auch an religiösen, dem Unterrichte in Elementarschulen sich widmenden Genossenschaften herrschte noch Mangel und die wenigen, die als junge Schößlinge von alten überseeischen Stämmen bereits in dieses Land verpflanzt waren, hatten noch nicht jenen Grad der Entwickelung erreicht, der die Vorbedingung größerer Fruchtbarkeit ist. Sie verfügten noch nicht über eine der Nachfrage genügende Anzahl von tüchtig ausgebildeten Lehrkräften.

Aus diesem Grunde waren denn auch die Bemühungen, aus dem Mutterhause der bereits damals sehr geschätzten Schulschwestern „de Notre Dame" in Milwaukee, Wis. Lehrerinnen für unsere Schule zu erhalten, anfangs vergeblich.

Der erste Versuch in dieser Richtung wurde im März 1864 gemacht, als Leo Lamm im Auftrage des Schulvereins und vom Pfarrer, dem hochw. Vater Sommereisen, bevollmächtigt, eine Reise nach Milwaukee unternahm, um an Ort und Stelle die Sache zu betreiben. Die Erlaubniß des Bischofs der Diöcese, Mgr. Thomas Grace, zur Berufung der genannten Lehrschwestern nach Mankato hatte man bereits. Da aber ein besonderes Empfehlungsschreiben von der Hand des Bischofs als sehr wünschenswerth erschien, so nahm, um sich ein solches vom Oberhirten zu erbitten, Leo Lamm der ihm ertheilten Weisung gemäß seinen Weg über St. Paul, wo er um eine Audienz beim Hochwürdigsten Herrn nachsuchte.

Dieser nahm ihn sehr gütig auf und versicherte ihn seines regsten Interesses für die in Mankato zu errichtende Pfarr-

Georg Kiffe.

schule, gab ihm aber wenig Hoffnung auf Erfolg seiner Sendung. Ihm selbst, dem Bischofe, sei es zu seinem nicht geringen Bedauern bisher nicht geglückt, von jener Genossenschaft in Milwaukee Lehrerinnen für seine Diöcese zu bekommen, weßhalb auch ein Empfehlungsschreiben von ihm als gegenstandslos erschiene. Gleichwohl möge er nach Milwaukee gehen. Es könne nicht schaden, die Nothlage so vieler, eines christlichen Unterrichtes entbehrender Kinder von Neuem in Erinnerung zu bringen, und wenn ihn sein Rückweg wieder über St. Paul führen sollte, so würde es ihn, den Bischof, freuen, zu hören, was der Bittsteller von Mankato ausgerichtet hätte.

Das klang nicht sehr ermuthigend, hielt aber Freund Leo nicht ab, seine Reise bis zum Ziele fortzusetzen, wie es ja auch der Bischof von ihm wünschte. Als er, in Milwaukee angelangt, sich noch am selben Tage nach dem Mutterhause der Schulschwestern de Notre Dame verfügte, erfuhr er dort zu seinem Leidwesen, daß die Oberin, Ehrw. Mutter Carolina, verreist wäre und nicht so bald wiederkehren würde. Nachdem er dann selbst in eigenen Angelegenheiten für geraume Zeit von Milwaukee abwesend gewesen, sprach er bei seiner Rückkehr dorthin nochmals im Kloster vor, konnte aber auch dieses Mal Mutter Carolina, obgleich sie inzwischen heimgekehrt war, nicht sehen, da sie in Folge der Reise und mehrerer fast gleichzeitiger Sterbefälle im Hause—eine Schwester wurde an dem Morgen gerade begraben—sich zu unwohl fühlte, um Besucher empfangen zu können.

Sie ließ indessen durch die stellvertretende Schwester dem Manne von Mankato sagen, sie sei über die dortigen Verhältnisse wohl unterrichtet und auch willens, Schwestern dorthin zu schicken, sobald sie solche zur Verfügung hätte. Wann das der Fall sein würde, das wäre augenblicklich noch nicht abzusehen. Erst müßten die durch häufige Todesfälle in letzter Zeit entstandenen Lücken ausgefüllt werden. Sollte es bis dahin den Leuten in Mankato zu lange dauern, so stünde es ihnen ja frei, sich anderswo und bei einer anderen Genossenschaft um Schulschwestern umzusehen.

Dergestalt war der Bescheid, mit dem Leo Lamm, doch ohne nochmals St. Paul zu berühren — dem Bischofe wurde brieflich Bericht erstattet—nach Mankato zurückkehrte. Daraufhin wurde beschlossen, mit der Eröffnung der Pfarrschule lieber noch zu warten, als die Schulschwestern von Notre Dame, die am besten bekannt waren, mit anderen minder bekannten zu vertauschen.

Bis auf Weiteres schickten nun die Eltern ihre Kinder, damit sie nicht länger allen Schulunterrichtes entbehrten, entweder in die öffentliche Freischule, oder, nachdem J. B. Wiedenmann eine Privatschule eröffnet hatte, auch in diese. Es ist derselbe, der dem Leser aus einem früheren Kapitel (siehe S. 52) als der erste Organist und Chordirigent unserer Gemeinde bereits bekannt ist. Er hatte seine Schule in dem an der Frontstraße gelegenen Hause, welches später in den Besitz von Quirinus Leonard überging und jetzt noch von dessen Hinterbliebenen bewohnt wird. Als Schulzimmer diente der später zum Verkaufsladen und Bureau umgestaltete Raum. Diese Schule wurde von zumeist deutschen, und zwar katholischen und protestantischen Kindern besucht, ungefähr vierzig bis fünfzig an Zahl, die Unterricht im Deutschen und Englischen und in der Musik erhielten.

Wenn auch diese Schule die Pflege der deutschen Sprache zu ihrem besonderen Zwecke hatte, so konnte sie doch ihres confessionslosen Charakters wegen den Eltern unserer Kinder selbstverständlich nicht genügen und von ihnen nur als Nothbehelf in Ermangelung eines Besseren angesehen werden. Was sie wollten, das war eine in echt katholischem Geiste geleitete Pfarrschule. Denn über alles ging ihnen die Erhaltung des wahren Glaubens für ihre Nachkommenschaft, und mit der großen Mehrzahl der deutschen Katholiken im Lande theilten sie die Ueberzeugung, daß die Pfarrschule nirgends unentbehrlicher

Leo Lamm und Frau.

wäre wie in Amerika, um dem Massenabfalle der kommenden Geschlechter vom Glauben einen Damm entgegenzusetzen.

In der That haben nicht zwar ausschließlich, aber doch insbesondere die **deutschen** Katholiken die Bedeutung der Pfarrschule für die Zukunft der katholischen Kirche in Amerika schon frühe erkannt und waren darum längst im Besitze blühender Pfarrschulen, als man in anderen katholischen Kreisen über die Nothwendigkeit solcher Schulen sich noch gefährlichen Täuschungen hingab. Nichts weniger als zutreffend ist daher die Behauptung, der man noch immer da und dort begegnet, daß die deutschen Katholiken bei Errichtung ihrer Schulen lediglich die Erhaltung des Deutschthums im Auge hätten. Nein, was sie antreibt, unter Opfern ihre Schulen zu bauen und zu erhalten, ist ihr warmes Herz für die Religion. Diese wollen sie ihren Kindern und Kindeskindern bewahren, und diesem **einen** Zwecke gegenüber gilt ihnen die Pflege der angestammten Sprache aus guten Gründen wohl als ein Mittel zum Zwecke, aber eben darum als etwas Untergeordnetes.

Von diesem Geiste war nun auch die katholische, kräftig emporstrebende Gemeinde von Mankato beseelt, und deßhalb ging der sehnlichste Wunsch der Gemeindemitglieder dahin, die Pfarrschule, die mit jeder weiteren Verzögerung zu einem immer dringenderen Bedürfnisse wurde, möglichst bald eröffnet zu sehen.

Und der Tag kam, da dieser den edelsten Beweggründen entspringende Wunsch endlich sich erfüllen sollte. Nachdem auf jenen ersten, durch Leo Lamm persönlich unternommenen Versuch auch weitere briefliche Unterhandlungen zu keinem Ziele geführt hatten, reiste Ende Juni 1865 Vater Sommereisen selbst nach Milwaukee, und seinen eindringlichen Vorstellungen gelang es denn auch, von Mutter Carolina die bestimmte Zusage zu erhalten, daß sie ihm Schwestern für seine Schule noch bis zum Anfange des neuen Schuljahres schicken würde, vorausgesetzt, daß nach Einsichtnahme an Ort und Stelle die zur Einführung der Schwestern nöthigen Vorbedingungen als ausreichend sich erwiesen.

Zu der dadurch bedingten Inspektionsreise stellte der ausgezeichnete Spiritual im Mutterhause, der hochw. Vater Krautbauer—nachmals Bischof von Green=Bay, Wis.—in der entgegenkommendsten Weise sich zur Verfügung, da Mutter Carolina, die sonst gerne selbst gegangen wäre, zur Zeit nicht abkommen konnte. So trat Vater Sommereisen in Begleitung von Vater Krautbauer die Heimreise nach Mankato an. Nachdem hier Letzterer alles zu seiner Zufriedenheit gefunden hatte, kehrte er über St. Paul, wo ihm von Bischof Grace die förmliche Aufnahme der Schulschwestern de Notre Dame in die Diöcese urkundlich ausgestellt wurde, nach Milwaukee zurück.

Daraufhin zögerte denn auch besagte Genossenschaft nicht länger, Mankato in die Zahl der Filialen des Mutterklosters von Milwaukee einzureihen. Drei Schwestern und eine Candidatin wurden dazu ausersehen, in Mankato den Anfang zu machen. Das waren vier im Ganzen, aber nur zwei davon waren Lehrschwestern. Die Reise derselben von Milwaukee nach Mankato war langwierig und beschwerlich. Doch entschädigte sie für alle ausgestandenen Beschwerden der herzliche Empfang, den sie an ihrem neuen Bestimmungsorte fanden. Die langersehnten Ordensfrauen wurden wie Engel vom Himmel aufgenommen. Davon soll uns eine von ihnen selbst erzählen. In einem aus jener Zeit herrührenden und uns gütigst zur Verfügung gestellten Berichte schreibt sie:

"Es war der 30. August 1865 abends zwischen 7 und 8 Uhr, als diese (für Mankato bestimmten) Missionsschwestern, von den besten Segenswünschen begleitet, ihr liebes Mutterhaus verließen. Die Reise der Schwestern dauerte von Mittwoch abends bis den nächsten Sonntag nachmittags. Von Milwaukee ging es mit der Eisenbahn nach LaCrosse, von da mit dem Dampfschiffe nach St. Paul, wo die Schwestern von Rev. Sommereisen erwartet und zum Hochwürdigsten Herrn

Bischofe geführt wurden, der denselben mit freudiger Theilnahme seinen oberhirtlichen Segen ertheilte und ihnen die besten Wünsche nebst ermuthigenden Worten mit auf den Weg gab.

Jetzt begannen die Reisestrapazen. Der Postwagen mußte benutzt werden. Die Wege waren ungemein schlecht, so daß man harte Stöße erhielt, die sich auf der dreitägigen Fahrt nur gar zu häufig wiederholten. Die Witterung war günstig. Doch in Folge des andauernden Regenmangels staubte es derartig, daß Pferde, Fuhrleute und Passagiere fortwährend in dichte Staubwolken eingehüllt waren. Es mußte deßhalb oft Halt gemacht werden, damit Thiere und Menschen ihren Durst löschten, denn es war zum Ersticken.

Der hochw. Vater Sommereisen hatte seinen Pfarrkindern versprochen, ihnen bis Samstag abends die ersehnten Schwestern zu bringen. Da es Sonntag Abend wurde, bis Mankato erreicht war, so war das Landvolk, welches in die Stadt gekommen, voll der Erwartung nicht müde geworden, geduldig auszuharren, bis endlich der freudige Ruf erscholl: „Sie kommen!"

Die Straßen der schönen Landstadt Mankato waren mit Bäumen und Fahnen geziert, das katholische Volk brach in laute Willkommenrufe aus und begleitete die zwei Postwagen, worin die Reisenden und deren Gepäck sich befanden, zur katholischen Kirche. Den Zug eröffneten mehrere Bürger zu Pferde. Der Absteigeplatz für die Schwestern war ebenfalls die Kirche. Da sah nun die harrende Menge zum ersten Male Schwestern de Notre Dame. *)

---

*) Hier, wo die Schwestern de Notre Dame, die nun schon so lange Jahre als Lehrerinnen an unserer Schule segensreich wirken, in die Geschichte unserer Gemeinde eintreten, dürften einige Angaben über den Ursprung und die Ausbreitung dieser um die Pfarrschulen so verdienten Genossenschaft wohl am Platze sein.

Das Institut der Schulschwestern de Notre Dame (von U.

Das Haus der Schulschwestern de N. D. seit 1886.

Da die hl. Messe am selben Tage nicht mehr gelesen werden konnte, so versammelte der Pfarrer die Gemeinde in der Kirche um sich, um mit den Leuten den hl. Rosenkranz zu beten, worauf der Segen mit dem Allerheiligsten folgte. Nach Beendigung der Andacht wurden die Schwestern in ihre Wohnung eingeführt, die unter der Kirche im ersten Stockwerke (des Steinhauses) sich befand. Mit der Ankunft der Schwestern kam die erste (katholische) Schule in Mankato zu Stande."

So weit die Schwester. Wir können hinzufügen, daß es überhaupt die erste im südlichen Minnesota war. Denn in dem Theile des Staates, der jetzt die Diöcese Winona bildet, und noch darüber hinaus, ist die Pfarrschule von Mankato die älteste.

„Die Gründung dieser guten Mission", so wird bezüglich der Niederlassung von Mankato im Schematismus der Schwestern de Notre Dame vom Jahre 1897 bemerkt,

---

L. Frau) stammt, wie schon sein Name verräth, ursprünglich aus Frankreich, wo vom hl. Petrus Fourier im Jahre 1598 die erste Genossenschaft dieses Namens gegründet wurde. Im Laufe der Zeit entstanden unabhängig von einander mehrere Genossenschaften von Schulschwestern, die alle sich von U. L. Frau oder de Notre Dame nannten und auch im Wesentlichen die Regel des hl. Petrus Fourier zu der ihrigen machten.

Die bedeutendste unter ihnen ist die Genossenschaft, der unsere Schwestern angehören. Sie hat ihre Wiege in Teutschland. Unter dem Namen der „Armen Schulschwestern de Notre Dame" wurde sie auf Anregung des heiligmäßigen Bischofs Georg Michael Wittmann von Regensburg ins Leben gerufen.

In der i. J. 1833 eröffneten Klosterschule zu Neunburg vorm Wald in Baiern besaß die neugegründete Genossenschaft ihr erstes Mutterhaus. Dasselbe erwies sich in Folge des raschen Wachsthums der jungen Genossenschaft bald als zu klein, und König Ludwig I, an dem die neuen Schulschwestern ihren wohlwollendsten Freund und Gönner gefunden, wies nun Mutter Theresia Gerhardinger, der ersten Generaloberin, auf "fällt noch in die Pionierzeit des Staates Minnesota; sie hat der Genossenschaft ein schönes, dankbares Arbeitsfeld in dem kräftig herangewachsenen Staate eröffnet."

Ganz gewiß! Doch war der Anfang klein und dürftig. Nicht mehr denn 87 Kinder zählte die Schule im ersten Jahre, und es dauerte noch mehrere Jahre, bis die Zahl Hundert erreicht wurde. Die Wohnung der Schwestern unter der Kirche in dem Steinhause war äußerst beschränkt und ärmlich. Ihre Lage besserte sich erst, als nach Vollendung der neuen Kirche und dann der neuen Schule ihnen allmählig das ganze Steinhaus eingeräumt werden konnte.

Zu dem schönen Heim indessen, welches sie in Mankato jetzt ihr eigen nennen, gelangten sie erst, als sie im Jahre 1886 das Sommereisen'sche Haus—von dem weiter unten noch die Rede sein wird—für sich erwarben, wirksam unterstützt von Stephan Lamm, der eintausend Dollars zu dem Ankaufe bei-

---

deren Bitten i. J. 1842 das ehemalige Clarissenkloster auf dem "Anger" in München als Mutterhaus an. Dort residiert die Generaloberin der ganzen Genossenschaft noch heute.

Im Jahre 1847 wurde von Mutter Theresia ein Zweig der kräftig aufblühenden Genossenschaft nach den Ver. Staaten von Amerika verpflanzt, wo die Armen Schulschwestern de Notre Dame ihre ersten Schulen in Baltimore, Pittsburg, Philadelphia und Buffalo eröffneten. Namentlich war es der Redemptoristenpater Neumann, - der nachmalige, im Rufe der Heiligkeit verstorbene, Bischof von Philadelphia, dessen Seligsprechungsprozeß zur Zeit im Gange ist—der den Schwestern zu ihren ersten Niederlassungen in Amerika verhalf.

Im Herbste des Jahres 1849 begaben sich vier Schwestern unter Leitung der Mutter Carolina Frieß von Baltimore nach Milwaukee, wo sie, dank der ihnen von Deutschland aus durch König Ludwig zufließenden Unterstützung, ein Haus erwarben und dasselbe in dem Maße, wie die Klostergemeinde sich mehrte, zu dem prächtigen Gebäude ausbauten, welches jetzt eine Hauptzierde der freundlichen Stadt am Michigansee ist.

Am 21. Juli 1865 wurde die Regel der Armen Schulschwe-

Die Hauskapelle der Schulschwestern.

steuerte. Sie verschönerten die Lage des Hauses durch einen wohlgepflegten Garten, vergrößerten es zur Aufnahme von Kostkindern durch einen Anbau und fügten dem Hauptgebäude eine gleich diesem aus Stein erbaute, sehr hübsche Hauskapelle an, die am 18. August 1890 eingeweiht wurde. Durch weitere Schenkungen von Stephan Lamm, Johann Klein und anderen Wohlthätern erhielt das Innere der Kapelle die reiche Ausstattung, die sie zu einem wahren Schmuckkästchen macht.

Nun sind es vierunddreißig Jahre seit dem Tage, da die ersten Schwestern de Notre Dame ihren Einzug in Mankato hielten. Die damals eröffnete Schule wurde von ihnen und denen, die ihnen folgten, mit unermüdlicher Geduld und Hingebung weiter gefördert auf der Bahn eines stetigen Fortschreitens, bis sie die Höhe erreichte, auf der wir sie jetzt sehen.

stern de Notre Dame, bis dahin probeweise von Rom zugelassen, vom päpstlichen Stuhle definitiv approbirt und damit die Genossenschaft unter die von der Kirche anerkannten klösterlichen Congregationen eingereiht. In Folge des leidigen Culturkampfes wurden in den siebziger Jahren die Häuser der Genossenschaft in Preußen aufgehoben, und auch die in Baiern schienen schon dem Untergange geweiht, als dem Bundesrathe es gefiel, das rettende Wort zu sprechen, daß die Armen Schulschwestern nicht „jesuitenverwandt" seien.

Zu hoher Blüte gelangte unterdessen die Genossenschaft in Amerika, unter der Oberleitung von Mutter Carolina, welche i. J. 1880 zur Generalcommissarin für Amerika ernannt wurde und dieses Amt bis zu ihrem am 22. Juli 1892 erfolgten Tode mit bewundernswerthem Geschicke verwaltete. Unter ihr entwickelte sich das Institut, dem sie vorstand, zur verbreitetsten Schulschwesterngenossenschaft in den Ver. Staaten. Denn um von den Provinzen der Congregation in Deutschland und Oesterreich-Ungarn ganz abzusehen, so war der Bestand derselben allein in Amerika im Jahre 1897 folgender: 2,557 Schwestern und 301 Candidatinnen in 3 Mutterhäusern und 230 Filialen oder Missionen, mit zusammen 78,977 Schulkindern und Zöglingen in den unter der Leitung der Genossenschaft stehenden Schulen und Anstalten.

Jetzt, da sechshundert Kinder von sieben Lehrschwestern und einem weltlichen Lehrer in acht Klassen unterrichtet werden.

Welche Fülle des Segens ist seit ihrer Gründung von dieser Schule ausgegangen! Hier spricht die Erfahrung eines Menschenalters zu Gunsten der Pfarrschule, der die Gemeinde einen vom besten Geiste beseelten Nachwuchs verdankt. Dafür sei Gott die Ehre und Gottes Lohn allen denen, die an dem großen Werke der Bildung und Erziehung unserer heranwachsenden Jugend mitgearbeitet haben.

X.

Die neue Kirche.

Bis zu dem Zeitpunkte, da die Schule eröffnet wurde, genügte das i. J. 1856 errichtete und später erweiterte Steingebäude wenigstens seiner Bestimmung als Kirche. Aber jetzt, da es nicht allein als Kirche, sondern zugleich auch als Schule und Schwesternwohnung dienen mußte, erwies es sich für diesen dreifachen Zweck sehr bald als unzureichend, zumal die Gemeinde gerade durch die Schule in ihrem Wachsthume noch mehr gefördert wurde. Der Ruf einer zu Mankato eröffneten, unter der Leitung von Lehrschwestern stehenden Pfarrschule—damals der einzigen ihrer Art auf viele Meilen in der Runde—verfehlte nicht, aus anderen Gegenden katholische Familien anzuziehen, die hierher übersiedelten, um ihren Kindern die Wohlthat eines guten, christlichen Schulunterrichtes zuzuwenden.

Gleich im Jahre 1866—ein Jahr nach Eröffnung der Schule—zeigte sich namentlich bei einer Gelegenheit, daß die Gemeinde ihre Kirche auszuwachsen anfinge. Das war im August des genannten Jahres bei der hl. Mission, der zweiten für unsere Gemeinde. Sie fing an am Feste Mariä Himmelfahrt, dauerte acht Tage und wurde von einem Sohne des hl. Franziskus, dem hochw. P. Capistran Zwinge, O. S. F., unter so reger Betheiligung der katholischen Bevölkerung von Stadt und Land abgehalten, daß die Kirche sich zu klein erwies, die Menge der Gläubigen zu fassen. Ueber 500 Communionen wurden in der Mission gespendet. Der Mangel eines geräumigeren Gotteshauses wurde von da an immer fühlbarer, und noch waren keine drei Jahre seit der Mission verstrichen, so war auch schon der Plan zur Reife gelangt, eine n e u e u n d g r o ß e K i r c h e z u b a u e n.

Am 22. August, 1869, einem Sonntage, wurde vom Pfarrer Vater Sommereisen die Gemeinde nach dem Gottesdienste zu einer Versammlung in der Schule berufen. Es handelte sich um die Bildung eines Kirchenbau=Comites. Nachdem die Versammlung die durch einen Ausschuß aufgestellten Grundartikel, in welchen die Vollmachten und Obliegenheiten des zu errichtenden Comites näher bestimmt waren, erörtert und angenommen hatte, wählte sie aus ihrem Schooße die Comite=Beamten. Aus der Wahl gingen hervor: H e i n r i c h W i t t r o c k als Präsident, J o h n F. M e a g h e r als Vicepräsident, W e n d e l i n H o d a p p als Sekretär und S t e p h a n L a m m als Schatzmeister. Diesen wurden, weil es ein Neunercomite sein sollte, als Mitglieder desselben noch beigegeben: Georg Kiffe, Michael Hund, August Wenner, Joseph Eder und J. B. Burke. Damit war das Baucomite errichtet.

Die Gemeinde, die bereits damals nahezu zweihundert Familien zählte, hatte—das konnte man sehen—zu wachsen noch lange nicht aufgehört, ja, für weitblickende Männer, wie Vater Sommereisen, unterlag es keinem Zweifel, daß sie rasch sich verdoppeln, wenn nicht verdreifachen würde, und wir haben es jetzt vor Augen, wie diese Voraussicht in der Folge sich auf das Glänzendste bewährte. Daher sollte nach dem Plane, den Vater Sommereisen selbst entworfen hatte, eine schöne und große Kirche gebaut werden, ein Gotteshaus, das dem Allerhöchsten zum Ruhme und einer so ansehnlichen, nicht zum geringsten Theile aus wohlhabenden Mitgliedern bestehenden Gemeinde zur Ehre gereichte, dennoch aber nicht so hoch zu stehen käme, daß die Baukosten von einer solchen Gemeinde nicht gut

Heinrich Wittrock.

bestritten werden konnten, vorausgesetzt, daß Alle ihre Schuldigkeit thaten.

Dazu mußten sie nun angehalten werden. Zu dem Ende wurden Sammellisten eröffnet und Alle dringend ermahnt, nach Vermögen und freigebig Beiträge zum Kirchenbau zu zeichnen. Die Bereitwilligkeit, mit der im Allgemeinen diesem ersten Aufrufe entsprochen wurde, erschien als eine Bürgschaft für die Zukunft, und im Vertrauen auf Gottes Beistand und den guten Willen der Leute wurde der Bau der neuen Kirche in Angriff genommen.

Die Steinkirche mit dem Blockhause an Ecke von Fünfter= und Mainstraße waren bislang die einzigen Gebäude gewesen, die auf dem ausgedehnten, den Raum eines Häusergeviertes einnehmenden Kirchenbesitzthume sich befunden hatten. Jetzt, da die neue Kirche hinzukommen sollte, wählte man zum Bauplatze für dieselbe die von Fünfter= und Mulberrystraße gebildete Ecke des Geviertes, so zwar, daß das neue Gotteshaus gleich dem alten mit der Front an die Fünfte Straße zu stehen kam, zwischen beiden aber ein weiter Raum leer blieb, der einmal durch die neue Schule ausgefüllt zu werden bestimmt war.

Noch in demselben Jahre 1869, anfangs September, geschah der erste Spatenstich. Rüstig wurde weiter gegraben und gemauert, begünstigt durch einen langen und schönen Herbst, und als der gestrenge Winter endlich Halt gebot, waren die Fundamente gelegt. Was der Bau bis dahin gekostet hatte—noch nicht ganz 2000 Dollars—wurde durch die in diesem und im folgenden Jahre eingenommenen Gelder gedeckt. An den Erdarbeiten und an der Herbeischaffung des Materials hatten sich viele Männer aus der Gemeinde unentgeltlich betheiligt. Daraus erklärt es sich, wie die Kosten für die Fundamente eines so großen Gebäudes sich auf eine verhältnißmäßig so geringe Summe beliefen.

Soweit war alles gut. Aber nun sollte die bis dahin in der Gemeinde herrschende und für das begonnene Werk so noth=

Wendelin Hodapp.

wendige Einmüthigkeit bedauerlicher Weise getrübt werden. Das geschah durch Solche, die am wenigsten berufen schienen, in die Angelegenheit des Kirchenbaues sich einzumischen. Sie vertraten die Ansicht, eine Kirche, wie die geplante, wäre für die Katholiken von Mankato zu groß und zu theuer. Da sie es verstanden, für diese Meinung eine beträchtliche Zahl von Anhängern zu gewinnen, so spaltete sich bald die Gemeinde in zwei Parteien, von denen die eine, die zu Vater Sommereisen hielt und aus den Bestgesinnten bestand, den einmal angenommenen, ja, in den Fundamenten schon zur Ausführung gelangten Bauplan wieder aufzugeben keineswegs gesonnen war, während die andere eine um vieles wohlfeilere Kirche haben wollte.

Eine Einigung war vorderhand nicht zu erzielen. Anstatt daher, als das Frühjahr nahte, Vorbereitungen zur Wiederaufnahme der Arbeiten an der Kirche zu treffen, wurde im Gegentheile in einer am 27. März 1870 abgehaltenen Sitzung des Baucomites der Beschluß gefaßt, an der Kirche nicht weiterzubauen, bis man zu einer Verständigung gelangt wäre.

Dahin war man noch nicht gekommen, und ruhte in Folge dessen der Bau noch immer, als im Monate Juni desselben Jahres 1870 Vater Sommereisen, vom Bischofe beurlaubt, eine Reise nach Europa antrat, um in seiner Heimath im Elsaß Angelegenheiten, die keinen längeren Aufschub duldeten, zu ordnen. Ein junger Priester, Rev. Holzer, wurde vom Bischofe hergeschickt, damit er in Abwesenheit des Pfarrers dessen Stelle vertrete. Bis zum Herbste wollte Vater Sommereisen zurück sein, worauf er dann alle Schwierigkeiten zu überwinden und den Bau der neuen Kirche weiterzuführen hoffte. Allein es sollte anders kommen.

Nicht lange nachdem Vater Sommereisen in seiner elsässischen Heimath glücklich angelangt war, brach der Krieg zwischen Frankreich und Deutschland aus. Nun hatte er seine Besuchsreise nach dem alten Vaterlande ohne Paß angetreten, was jetzt, beim Ausbruche des Krieges, um so unangenehmere Folgen für ihn haben sollte, als er vor seiner Auswanderung nach

Stephan Lamm und Frau.

Amerika seiner Militärpflicht noch nicht Genüge geleistet hatte. Er wurde Plackereien aller Art unterworfen, wozu selbst eine zeitweilige Haft gehörte, und sah sich genöthigt, zur Ordnung seiner Angelegenheiten das Ende des Krieges abzuwarten. So geschah es, daß erst im Juni 1871, nach einer Abwesenheit von einem ganzen Jahre, seine Rückkehr nach Amerika erfolgte.

Unterdessen waren aber in Mankato wichtige Veränderungen vor sich gegangen. Als das Jahr 1870 zu Ende ging, und Vater Sommereisen immer noch nicht zurückgekehrt war, auch Niemand wußte, wann und ob er überhaupt zurückkehren würde, so wollte der Bischof die Gemeinde von Mankato, wenngleich ihr ein stellvertretender Priester für ihre geistlichen Nöthen gegeben war, doch nicht länger ohne eigentlichen Pfarrer lassen. Denn so lange die Gemeinde ohne ihren Pfarrer wäre, war nicht zu erwarten, daß der Bau der neuen Kirche auch nur um einen Zoll voranschritte. Und dem Bischofe lag viel daran, daß das einmal begonnene, aber leider ins Stocken gerathene Werk wieder aufgenommen und möglichst rasch zu Ende geführt würde. Zu dem Ende mußte er der Gemeinde einen Mann zum Pfarrer geben, der der schwierigen Aufgabe, die er zu lösen hatte, vollkommen gewachsen wäre. Er fand diesen Mann in der Person des eifrigen, energischen und geschäftskundigen P. Augustinus Wirth.*) Dem Benediktinerorden an-

---

*) P. Augustinus Wirth, O. S. B., wurde geboren am 17. März, 1828, zu Lohr in Bayern, Diöcese Würzburg, kam nach Amerika am 5. Juni, 1851, legte am 15. August, 1852, die Profeßgelübde des Benediktinerordens ab und wurde am 8. Dezember desselben Jahres zu Pittsburg, Pa., zum Priester geweiht. Als Schriftsteller, namentlich auf homiletischem Gebiete, ist er rühmlichst bekannt. Nachdem er lange Jahre Rektor der Herz-Jesu Gemeinde zu Elizabeth, N. J., in der Diöcese Newark gewesen, kehrte er i. J. 1898 nach Minnesota zurück, und verwaltet zur Zeit die Pfarrei von Springfield, Brown Co., in der Erz-Diöcese St. Paul.

Hochw. P. Augustin Wirth, O. S. B.

gehörend, war P. Wirth dem Diöcesanbischofe zur Disposition gestellt, der ihm nun die Pfarrei von Mankato übertrug, damit er daselbst die angefangene Kirche ausbaue.

Am Neujahrstage 1871 trat der neue Pfarrer, der zweite an unserer Gemeinde, sein Amt an, welches er mithin schon im sechsten Monate verwaltete, als Vater Sommereisen im Juni zurückkehrte. Nachdem Letzterer noch einige Monate in Mankato verweilt hatte, ging er nach Yankton in Süd-Dakota, um dort die Leitung einer noch im Entstehen begriffenen Gemeinde zu übernehmen.

So schied der hochw. Valentin Sommereisen von Mankato und der Herde, welcher er als treuer Hirte seit dem Jahre 1856 vorgestanden und um deren Bildung und Gedeihen in schwieriger Zeit er sich aufs Höchste verdient gemacht hatte. Er war ein guter Priester von fleckenlosem Wandel, und mochte er auch von den Fehlern nicht frei sein, die so leicht feurigen, für das Gute eifernden Charakteren anhaften, so wurden sie reichlich aufgewogen durch seine bewundernswerthe Genügsamkeit, Selbstlosigkeit und Ausdauer, Tugenden, die ihn zu einem vortrefflichen Pionierpriester machten. Vater Sommereisen hat in seinem Leben viel Bitteres erfahren, nicht selten auch von seiten Derjenigen, die ihm Dank schuldeten. Möchten die Mitglieder unserer Gemeinde, insbesondere die älteren, deren Seelsorger er noch gewesen, niemals vergessen, was sie dem Verewigten verdanken, und darum seiner in ihren Gebeten gedenken. *)——

Vater Wirth war also nach Mankato gekommen, um die Kirche zu bauen. Und er baute sie. Mit dem neuen Pfarrer kam neues Leben in die Gemeinde, und noch war der Januar

---

*) Der hochw. Valentin Sommereisen starb wohl vorbereitet zu Hay City in Kansas am 25. Januar, 1897, nachdem er sich in der letzten Zeit seines Lebens von der Ausübung eigentlicher Seelsorge zurückgezogen hatte. R. I. P.

1871—der erste Monat seiner Amtsverwaltung—nicht zu Ende, als auch schon die Vorbereitungen zur Wiederaufnahme des Baues, der nun über ein Jahr geruht hatte, im Gange waren. Durch eine Art von Compromiß wurde eine Verständigung zwischen den beiden Parteien herbeigeführt. Es wurde beschlossen, den ursprünglichen Bauplan im Wesentlichen beizubehalten, doch mit solchen Abänderungen, daß die Baukosten, um ein Bedeutendes verringert, auf höchstens 45,000 Dollars sich beliefen, womit beide Theile sich zufrieden gaben. Der von Bischof Grace empfohlene und nach Mankato beorderte Architekt Edward P. Bassford von St. Paul wurde beauftragt, demgemäß die Pläne für die Kirche auszuarbeiten.

In Folge dessen wurde für verschiedene Theile des Gebäudes billigeres Material genommen und kam vieles von dem reicheren architektonischen Schmucke in Wegfall. Das Transept der Kirche wurde verkürzt und ihre Höhe um zehn Fuß vermindert. Unläugbar hat die Kirche dadurch an Schönheit der Formen eingebüßt und ist das Ebenmaß ihrer einzelnen Theile gestört worden. Aber um des lieben Friedens willen schien Nachgiebigkeit geboten.

Jetzt, da wieder Eintracht herrschte, war Sinnen und Trachten von Hirt und Herde darauf gerichtet, das zum Bauen nöthige Geld aufzubringen. Zu dem Zwecke wurde noch im selben Winter ein Bazar veranstaltet. Derselbe wurde in Higgins' Halle an Frontstraße abgehalten, in demselben Gebäude, in welchem im Jahre 1862 die achtunddreißig zum Galgen verurtheilten Indianer nach ihrer Absonderung von den übrigen gefangenen Sioux ihre letzten Tage verlebten. Dieser erste Bazar zum Besten der neuen Kirche dauerte zwei Tage, vom 14. zum 16. Februar. Er war, wie damals die „Mankato Review" schrieb, die bedeutendste Veranstaltung der Art, die Mankato bis dahin gesehen hatte, und wurde nach einer Schätzung desselben Blattes von 1576 Personen besucht. Der Reinertrag belief sich auf $1715.60.

Am 22ten desselben Monates war Gemeindeversamm=
lung behufs der Neuwahl des Kirchenbau=Comites. Von nun
ab sollte das Comite nur mehr aus Dreien bestehen, und es
wurden gewählt: Zum Präsidenten, Johann Klein, zum
Schatzmeister, Stephan Lamm, und zum Sekretär, J.
Hauerwas. Letzterer trat indessen kurze Zeit nach der
Wahl zurück, worauf wieder Wendel Hodapp die Stelle
des Sekretärs einnahm.

Der Aufforderung, in die wieder eröffneten Sammellisten
freigebig Beiträge zum Kirchenbau zu zeichnen, wurde von den
Gemeindemitgliedern in sehr anerkennenswerther Weise Folge
geleistet. Denn auf dem Wege der Sammellisten wurde allein
in dem Jahre 1871 die Summe von $6471.10 eingenommen,
wovon nur einige hundert Dollars nicht von Gemeindemit=
gliedern, sondern von nichtkatholischen Geschäftsleuten in der
Stadt herrührten.

Bald nachdem der Winter dem Frühlinge das Feld ge=
räumt hatte, wurde mit dem Weiterbau der Kirche nach den
vom Architekten Bassford angefertigten Plänen begonnen.
Von einer eigentlichen Grundsteinlegung konnte wohl nicht mehr
die Rede sein, denn schon längst ruhten ja die noch im Jahre
1869 gelegten Fundamente im Schoose der Erde. Aber als
nach Wiederaufnahme der Arbeiten die Mauern des Unterbaues
unter den Händen der Werkleute so weit emporgestiegen waren,
daß der erste Eckstein zu dem Oberbaue gelegt werden konnte,
sollte das mit aller Feierlichkeit geschehen, und mit all den kirch=
lichen Ceremonien einer Grundsteinlegung,*) die in so er=
hebender Weise die symbolische Bedeutung des Grund= und
Ecksteines zum Ausdrucke bringen. Denn wie das Fundament,

---

*) Von der Kirche wird die Legung des Ecksteines auf das
bereits vollendete Fundament, wo man dieselbe — wie
meistens hierzulande- anstatt der eigentlichen Grundsteinleg=
ung feierlich begeht, dieser gleich geachtet und unter den gleichen
Ceremonien und Weihegebeten vollzogen.

Johann Klein und Frau.

so bedeutet auch der Eckstein Christus selbst, „auf dem", wie der Völkerapostel schreibt, „das ganze Gebäude (der Christengemeinde) zusammengefügt ist und heranwächst zu einem heiligen Tempel im Herrn." (Eph. 2, 21.

So wurden denn durch ein eigens zu dem Zwecke ernanntes Comite umfassende Vorbereitungen zu einer feierlichen Ecksteinlegung getroffen. Dieselbe fand statt am Nachmittage des 23. Juli—welcher Tag im Jahre 1871 ein Sonntag war — und wurde vollzogen durch den Bischof der Diöcese, Mgr. Thomas Grace, unter Assistenz des derzeitigen Pfarrers der Gemeinde, P. Augustin Wirth, O. S. B., seines Vorgängers, des hochw. Valentin Sommereisen, und des Pfarrers von New Ulm, des hochw. Alexander Berghold, und im Beisein einer ungeheuren Menschenmenge.

Ein von der Eisenbahngesellschaft gestellter Extrazug, bestehend aus vier wohlbesetzten Passagierwagen, brachte Hunderte von Festgästen aus der Staatshauptstadt St. Paul und aus anderen, längs der Bahnlinie gelegenen Orten, darunter die Mitglieder des katholischen Kirchenchors von Shakopee, die im Vereine mit dem hiesigen Chore durch Vocal- und Instrumentalmusik nicht wenig zur Erhöhung der Feier beitrugen. Ungefähr dreitausend Personen hatten sich zum Feste eingefunden. Der Bischof richtete an die auf dem Bauplatze der Kirche dichtgedrängte Menge eine Anrede in englischer Sprache, worauf der hochw. Vater Berghold mit einer deutschen Predigt folgte. Die kirchlichen Ceremonien machten großen Eindruck auf alle Anwesenden, worunter viele Andersgläubige, die einer solchen Feier der katholischen Kirche noch niemals beigewohnt hatten. Eine Collekte für den Kirchenbau, die bei dieser Gelegenheit aufgenommen wurde, ergab 145 Dollars.

Bevor der Eckstein nach vollzogener Weihe eingemauert wurde—er fand seinen Platz in der Frontmauer östlich vom Hauptportale—versenkte man in ihn ein metallenes Kästchen, enthaltend verschiedene Zeitungen vom Tage — darunter die

„Mankato Review" und den „Wanderer" von St. Paul—und eine auf den Bau der Kirche bezügliche Urkunde. Dieselbe ist in lateinischer Sprache abgefaßt und besagt, unter welchen Zeitumständen der Grundstein zu dem Gotteshause gelegt worden sei, nämlich zur Zeit, da Ulysses Grant Präsident der Ver. Staaten von Amerika und Horace Austin Gouverneur des Staates Minnesota gewesen, Papst Pius IX aber das 25jährige Jubiläum seines Pontifikates gefeiert habe.—

Zwei Wochen nach dem eben beschriebenen Feste — am 6. August — fand eine Gemeindeversammlung statt, in der beschlossen wurde, zugleich mit der Kirche **ein neues Pfarrhaus** zu bauen.

Allerdings war ein Haus schon vorhanden, das zur Priesterwohnung trefflich sich eignete. Es war von Stein, schön und geräumig, und so nahe bei der im Bau begriffenen Kirche, daß es nur die Breite einer Straße, der Mulberrystraße, von ihr trennte. Darin hatte Vater Sommereisen seit dem Jahre 1865—bis zu welcher Zeit immer noch die anfangs als Kirche benutzte Blockhütte seine pfarrherrliche Residenz gewesen — auch thatsächlich gewohnt. Aber dieses Haus war mit dem Grund und Boden, worauf es stand, persönliches Eigenthum von Vater Sommereisen. Er hatte es sich aus seinen eigenen Mitteln gebaut. Denn aus guter Familie stammend, war er nicht ohne Vermögen.

Sollte nun dieses Haus auch jetzt, da Vater Sommereisen von Mankato an einen anderen Ort versetzt war, dennoch die Wohnung seines Amtsnachfolgers bleiben, so sah die Gemeinde sich vor die Alternative gestellt, es von seinem Eigenthümer entweder zu kaufen oder zu miethen. Die Mehrzahl der Leute wollte weder das eine noch das andere. Vater Sommereisen hätte das Haus für 5000 Dollars verkauft, es hatte ihn selbst weit mehr gekostet. Aber auch so schien angesichts der Geldopfer, die schon der Kirchenbau für sich beanspruchte, der Kaufpreis zu hoch, während andrerseits die Zahlung einer Wohnungsmiethe von 20 Dollars jeden Monat auf die Dauer sehr lästig werden mußte. Da wollte man doch lieber ein neues Pfarrhaus bauen, gleich jetzt, wo das Hand in Hand mit dem Baue der Kirche gehen konnte und so nicht die Hälfte von der für das Sommereisen'sche Haus geforderten Summe kosten würde. Eine Baustelle brauchte man nicht erst zu erwerben. Man besaß deren genug in dem ausgedehnten Kirchenbesitzthume, so daß man nur zu wählen hatte, und man wählte als Standort für das Pfarrhaus die von der Mulberry= und Sechsten Straße begrenzte Ecke hinter der neuen Kirche. Bis zum Beginn des neuen Jahres hoffte man es fertig zu stellen. Bis dahin sollte Vater Wirth im Sommereisen'schen Hause als Miether verbleiben und so lange zur Bestreitung der Miethe eine Gehaltszulage von monatlich 20 Dollars erhalten.

So geschah es, daß, während der Bau der neuen Kirche rüstig voranschritt, auch die Mauern des neuen Pfarrhauses immer höher stiegen. Als es soweit fertig war, daß es von Vater Wirth bezogen werden konnte, wurde das Sommereisen'sche Haus von der Gemeinde, die desselben nun nicht mehr bedurfte, geräumt und seinem Eigenthümer überlassen. Von da ab blieb es lange Jahre Miethswohnung für Privatleute, bis es i. J. 1886, wie dem Leser schon aus dem vorigen Kapitel bekannt ist, in den Besitz der Schulschwestern überging. Ihnen fiel es um kaum die Hälfte des vor fünfzehn Jahren geforderten Kaufpreises zu.—

Das für die Gemeinde so ereignißreiche Jahr 1871 sollte mit einer großen Veranstaltung zum Besten der Kirche einen seiner würdigen Abschluß finden. Ein Bazar von noch größeren Verhältnissen, als der vom Februar desselben Jahres, wurde kurze Zeit vor Weihnachten abgehalten.

Nachdem alle Vorbereitungen, die Wochen lang viele fleißige Hände beschäftigt hatten, beendigt waren, wurde am Montag, den 9. Dezember, der Bazar für eröffnet erklärt. Der Ort, den man für die Abhaltung desselben gewählt hatte, war kein geringerer, als die neue Kirche.

Seit der Grundsteinlegung im Juli hatte der Bau riesige Fortschritte gemacht. Nun standen schon die Mauern, am Dache fehlte keine Schindel mehr und auch die bunten Glasfenster, wie sie heute noch das Gotteshaus schmücken, waren eingesetzt. Bestellt bei einer Firma in Chicago, hatten sie in Folge des „großen Feuers"*) peinlich lange auf sich warten lassen, waren aber schließlich doch noch ein paar Tage vor Eröffnung des Bazars eingetroffen. Soweit war also die Kirche fertig, und hatte auch ihr Inneres nichts aufzuweisen, als die kahlen, noch des Kalkbewurfes entbehrenden Wände, so eigneten sich doch schon ihre weiten Hallen — ohne profaniert zu werden, da sie noch in keinerlei Weise geheiligt waren — ganz vortrefflich zu einer Veranstaltung, die auf Beschaffung der Mittel zum Ausbau des Gotteshauses abzielte.

Der Bazar verlief aufs Schönste. Die reichen Auslagen von nützlichen und hübschen Gegenständen in den Verkaufsbuden, insbesondere von herrlichen, weiblichen Handarbeiten, — nach dem Urtheile des damaligen Berichterstatters der „Mankato Review" war es die schönste Ausstellung der Art, die noch jemals in Minnesota gesehen worden — dann der große Zudrang von Besuchern, der sich mit jedem Tage steigerte, endlich die vielen, werthvollen Preise, die zur Verlosung kamen: das alles vereinigte sich, dem Unternehmen einen glänzenden Erfolg zu sichern. Unter den Preisen, lauter Geschenken von Gemeindemitgliedern, befanden sich, um nur einige zu nennen: Sechs Pferde, zehn Kühe, fünf Fuhrwerke, ein großer Schlitten, mehrere Oefen, Pferdegeschirre, Sattelzeug, u. s. w. Ein silberner Pokal war für den beliebtesten Arzt ausgesetzt. Er fiel Dr. McMahon zu, der die meisten Stimmen davontrug.

Am Donnerstag abends, den 12ten, wurde der Bazar geschlossen. Kein Mißton hatte die Festfreude getrübt. Alle

*) Es war die berühmte Feuersbrunst vom 9. auf den 10. Oktober 1871, die halb Chicago in Schutt und Asche legte.

hatten im Hinblicke auf das große Ziel einmüthig zusammen gewirkt. Als Reinertrag erzielte man denn auch die schöne Summe von 3000 Dollars.

Die Abhaltung von zwei großen und erfolgreichen Bazars in einem Jahre ist jedenfalls bemerkenswerth und verdient Anerkennung, wenn man bedenkt, welche Mühen und Opfer dergleichen Veranstaltungen für die daran Betheiligten mit sich zu bringen pflegen. Kein Zweifel, Jung und Alt in der Gemeinde beseelte der gleiche Feuereifer, Bausteine zu dem neuen Gotteshause zusammen zu tragen. Ein Rückblick auf die Einnahmen vom selben Jahre wird das noch deutlicher zeigen.

Vom 1. Januar 1871 bis zum 1. Januar 1872 wurde für den Kirchenbau eingenommen:

Reinertrag des Bazars vom Februar	$ 1715.60
Reinertrag des Picknick vom 4. Juli	403.00
Kollekte bei der Ecksteinlegung am 23. Juli	145.00
Ertrag der Sammellisten und sonstige Geldgeschenke	6491.10
Reinertrag des Bazars vom Dezember	3000.00
Summa	$11,754.70

Diese im Jahre 1871 erzielte Einnahme—die sonstigen Jahreseinkünfte, wie Kirchenstuhlrente, Kirchhofsgebühren, Schulgeld, usw., bleiben hier unberücksichtigt—deckte ungefähr den vierten Theil der gesammten Ausgaben für den Bau der Kirche, die zusammen mit dem gleichzeitig errichteten Pfarrhause annähernd $47,000 gekostet hat. Bringt man von dieser Summe den besagten Bruchtheil und die $2000 in Abzug, die schon bis zum Jahre 1871 für das Fundament bezahlt waren, so blieben vom Jahre 1872 an immer noch über $33,000 zur Deckung der Baukosten aufzubringen. Diese Aufgabe wurde unter der energischen und umsichtigen Leitung von Vater Wirth in so glänzender Weise gelöst, daß bereits zu Anfang des Jahres 1874 alle Verbindlichkeiten getilgt waren bis auf eine bei der Bank gemachte Anleihe von $8000, die noch auf längere Zeit die stehende Kirchenschuld blieb.

Nach dem oben beschriebenen Bazar vom Dezember 1871

wurde noch im selben Monate die neue Kirche, so unfertig sie auch im Inneren noch war, zur Abhaltung des sonn= und fest=täglichen Gottesdienstes eingerichtet. Der Altar, der in der alten Kirche gedient hatte, wurde in die neue über=tragen, die für das neue Gotteshaus bestellten Kirchenstühle und die Kommunionbank waren bereits fertig und wurden auf=gestellt, desgleichen auch die hübsche, mit den Bildern der vier Evangelisten geschmückte Kanzel, die von Gottfried Robel gestiftet wurde und heute noch ihre erhabene Bestimmung erfüllt. Auch eine Glocke rief schon vom Thurme der Kirche herab die Gläubigen zum Gottesdienste. Sie war von Stephan Lamm geschenkt und wurde deshalb zu Ehren seines Namens=patrones, des glorreichen Erzmärtyrers, die St. Stephans=Glocke genannt.

Von den mit gemaltem Rankenwerk und religiösen Sym=bolen verzierten Kirchenfenstern wurde schon gesagt, daß sie noch vor dem Bazar eingesetzt wurden. Auf den Fenstern, die alle von Leuten aus der Gemeinde gestiftet wurden, prangen in leuchtenden Schriftzügen die Namen der einzelnen Geber, und hier ist der Ort, ihrer zu gedenken, damit sie im frommen Andenken bleiben auch dann noch, wenn einmal die von ihnen geschenkten Fenster durch neue ersetzt werden müßten. Mit zweien, mit denen zu beiden Seiten des Hochaltares, ist das schon vor einigen Jahren geschehen. Diese Fenster, die neuen Platz gemacht haben, waren gestiftet von Michael Hund, und von Leo und Theresia Lamm. Die übrigen siebzehn sind alle noch so vorhanden, wie damals, als im Dezember des Jahres 1871 die Sonne zum ersten Male durch sie in die weiten Räume des neuen Gotteshauses ihr Licht ergoß. Wir lesen auf ihnen die folgenden Namen: Matthias und Maria Sontag. Peter, August, und Franz Wenner. Johann, Wilhelm und Margaretha Hörr. Hein=rich und Katharina Wittrock. Johann F. und W. A. Meagher. Matthias und Dina Borgmeier.

Philipp und Elisabeth Hodapp. Rudolph und Maria Androwsky. Matthias und Anna Weidinger. J. David und Gessina M. Heidwinkel. Johann und Gertrud Klein. Arnold Goeßmann und Anton Daut. Peter und Klara Schulte. Die Fenster in den beiden Sakristeien wurden geschenkt von Georg Adam und Margaretha Schäfer, und von Joseph Guth und Familie. Endlich von den beiden großen Fenstern im Kreuzschiffe rühmt sich das eine vom Frauenvereine, das andere von den Jünglingen und Jungfrauen der Gemeinde gestiftet zu sein.

Am 26. Dezember 1871 wurde eine Gemeindeversammlung abgehalten, in welcher die ersten Vorsteher (Trustees) für die neue Kirche aufgestellt wurden. Zum Präsidenten dieses auf ein Jahr ernannten Komites wurde Heinrich Hilesheim gewählt.

Nachdem im Jahre 1872 die Schreinerarbeiten im Inneren der Kirche fertig gestellt waren, berief noch im selben Jahre der hochw. Vater Wirth, der auch bei den schweren Sorgen um den Kirchenbau das Seelenheil seiner Pfarrkinder nicht aus dem Auge ließ, Jesuitenväter zur Abhaltung einer hl. Mission in der neuen Kirche, die — ungleich der alten — für einen solchen Zweck wohl Raum genug bot. Es kamen die Patres Karl Karlstätter, Hermann Kamp und Petrus Schnitzler, alle aus der Gesellschaft Jesu. Der an dritter Stelle Genannte ahnte damals wohl schwerlich, daß er nach zwei Jahren im hl. Gehorsame nach Mankato zurückkehren würde, um daselbst die Seelsorge an der Pfarrgemeinde zu übernehmen und für den Orden, dem er angehörte, eine neue Niederlassung zu gründen. Die Mission nahm am 22. September ihren Anfang und dauerte bis zum 2. Oktober. Ungefähr 1000 Kommunionen wurden während derselben ausgetheilt. Das war die dritte Mission für unsere Gemeinde.

Dem Innern der Kirche fehlte bis dahin immer noch der

Heinrich Hillesheim und Frau.

Kalkverputz der Wände. Diesen erhielt das Gebäude erst im Sommer von 1873. Damit war der Bau vollendet und konnte zum Gotteshause eingeweiht werden. Betrachten wir die Kirche in ihrer Vollendung. Sie ist gothischen Styles und in Form eines lateinischen Kreuzes gebaut. Dem aus graugelben Ziegeln aufgeführten Gebäude verleihen Verzierungen aus Stein Schmuck und Gliederung. Seine Front mißt 67, seine Länge 163 und das Kreuzschiff 38 bei 90 Fuß. Die Höhe des Thurmes beträgt 132 Fuß. Die dreischiffige Kirche ist im Inneren schön gewölbt und im Mittelschiffe 37 Fuß hoch. Sie hat Sitzplätze für 1400 Personen.

Der 23. November 1873, ein Sonntag, war der denkwürdige Tag, an welchem die Kirche ihre Weihe erhielt. Einem längeren Berichte der „Mankato Review" von damals entnehmen wir, was — ins Deutsche übersetzt — hier folgt:

„Die neue katholische Kirche dahier, an der seit den letzten drei bis vier Jahren gebaut wurde, ist seit einigen Wochen vollendet. Sie wurde vorigen Sonntag feierlich eingeweiht durch den hochwürdigsten Herrn Thomas L. Grace, Bischof von St. Paul, unter Assistenz der hochwürdigen Herren Theodor Venn, früher in Henderson, Johann Zuzek von St. Peter, A. Berghold von New Ulm und A. Wirth von hier.

Der gewöhnliche Morgengottesdienst war um 9 Uhr. Nach demselben wurde die Kirche von allen Anwesenden geräumt. Die verschiedenen kirchlichen Vereine sammelten sich vor der Kirche und begaben sich von da in Prozession nach dem Wohnhause von Vater Wirth, wo sie Bischof Grace und die obengenannten Priester abholten und zur Kirche geleiteten. Die Ceremonien der Einweihung begannen mit der Verrichtung der vorgeschriebenen Gebete vor der Kirche. Dann zogen der Bischof und die assistirende Geistlichkeit mit der Prozession, die von Vater Wirth geführt wurde, außen um die Kirche, indem dabei der Bischof die Mauern derselben mit Weihwasser besprengte. Nach diesem Rundgange um das Gebäude öffneten sich die Thüren, und die

Die St. Peter und Paulskirche.
(Eingeweiht am 23. November 1873.)

Prozession, gefolgt von der nach Tausenden zählenden Volks=
menge, die sich draußen angesammelt hatte, betrat das Innere.
Hier wiederholten sich ähnliche Weiheceremonien wie vorher,
auch der Altar wurde geweiht, worauf vom Bischofe unter
Assistenz der anwesenden Geistlichkeit eine Pontifikalmesse
celebrirt wurde.

Der hochw. Herr Theodor Venn hielt eine deutsche Predigt,
in deren Verlauf er das herrliche Gotteshaus, daß die Katho=
liken von Mantato errichtet hätten, gebührend rühmte und die
von Vater Wirth in der Leitung und Vollendung des großen
Werkes bewiesene Energie und Tüchtigkeit pries."

Aus dem, was nun in dem Berichte folgt, ersehen wir,
daß Bischof Grace an demselben Morgen, da er unsere neue
Kirche weihte, auch das Sakrament der Firmung spendete, und
zwar an 28 Knaben und 37 Mädchen; ferner, daß die Zahl der
Anwesenden, die bei der Gelegenheit die Sitzplätze und die
Gänge der Kirche füllten, auf gut zweitausend Personen ge=
schätzt wurde. Was dann über die Geschichte des Kirchenbaues
und über das Gebäude selbst gesagt wird, ist unseren Lesern
schon bekannt. Der Bericht schließt mit den folgenden Worten:

„Die glückliche Durchführung dieses großen Unternehmens
(des Kirchenbaues) ist zumeist Vater Wirth zu verdanken, der in
den letztvergangenen zwei Jahren mit Ausdauer und Energie
an der Vollendung des Werkes gearbeitet hat. Nun ist es ein
bleibendes Denkmal seiner unermüdlichen Anstrengungen eben=
sowohl, wie des frommen Eifers und der Freigebigkeit der
katholischen Gemeinde."

Zur Ergänzung dieses Berichtes haben wir nur noch hinzu=
zufügen, daß Bischof Grace die Kirche dem Gedächtnisse der hl.
Apostelfürsten Petrus und Paulus weihte und damit nicht bloß
der Kirche, sondern auch der bis dahin namenlosen Gemeinde
einen Namen gab. Indem sie von nun ab nach den Schutz=
heiligen der Kirche benannt wird, heißt sie fürderhin die
St. Peter- und Paulsgemeinde von Mantato.

XI.

Fünfundzwanzig Jahre des Segens.

o dürfen wir mit Dank gegen Gott den Zeitabschnitt nennen, den zu beschreiben uns noch erübrigt, um die Geschichte der St. Peter und Pauls Gemeinde von Mankato bis auf die Gegenwart fortzuführen. Es ist die Zeit von der Einweihung der neuen Kirche im Jahre 1873 bis zur silbernen Jubelfeier dieses Ereignisses im Jahre 1898. Um das Vielerlei aus diesen 25 Jahren übersichtlicher zur Darstellung zu bringen, wollen wir das, was Erwähnung verdient, unter bestimmte Gesichtspunkte ordnen.

1. Die Seelsorge.

Der hochw. Augustin Wirth, O. S. B., war vom Bischofe nach Mankato gesandt worden, um die neue Kirche zu bauen. Jetzt, da sie gebaut, eingeweiht und auch zum größten Theile bezahlt war, glaubte Vater Augustin, seine Sendung erfüllt zu haben, und war entschlossen, sein Amt als Pfarrer von Mankato niederzulegen, um so mehr, als er allein der Verwaltung einer so großen Gemeinde — sie zählte bereits an die vierhundert Familien — sich nicht länger gewachsen fühlte. Nur ungern sah die Gemeinde diesen Priester, dem sie so viel zu verdanken hatte, aus ihrer Mitte scheiden. Allein umsonst drang man in ihn, zu bleiben. Er entgegnete den Leuten auf ihre Vorstellungen, seiner Ansicht nach würde für die Gemeinde am

Besten gesorgt sein, wenn ein religiöser Orden von Priestern in Mankato eine Niederlassung gründen und die Seelsorge an der Gemeinde übernehmen würde. Vielleicht könnten für den Zweck die Jesuitenväter, von denen sie welche bei der letzten Mission kennen gelernt hätten, gewonnen werden, wenn man durch den Bischof der Diöcese bei den Ordensobern es versuchte.

Das waren die Leute zufrieden, und die daraufhin eingeleiteten Unterhandlungen führten denn auch schließlich zu dem Ergebnisse, daß die Seelsorge an der St. Peter und Pauls Gemeinde von Mankato von Bischof Thomas L. Grace der Gesellschaft Jesu angetragen und von dieser durch den hochw. P. Heinrich Behrens, S. J., den damaligen Oberen der zur deutschen Ordensprovinz gehörenden Niederlassungen in den Ver. Staaten, angenommen wurde.

In Folge dessen kamen am 27. Januar 1874 die ersten, für die neue Niederlassung bestimmten Jesuitenpatres in Mankato an, die Vorläufer anderer, die bald nachfolgen sollten. Es waren die hochw. Patres **Petrus Schnitzler**, S. J., und **Hermann Kerckhoff**, S. J., von denen der Erstere — derselbe, der i. J. 1872 als Missionär hiergewesen — von seinen Vorgesetzten dazu ausersehen war, in seiner Person das Amt eines Lokaloberen seines Ordens in Mankato mit dem des Pfarrers der dortigen St. Peter und Pauls Gemeinde zu vereinen. Dieselbe erhielt mithin in P. Schnitzler ihren **dritten** Pfarrer.

Nachdem P. Augustin Wirth von der Gemeinde, für die er in so kurzer Zeit — in dem Zeitraume von bloß drei Jahren — so Großes gethan hatte, Abschied genommen, trat P. Schnitzler am Sonntag den 8. Februar 1874 vor der zum Gottesdienste versammelten Gemeinde sein Amt als ihr Seelsorger an, in dessen Ausübung ihn seine Ordensgenossen, die entweder schon da waren oder noch erwartet wurden, unterstützen sollten.

Seit dem Tage, da die Jesuitenväter nach Mankato kamen,

um sich hier niederzulassen und die Seelsorge an der St. Peter und Pauls Gemeinde zu übernehmen, sind nun mehr als 25 Jahre vergangen. Da in den Häusern des Ordens gemäß der Regel ein häufiger Personenwechsel stattzufinden pflegt, so sind auch in den vielen Jahren schon ziemlich viele Priester aus der Gesellschaft Jesu einmal oder wiederholt in Mankato stationiert gewesen, um auf kürzere oder längere Zeit in der Seelsorge an der dem Orden anvertrauten Pfarrgemeinde thätig zu sein. Es sind das die Folgenden:

A. Die Pfarrer.

P. Petrus Schnitzler, S. J., kam nach Mankato am 27. Januar 1874, stand der Gemeinde vor vom 8. Februar 1874 bis 14. Februar 1886. Er wurde geboren am 29. Juni 1837 zu Beringendorf in Hohenzollern, Erzdiöcese Freiburg i. B., trat in den Orden der Gesellschaft Jesu ein am 28. September 1856, empfing die Priesterweihe am 23. September 1868 zu Maria-Laach, ist in Amerika seit 1870.

P. Gottfried Friderici, S. J., war, als Assistent an der Gemeinde, zum ersten Male in Mankato von September 1878 bis August 1882, war zum zweiten Male hier als Pfarrer — der vierte, den die Gemeinde hatte — vom 14. Februar 1886 bis zum 6. September 1891. Er wurde geboren am 24. Juni 1836 zu Heinsberg bei Aachen, Erzdiöcese Köln, trat in den Orden ein am 14. April 1859, empfing die Priesterweihe am 25. August 1869 zu Maria-Laach und kam im selben Jahre nach Amerika. Er starb am 22. November 1892 zu Toledo, Ohio. R. I. P.

P. Aloys Suter, S. J., zum ersten Male in Mankato als Assistent von Juli 1874 bis Oktober 1876. Daselbst zum zweiten Male, bekleidet er das Amt des Pfarrers — des fünften der St. Peter und Pauls Gemeinde — seit dem 6. September 1891. Geboren zu Muotathal, Diöcese Chur, am 16. Februar 1835, trat er in den Orden am 9. Oktober 1858, wurde zum Priester geweiht zu Maria=Laach am 10. September 1867 und ist in Amerika seit 1868.

B. Die Assistenten.

P. Herman Kerckhoff, S. J., kam mit P. Schnitzler nach Mankato am 27. Januar 1874 und blieb hier bis Oktober 1876. Er wurde geboren am 26. Juni 1836 zu Haren, Diöcese Osnabrück, zum Priester geweiht zu Osnabrück am 16. Juli 1861, trat in den Orden am 3. Oktober 1865 und kam nach Amerika 1873. Er starb am 29. Januar 1892 zu Buffalo, N. Y. R. I. P.

P. Ignatz Körling, S. J. war in Mankato von Februar bis September 1874. Geboren am 11. Februar 1838 zu Altenbüren, Diöcese Paderborn, trat er am 30. Oktober 1855 in den Orden, wurde zum Priester geweiht am 8. September 1868 zu Maria=Laach und kam nach Amerika i. J. 1870. Er starb am 12. Januar 1892 zu Toledo, Ohio. R. I. P.

P. Nikolaus Simeon, S. J., war in Mankato von April bis November 1874. Er wurde geboren am 28. November 1834 zu Lenz, Diöcese Chur, trat in den Orden am 17. November 1858, empfing die Priesterweihe am 28. August 1865 zu Maria=Laach, ist in Amerika seit 1870.

P. Hermann Richard, S. J, war in Mankato das erste Mal von Februar 1875 bis August 1880, ist wieder da seit Juni 1895. Er wurde geboren am 8. Mai 1834 zu Osnabrück, trat in den Orden am 1. Oktober 1857, empfing die Priesterweihe am 25. August 1867 zu Lyon in Frankreich und ist in Amerika seit Oktober 1867.

P. Franz Breymann, S. J., war in Mankato von August 1875 bis August 1880. Er wurde geboren am 16. September 1836 zu Ascheberg, Diöcese Münster, trat in den Orden am 14. April 1857, empfing die Priesterweihe am 13. September 1868 zu Maria=Laach und ist in Amerika seit 1869.

P. Heinrich Wochner, S. J., war in Mankato das erste Mal von September 1875 bis Oktober 1876, das zweite Mal von August 1887 bis Dezember 1898, ist zum dritten Male hier seit Juli 1899. Er wurde geboren am 10. April 1839 zu Haslach, Diöcese Rottenburg, trat in den Orden am 28. September 1856, empfing die Priesterweihe am 13. September 1868 zu Maria-Laach, ist in Amerika seit 1874.

P. Nikolaus Greisch, S. J., war in Mankato von Oktober 1876 bis Oktober 1878. Geboren am 9. Februar 1831 zu Esch a. d. Sauer, Diöcese Luxemburg, wurde er zum Priester geweiht am 30. August 1855 zu Trier, trat in den Orden am 1. Oktober 1858 und ist in Amerika seit 1869.

P. Ludwig Kramer, S. J., war in Mankato von Oktober 1876 bis September 1878. Er wurde geboren am 7. August 1839 zu Köln, trat in den Orden am 1. Oktober 1857, empfing die Priesterweihe am 15. Juli 1870 zu Maria-Laach und ist in Amerika seit 1872.

P. Wilhelm Graffweg, S. J., war in Mankato von September 1878 bis August 1889. Er wurde geboren am 1. April 1835 zu Kellinghausen, Erzdiöcese Köln, trat in den Orden am 30. September 1858, empfing die Priesterweihe am 24. August 1869 zu Maria-Laach und ist in Amerika seit 1873.

P. Aloys Sigg, S. J., war in Mankato das erste Mal von Juli 1880 bis Mai 1885, ist wieder da seit August 1892. Geboren am 4. Dezember 1839 zu Eberhardzell, Diöcese Rottenburg, kam er nach Amerika im Oktober 1857, wurde zum Priester geweiht am 5. November 1865 zu St. Francis bei Milwaukee, Wis., und trat in den Orden am 30. September 1874.

P. Heinrich Habermann, S. J., war in Mankato das erste Mal von Mai 1882 bis Dezember 1884, das zweite Mal von März 1885 bis August 1892, ist das dritte Mal da seit August 1894. Er wurde geboren am 6. Juni 1846 zu

Freckenhorst, Diöcese Münster, trat in den Orden am 30. September 1866, empfing die Priesterweihe am 29. August 1878 zu Portico bei Liverpool in England, ist in Amerika seit 1880.

P. Wilhelm von Festenberg=Pakisch, S. J., war in Mankato das erste Mal von November 1882 bis August 1883, das zweite Mal von Mai 1885 bis August 1887, ist daselbst das dritte Mal seit Oktober 1896. Er wurde geboren am 14. April 1849 zu Arensdorff, Diöcese Breslau, trat in den Orden am 29. September 1865, empfing die Priesterweihe am 29. August 1878 zu Portico bei Liverpool in England, ist in Amerika seit 1880.

P. Petrus Hagg, S. J., war in Mankato von September 1883 bis April 1886. Er wurde geboren am 5. Juli 1832 zu Feldkirch in Vorarlberg, Diöcese Brixen, zum Priester geweiht am 27. Juli 1856 zu Brixen, trat in den Orden am 22. Dezember 1858 und ist in Amerika seit November 1871.

P. Maximilian Karlstätter, S. J., war in Mankato von September 1886 bis März 1887. Er wurde geboren am 23. März 1827 zu Landshut, Erzdiöcese München, trat in den Orden am 1. Oktober 1842, empfing die Priesterweihe am 23. Oktober 1853 zu Lüttich in Belgien und kam im Juli 1869 nach Amerika, wo er vorzugsweise als Volksmissionär wirkte. Als solcher starb er während einer von ihm begonnenen Mission zu Sterling, Illinois, am 20. September 1894. R. I. P.

P. Johannes B. Kreidler, S. J., war in Mankato von August 1889 bis Dezember 1896. Er wurde geboren am 8. Juni 1844 zu Horb, Diöcese Rottenburg, trat in den Orden am 19. April 1860, empfing die Priesterweihe am 21. September 1873 zu St. Benno's in England und ist in Amerika seit 1875.

P. Heinrich Böhmer, S. J., war in Mankato von November 1890 bis August 1894. Er wurde geboren am 10. März 1834 zu Essen, Erzdiöcese Köln, trat in den Orden am

21. Oktober 1853, empfing die Priesterweihe am 22. September 1866 zu Maria=Laach, ist in Amerika seit 1872.

P. **Anton Aufmkolk**, S. J., ist in Mankato seit Dezember 1897. Er wurde geboren am 22. März 1860 zu Altenhellefeld bei Meschede, Diöcese Paderborn, trat in den Orden am 30. September 1882, kam nach Amerika i. J. 1887, empfing die Priesterweihe am 30. Juli 1892 zu St. Ignatius, Montana.

Ein Vergleich der in obiger Liste enthaltenen Angaben bezüglich der Zeit und der Dauer des Aufenthaltes der einzelnen Patres in Mankato wird den Leser belehren, daß in der Regel ihrer fünf bis sechs zu gleicher Zeit daselbst stationiert waren. So viele waren nothwendig, um ohne Beeinträchtigung der Seelsorge in der eigenen Gemeinde der von nah und fern kommenden, häufigen Nachfrage nach seelsorglicher Aushülfe in fremden Gemeinden genügen, und überdieß noch eine Anzahl von benachbarten Ortschaften, die eines residierenden Seelsorgers entbehrten, als ständige „Stationen" versehen zu können. Denn diese mußten vom Priester behufs Abhaltung des sonntäglichen Gottesdienstes und Ausübung aller übrigen seelsorglichen Pflichten ein bis zweimal oder noch öfter im Monate besucht werden.

Die folgenden „Stationen" wurden von den Jesuitenvätern, seit sie in Mankato sind, von da aus in der besagten Weise pastoriert. In der Zeit von

1874–'75: **Winnebago Agency** (später St. Clair genannt) in Blue Earth County, **Marysburg** in LeSueur Co., **Madelia**, **St. James**, beide in Watonwan Co., **Mountain Lake** in Cottonwood Co. (Zu diesen Stationen, die ein bis zweimal im Monate versehen wurden, kamen noch **Heron Lake** in Jackson Co., **Windom** in Cottonwood Co. und andere, die mehrere Male im Jahr und gelegentlich zu besuchen waren.)

Von 1875–'78: Winnebago Agency, Marysburg, Ma=
delia, St. James, Mountain Lake,
(Heron Lake, Windom, etc.) G o o d
T h u n d e r in Blue Earth Co.

1878 -'80: Winnebago Agency, Marysburg, Ma=
delia, St. James, Mountain Lake,
(Heron Lake, Windom, etc.) Good
Thunder, L a k e C r y s t a l in Blue
Earth Co.

April 1880—Juni 1884: Winnebago Agency, Good Thunder,
Lake Crystal.

Juni 1884—Jan. 1885: Winnebago Agency, Good Thunder.

1885—1887: St. Clair (Winnebago Agency).

1887—März 1895: St. Clair, S w a n L a k e in Nicol=
let Co.

März 1895 bis heute: St. Clair, M a d i s o n L a k e in
Blue Earth Co.

Wie aus diesem Verzeichnisse ersichtlich ist, war namentlich in früheren Jahren die Menge der „Stationen", die von Man= kato aus pastoriert werden mußten, groß genug, um auch an Sonntagen zwei bis drei Priester auf einmal in Anspruch zu nehmen. Wurde dann noch für anderswo seelsorgliche Aus= hülfe von den Patres begehrt, so konnte es geschehen und ge= schah auch nicht selten, daß nur zwei Priester für den sonntäg= lichen Gottesdienst in Mankato übrig blieben. *)

An allen Sonn= und Feiertagen wurde in unserer Kirche

---

*) In den ersten fünf bis sechs Jahren unterstanden der zeitweisen und gelegentlichen Seelsorge der Patres überhaupt sämmtliche zwischen Mankato und der Grenze von Jowa an der Omaha=Bahn gelegenen Ortschaften, die alle noch ohne Priester waren.

in deutscher und englischer Sprache geprediqt, so lange die St. Peter und Pauls Gemeinde eine sprachlich gemischte war, d. h. aus Mitgliedern deutscher und irischer Abkunft bestand. Denn wenn auch die Letzteren dem deutschen Elemente gegenüber nur einen kleinen Bruchtheil der Gemeinde bildeten, so wurde doch alle nur mögliche Rücksicht auf sie genommen, so lange sie zur St. Peter und Pauls Gemeinde gehörten.

Zu ihr gehörten sie, bis sie im Jahre 1884 von ihr sich trennten und für sich eine eigene Gemeinde—die St. John's Gemeinde—gründeten, nachdem sie vom Bischofe in der Person des hochw. John Prior einen Priester ihrer Nationalität erhalten hatten. Sie zählten damals ungefähr 80 Familien.

Am Sonntag den 15. Juni des genannten Jahres hielt Vater Prior den ersten Gottesdienst für die neue Gemeinde, und zwar in der im Erdgeschoß unseres Schulgebäudes befindlichen Kapelle, welche ihnen zur Benutzung an Sonn= und Festtagen überlassen blieb, bis ihre Kirche, die sie auf einem an Ecke von Broad= und Hickorystraße erworbenen Bauplatze errichteten, fertig war. Ihrer Einladung folgend, legte der hochw. P. Petrus Schnitzler, S. J., ihr alter Seelsorger, am 4. November 1884 den Grundstein zu der Kirche, die am 20. Juni 1886 vom hochwürdigsten Bischofe John Ireland von St. Paul eingeweiht wurde. Die Kirche hat — ohne die innere Einrichtung — 9000 Dollars gekostet, und die deutschen Katholiken von Mankato haben ihren irischen Gemeindegenossen von früher wacker geholfen, sie zu bauen.

2. Die Kirche.

Als die Jesuitenväter anfangs 1874 zur Uebernahme der Pfarrei nach Mankato kamen, sah es in der neuen Kirche noch recht öde und leer aus. Der aus der alten Kirche stammende schmucklose Altar, die Kanzel, die Kirchenstühle mit der Communionbank, und an den weißgetünchten Wänden die Kreuzwegbilder in Farbendruck und schlichten Rahmen, — das war alles, was damals die weiten Räume des Gotteshauses an

Das Innere der St. Peter und Paulskirche.

Ausstattungsgegenständen aufzuweisen hatten. Die reiche Ausschmückung des Inneren, wie sie heute zugleich das Auge erfreut und das Gemüth zur Andacht stimmt, hat die Kirche seither und allmählig erhalten. Dazu kamen im Laufe der Jahre noch sonstige Verbesserungen in und an dem Gebäude, die seinen Werth erhöhten.

Der Anfang wurde gemacht, als i. J. 1876 das bis dahin in der Kirche gebrauchte Melodium durch eine **Orgel** ersetzt wurde. Durch Vermittelung von Freunden in Milwaukee gelang es, eine dort zum Verkaufe angebotene Orgel für den Preis von 1000 Dollars zu erwerben, was, wenn auch das Instrument nicht mehr neu war, immerhin als sehr wohlfeil gelten mußte. Denn die Orgel mit ihren zwei Manualen und vierunddreißig Registern war noch in gutem Stande und zeichnete sich durch Fülle und Wohlklang des Tones aus. In viele Kisten verpackt, langte sie im September genannten Jahres hier an, und Orgelbauer Odenbrett kam von Milwaukee, sie aufzustellen. Als er mit seiner Arbeit fertig war, wurde die Orgel kirchlich eingeweiht und ertönte beim sonntäglichen Gottesdienste zum ersten Male in unserer Kirche am 26. November desselben Jahres.

Das Nächste waren die **neuen Altäre**. Am Ostersonntag den 21. April 1878 wurde der herrliche, von Erhard Brielmeier in Milwaukee gelieferte Hochaltar vor der zum Frühgottesdienste versammelten Gemeinde enthüllt und eingeweiht. Ein Meisterwerk der Holzschnitzerei, bildet er heute noch die vornehmste Zierde unserer Kirche. Dem Hochaltare folgten noch im Sommer und Herbste desselben Jahres die beiden hübschen Nebenaltäre aus der Werkstatt desselben Meisters.

Die imposante, zu den Frontportalen der Kirche emporführende steinerne **Freitreppe** stammt aus dem Jahre 1881. Es wurde mehrere Monate an ihr gearbeitet.

Seit 1884 wird die Kirche mit **Gas** beleuchtet. Sie erstrahlte zum ersten Male in dem neuen Lichte bei einer Abendandacht, die am Sonntag, den 20. Januar besagten Jahres gehalten wurde. Auserlesene Kirchenmusik kam bei der Gelegenheit zur Aufführung, und eine Collette wurde aufgenommen behufs Deckung der Auslagen, die die Einrichtung der Gasbeleuchtung kostete.

Im Frühjahre 1886 wurde das Ausmalen des Inneren der Kirche in Angriff genommen. Der Contrakt, welcher die Decorationsmaler Liebig und Löffler von Milwaukee mit dieser bedeutenden Arbeit betraute, wurde noch vom hochw. P. Schnitzler abgeschlossen. Zur Ausführung kam es erst unter seinem Nachfolger, dem hochw. P. Friderici. Ende April wurde mit dem Aufschlagen der zu dem Zwecke nöthigen Holzgerüste begonnen. Bald füllten sie Mittelschiff und Seitenschiffe der Kirche, — doch ohne daß dabei die Benutzung der letzteren zum Gottesdienste eine Unterbrechung zu erleiden brauchte — und die Künstler mit ihren Gehülfen gingen ans Werk. Ueber vier Monate wurde daran gearbeitet. Erst am 11. September war es soweit vollendet, daß auch die letzten Gerüste abgebrochen werden konnten, und nun prangten Wände und Gewölbe des Gotteshauses in dem farbenreichen und geschmackvollen Gewande, welches heute noch gefällt, wenn es auch schon etwas abgetragen aussieht.

Das schöne Bildwerk von Maria unter dem Kreuze mit dem Leichname ihres göttlichen Sohnes auf dem Schooße, — eine sog. Pieta — welches die Zierde des westlichen Transepts bildet und von Verehrern der Schmerzensmutter so gerne aufgesucht wird, wurde im März 1887 aufgestellt und eingeweiht. Aber erst in Oktober 1889 erhielt es das schöne, von E. Brielmeier angefertigte Postament, auf welchem es jetzt steht.

Einen großen Fortschritt bedeutete es, als die Oefen in der Kirche durch die unter derselben eingerichtete Luftheizung ersetzt wurden. Die zu dem Zwecke nöthigen Ausgrabungen und Mauerarbeiten unter dem Gebäude wurden im Sommer 1891 noch unter Leitung von P. Friderici begonnen. Derselbe

Hochaltar in der St. Peter und Paulskirche.

hatte indessen in P. Suter schon seinen Amtsnachfolger erhalten, als am 14. November des genannten Jahres die neue Heizung zum ersten Male erprobt wurde und sich glänzend bewährte. Alle, die sich noch erinnern können, wie sie im kalten Winter beim sonntäglichen Gottesdienste in der Kirche gefroren haben, und das trotz der vier Oefen, die, wenn auch bis zur Rothglühhitze geheizt, dennoch nur in ihrer unmittelbaren Nähe sich fühlbar machen, den weiten Raum aber nicht durchwärmen konnten: die werden sicherlich die neue Heizung, die auch bei der strengsten Kälte eine gleichmäßige und angenehme Wärme durch die ganze Kirche verbreitet, als eine große Wohlthat preisen.

Unter den Anschaffungen von Bedeutung, die für die Kirche unter dem gegenwärtigen Pfarrer, dem hochw. P. Suter, gemacht wurden, kommen an erster Stelle die drei neuen Glocken, die zusammen ein herrliches harmonisches Geläute bilden. Sie kamen aus der Glockengießerei von Stuckstede in St. Louis, Mo., am 4. März 1893 hier an und wurden am Sonntag den 19ten desselben Monates durch den Diöcesanbischof, den hochwürdigsten Mgr. Joseph Cotter, nach einem von ihm celebrirten Pontifikalamte feierlich geweiht. Die größte wurde auf die Namen der Apostelfürsten und Kirchenpatrone St. Peter und Paul, die zweite wurde Joseph, und die dritte Maria getauft. Damit der Thurm der Kirche der neuen Last der Glocken, die zusammen einundachtzig Centner wogen, gewachsen wäre, hatte man seine Festigkeit und Tragfähigkeit durch bauliche Veränderungen erhöhen müssen. Die Auslagen dafür, sowie für die Glocken selbst, deren Transport und Montierung wurden sämmtlich aus der für den Ankauf der Glocken aufgenommenen Collekte bestritten. So reichlich war dieselbe ausgefallen.

Eine hervorragende Zierde erhielt am St. Peter und Paulsfeste 1894 das Aeußere der Kirche in den schönen Bildsäulen dieser beiden Apostel, der Kirchen=

Mgr. Joseph Cotter, Bischof von Winona.

patrone, die seither von ihrem hohen Standorte herab zu beiden Seiten der Freitreppe vor dem Gotteshause Wachen halten. Die 7½ Fuß hohen Standbilder sind aus Indiana=Oolith gehauen und eine Schöpfung des Bildhauers Joseph Masberg, des rühmlichst bekannten, unserer Gemeinde angehörenden Künstlers. Gestiftet aber wurden sie von Wolthätern, denen mehr daran liegt, daß ihre Namen im Buche des Lebens, als in diesen Blättern verzeichnet seien. Bevor die Standbilder auf ihren Sockeln aufgerichtet wurden, verschloß man in letztere je eine auf das Ereigniß bezügliche Urkunde. Der vor dem Hochamte stattfindenden Enthüllung und Einweihung der Statuen wohnte der St. Peter und Pauls=Männerverein der Gemeinde in corpore bei. Am Abende wurde Meister Masberg von den Bürgern der Stadt im Hotel „Stahl" ein Bankett gegeben, ein Beweis, welche Anerkennung die Statuen als Kunstwerke bei allen Kunstfreunden ohne Unterschied des Bekenntnisses fanden.

Diesen ersten folgten aus der Hand desselben Meisters zwei weitere Kunstgebilde, die Statuen der Himmelskönigin mit dem göttlichen Kinde und des hl. Joseph, von denen die eine von den verstorbenen Eheleuten David und Maria Heidwinkel, die andere von noch lebenden Gebern, die auch nicht genannt sein wollen, geschenkt wurde. Die beiden Statuen sind aus dem gleichen Steine, wie die der Apostelfürsten, gehauen und 8½ Fuß hoch. Sie fanden ihren Platz in Nischen an der Frontmauer der Kirche, rechts und links vom Hauptportale. Die kirchliche Weihe erhielten sie Sonntag, den 31. Mai 1896.

Am 5. Juli desselben Jahres, auch an einem Sonntage, wurden die prachtvollen neuen Kreuzwegstationen eingeweiht. In plastischer Arbeit (Hautrelief) ausgeführt und stylvoll eingerahmt, ist jede von ihnen ein Kunstwerk. Sie kommen von München. Mehrere derselben — eine jede kostete hundert Dollars — wurden von einzelnen Wolthätern aus der Gemeinde geschenkt. Die übrigen wurden aus dem Ergebniß einer Collekte bezahlt, die einen so ansehnlichen Ueberschuß ab-

Hochw. P. Aloys Suter, S. J.

warf, daß aus demselben noch die Auslagen für verschiedene nützliche Verbesserungen im Chore der Kirche gedeckt werden konnten. Der Fußboden des Chores wurde niedriger gelegt, der Hochaltar, der bis dahin fast in der Mitte des Chores gestanden, wurde weiter nach hinten gerückt und damit der Chor beträchtlich erweitert. Endlich wurden in den Seitenwänden des Chores über den Sakristeien die Halbfenster angebracht, durch welche der früher zu spärlich beleuchtete Hochaltar mehr Licht erhält.

Dank dieser besseren Belichtung konnte auch die neue **Glanzvergoldung** des Hochaltares gebührend zur Geltung kommen. Diese Vergoldung, eine treffliche Leistung, wurde durch Maler Alexander Schwendinger von New Ulm ausgeführt, der mit seinem Vetter Ferdinand Schwendinger als seinem einzigen Gehülfen vier Monate lang mit rastlosem Fleiße daran arbeitete, — von Mai bis September 1896. Im darauffolgenden Jahre wurden von ihnen in gleicher Weise, wie der Hochaltar, die Nebenaltäre verschönert. Ausgangs Oktober 1897 war auch diese Arbeit vollendet.

Noch sind die schönen **gemalten Fenster** zu erwähnen, die seit November 1896 im Chore der Kirche an die Stelle der alten (vergl. S. 119) getreten sind. Sie wurden auf Bestellung in der Zettler'schen Kunstanstalt in München hergestellt und tragen in der That den Stempel wahrer Kunst unverkennbar an sich. Das eine, welches in leuchtenden Farben den hl. Erzmärtyrer und Diakon Stephanus vorstellt, ist ein Geschenk von Stephan Lamm, das andere mit dem wunderlieblichen Bilde der hl. Elisabeth von Thüringen ward von den Frauen des Elisabethvereines gestiftet.

Damit haben wir das Bemerkenswertheste von dem zusammengestellt, was seit 1874 zur Verbesserung und Verschönerung der Kirche in ihrem Inneren und Äußeren geschehen ist, wohl nicht Unbedeutendes, wie Zahlen noch deutlicher machen werden.

Nach einer ungefähren, aber jedenfalls nicht zu hoch gegrifjener Schätzung sind zu besagtem Zwecke in den 25 Jahren folgende Summen verausgabt worden:

Für die Orgel (einschl. Transport und Aufstellung)...$	1200
die drei Altäre mit den Statuen................	2600
die steinerne Freitreppe vor der Kirche..........	1000
die Einrichtung der Gasbeleuchtung............	325
das Ausmalen des Kircheninneren..............	2800
die Pieta mit Postament......................	230
die Einrichtung der Luftheizung...............	1325
Glocken (einschl. Montierung derselben und Festigen des Thurmes)......................	2000
die vier Statuen vor der Kirche mit Sockeln und Nischen................................	850
die neuen Kreuzwegstationen..................	1400
die Glanzvergoldung der drei Altäre............	1400
die zwei gemalten Fenster im Chore............	400
Zusammen.....................$	15,530

Rechnete man zu diesem Gesammtbetrage noch hinzu, was an kirchlichen Gewändern, Altargeräthen, Kirchenfahnen, neuen Kirchenstühlen, usw., angeschafft wurde, so würde sich eine um noch mehrere tausend Dollars höhere Summe ergeben. Sicherlich legen diese Zahlen Zeugniß ab für die in der Gemeinde allzeit rege Liebe zur „Zierde des Hauses Gottes," eine Gesinnung, die sich in guten, wie in schlechten Zeiten nicht verläugnete. *)

---

*) Schlechte Zeiten waren es z. B., als die Wanderheuschrecken in Schwärmen, die wie dichte Wolken die Sonne verdunkelten, angezogen kamen und alles, was da wuchs auf Feldern und in Gärten, ja, sogar die Blätter an den Bäumen mit Stumpf und Stiel auffraßen. Diese Heuschreckenplage, die in den Jahren, da sie auftrat, die Ernte ganz oder theilweise vernichtete, verheerte namentlich im Jahre 1876 das südliche Minnesota in so erschreckender Weise, daß auf Anordnung des Diöcesanbischofes öffentliche Andachtsübungen zur Abwendung der Heimsuchung stattfanden,—bis Ende September 1877, wo die Plage als erloschen betrachtet und die Befreiung von ihr mit einem Dankgottesdienste gefeiert wurde.

Dabei vergesse man nicht, daß die lediglich für diesen einen Zweck verausgabten Gelder ganz nebenbei, d. h. neben den für die sonstigen Gemeindezwecke Jahr ein, Jahr aus erforderlichen und in die Tausende gehenden Summen, aufzubringen waren und aufgebracht wurden. Das geschah, wie zum Theile schon aus dem oben Gesagten hervorgeht, durch freigebige Geschenke Einzelner und durch besondere Collekten, durch Beiträge von seiten der Vereine und durch zum Besten der Kirche veranstaltete Unterhaltungen.

Dazu ist der Bazar vom Jahre 1876 zu rechnen. Am Dienstag den 12. Dezember eröffnet, schloß derselbe Donnerstag den 14. mit einem Reingewinne von ungefähr 2000 Dollars.

Noch ein Bazar wurde elf Jahre später abgehalten, seitdem hat bis jetzt keiner mehr stattgefunden. Aber dieser Bazar vom 7. zum 10. Februar 1887 hatte keinen anderen Zweck, als zur endlichen Abbezahlung der immer noch restierenden Kirchenbau= Schuld von $8000 (vergl. S. 118) behülflich zu sein. Der Bazar ergab als Reinertrag die Summe von $3500.

So blieben immer noch $4500 abzutragen. Behufs Tilg= ung dieses Restes wurde durch ein dazu ernanntes Comite die financielle Leistungsfähigkeit der einzelnen Gemeindeangehöri= gen je nach ihrem Vermögen abgeschätzt und ein Jeder aufge= fordert, den nach Maßgabe dieser Abschätzung (Assessment) auf ihn entfallenden Pflichttheil beizusteuern. Dieser Aufforderung wurde im Allgemeinen mit Bereitwilligkeit entsprochen, indessen lag es in der Natur der Sache, daß das Eintreiben der Beiträge auf diesem Wege längere Zeit in Anspruch nahm. Nichtsdesto= weniger gelangte man sicher, wenn auch langsam, zum Ziele. Bereits im Jahre 1891 war die noch vom Bau der neuen Kirche herrührende Schuld bis auf den letzten Cent getilgt.

3. Kirchliches.

Eine katholische Kirche ist als Gott geweihtes Haus und als Gnadenstätte in Wahrheit eine „Eingangspforte zum Himmel". Gewiß ist, daß das auch von der St. Peter und Pauls Kirche in Mankato gilt. Allein, wer vermöchte es, Aufschluß darüber zu geben, welche Wunder der göttlichen Gnade innerhalb ihrer Mauern, seit sie zum Hause Gottes eingeweiht wurde, in den Seelen sich vollzogen haben? Wer wollte es unternehmen, festzustellen, welche Segnungen für Zeit und Ewigkeit von diesem geheiligten Orte aus durch die sakramentale Gegenwart des Heilandes, durch die Predigt seines Evangeliums, durch seine Sakramente, durch sein Meßopfer, durch die um seinetwillen erhörten Gebete den lebendigen und abgestorbenen Gemeindeangehörigen schon zugeflossen sind?—Das sind Dinge, vor denen der Geschichtsschreiber wie vor einem versiegelten Buche steht, in das zu blicken ihm nicht erlaubt ist, bis es am jüngsten Tage in einem alles enthüllenden Lichte vor der ganzen Welt wird aufgeschlagen werden. Von den Vorgängen, deren Schauplatz das Gotteshaus gewesen, kann er daher nur diejenigen in die Blätter der Geschichte eintragen, die in die äußere Erscheinung traten, wie da sind: Gottesdienstliche Verrichtungen und Feierlichkeiten, Feste und Andachtsübungen, Spendung und Empfang der Sakramente, und dergleichen mehr.

Zunächst, was die Ausübung der priesterlichen Funktionen am Altare, auf der Kanzel, im Beichtstuhle, usw., und was den sonn= und festtäglichen Gottesdienst angeht, so genügt es, zu bemerken, daß in dieser Beziehung sicherlich nichts von dem unterlassen wurde, was überhaupt an größeren, von mehreren und seeleneifrigen Priestern pastorirten Kirchen zu geschehen pflegt. Insbesondere wurden die höheren Feste des Kirchenjahres, wie Weihnachten, Ostern, Pfingsten, Frohnleichnam, der Tag der Ersten Kindercommunion, immer so schön und feierlich als möglich begangen.

Außer den jährlich wiederkehrenden, haben namentlich folgende außergewöhnliche Feste und Feierlichkeiten stattgefunden:

Am 24. Juni 1880 waren es fünfundzwanzig Jahre seit dem denkwürdigen Tage, an welchem für die seit ausgangs

143

1854 zu einer Gemeinde vereinigten Katholiken von Mankato durch Bischof Cretin der erste sonntägliche Gottesdienst gehalten wurde (vergl. S. 22 und S. 32). Dieses Silbernen Jubiläums der Gemeinde war man eingedenk und feierte es auch, aber ganz in der Stille, indem die Feier, zu der keinerlei größere Vorbereitungen getroffen und keine Festgäste geladen waren, sich lediglich auf die Kirche beschränkte und in einem zur Danksagung celebrirten Hochamte mit Predigt bestand.

Sonntag, den 7. Juni 1885 feierte der hochw. P. Martin Dentinger, C. PP. S., der erste, aus der St. Peter und Pauls Gemeinde von Mankato hervorgegangene Priester,—er hatte am 30. Mai desselben Jahres zu Cincinnati, O., die Priesterweihe empfangen—seine erste hl. Messe in unserer Kirche, zur großen Freude seiner Angehörigen und der ganzen Gemeinde. Seitdem sind bereits eine Anzahl anderer junger Männer aus der Gemeinde dem Berufe zum Ordens- und Priesterstande gefolgt, die aber noch in der, lange Jahre dauernden, Vorbereitung auf die hl. Weihen sich befinden. Indessen dürfte bis zum Jahre 1905, dem Goldenen Jubeljahre der Gemeinde, einer oder der andere aus ihnen das Ziel erreicht haben. Gott gebe es!—

Vom 17. bis 19. Oktober 1887 tagte in Mankato die Jahresversammlung der Direktoren des Römisch Katholischen Unterstützungsvereins von Minnesota. Nachdem am 17. abends der Empfang der Delegaten und Festgäste, worunter eine Anzahl Priester, in unserer Schulhalle stattgefunden und der Mayor der Stadt Mankato bei dieser Gelegenheit eine Begrüßungsrede an sie gehalten hatte, war am folgenden Morgen in der Kirche feierliches Requiem=Hochamt für die verstorbenen Mitglieder des Unterstützungsvereines mit Predigt. Darauf ordneten sich die katholischen Männer= und Jünglings= vereine von Mankato selbst, sowie von den am Feste sich betheiligenden Nachbarstädten zu einem glanzvollen Umzuge durch die festlich geschmückten Straßen der Stadt, der sich zu einer imposanten Kundgebung katholischen Lebens gestaltete. Nachmittags war geschlossene Versammlung der Delegaten in der Schulhalle.

Ebenso seltene, wie eindrucksvolle Feierlichkeiten waren diejenigen, die zur Feier der **Heilig- oder Seligsprechung** von Dienern Gottes aus der Gesellschaft Jesu abgehalten wurden. So wurde im Jahre 1883 am 19. August, 9. September, und 4. November, drei Sonntagen, die Heiligsprechung der Seligen Johannes **Berchmans**, **Petrus Claver** und **Alphons Rodriguez**, vom 4. bis 6. März 1894 die Seligsprechung der Märtyrer **Rudolph Aquaviva und Genossen**, endlich vom 6. bis 8 Dezember 1896 die Seligsprechung des Ehrwürdigen **Bernardin Realino** in unserer Kirche festlich begangen.

Ein Fest verwandter Art war die Feier vom 21. Juni 1891, an welchem Tage es **dreihundert Jahre waren seit dem kostbaren Tode des hl. Aloysius von Gonzaga.** Dieser dreihundertjährige Gedächtnißtag wurde in unserer Kirche mit besonderem Glanze gefeiert. Eine dreitägige Andacht zur Vorbereitung auf das Fest ging demselben vorher. Täglich während dieses Triduums war morgens levitirtes Hochamt, abends Aloysius-Andacht und Predigt. Am Feste selbst, einem Sonntage, wurde vom hochwürdigsten Bischofe der Diöcese, Mgr. Cotter, der, einer Einladung Folge leistend, zur Verherrlichung des Festes nach Mankato gekommen war, ein Pontifikalamt gehalten. Nachmittags war feierliche Aufnahme von neuen Mitgliedern in die Jünglingssodalität.

Von öffentlichen und regelmäßig wiederkehrenden **Andachten** ist an erster Stelle zu erwähnen: Das **vierzigstündige Gebet.** Im Jahre 1878 wurde es in unserer Kirche zum ersten Male gehalten, seither jährlich zu gelegener Zeit, und ist anzuerkennen, daß die Betheiligung der Vereine und der Gemeinde überhaupt an diesen gnadenreichen Anbetungsstunden immer eine recht eifrige und erbauliche zu sein pflegte. Dann die **Maiandacht**. Sie findet während des Maimonates täglich abends statt, die Sonntage ausgenommen, an denen die Maiandacht mit dem Nachmittagsgottesdienste verbunden wird.

Die **Bruderschafts-Andacht vom guten Tode**, die Sonntag nachmittags monatlich einmal mit Predigt und Segen abgehalten wird, wurde am 21. September 1879 eingeführt.

Seit dem 7. November desselben Jahres ist an jedem ersten Freitage im Monat **Herz-Jesu Andacht** mit Gottesdienst am Abend.

Hinsichtlich der seit 1874 in der St. Peter und Pauls Gemeinde ins Leben gerufenen **Vereine** und **Sodalitäten** verweisen wir auf den II. Theil dieses Buches. Hier sei nur des unter den Schulkindern bestehenden **Kindheit-Jesu Vereines** gedacht, der im Jahre 1881 am 6. Januar, dem Feste der Erscheinung des Herrn, gegründet wurde. An diesem Tage im Jahre hat der Verein — er hat bekanntlich den Loskauf und die Rettung von Heidenkindern in Missionsländern zum Zwecke — sein Hauptfest, welches mit besonderem Gottesdienste für unsere Kinder und dem festlichen Umzuge derselben durch die Kirche gefeiert wird.

Das hl. Sakrament der **Firmung** ist in den 25 Jahren*) in unserer Kirche **achtmal** gespendet worden, und zwar:

Am 1. Oktober 1876, durch den Hochwürdigsten Mgr. John Ireland, damals noch Coadjutor-Bischof von St. Paul.

---

*) **Vor** dem Jahre 1874 ist der Bischof (Mgr. Grace) viermal zur Firmung nach Mankato gekommen, nämlich in den Jahren 1860, 1864, 1866 und 1868. Das fünfte Mal firmte er hier bei Gelegenheit der Einweihung der neuen Kirche, am 23. November 1873 (vergl. S. 123).

Am 10. November 1878 und 9. Oktober 1881, durch denselben.

Am 5. Juli 1885, durch den hochwürdigsten Mgr. Thomas L. Grace, nachdem er bereits im Vorjahre sein Amt als Bischof von St. Paul niedergelegt hatte. Es war das auch das letzte Mal vor seinem Tode, daß der greise Bischof, der für unsere Gemeinde so viel gethan hat, Mantato besuchte.

Am 12. Oktober 1890, durch den hochwürdigsten Mgr. Joseph Cotter, Bischof der neugegründeten Diöcese Winona.

Am 29. Oktober 1893, 3. November 1895, und 30. Oktober 1898 durch denselben.

Die Gesammtzahl der in den genannten Jahren in unserer Kirche gefirmten Personen ist 1712.

Den drei hl. Missionen, die bis zum Jahre 1873 für die Gemeinde abgehalten wurden, und von denen in den früheren Kapiteln die Rede war, sind ebenso viele seither gefolgt.

Die erste war im Jahre 1883. Sie dauerte zwei Wochen — vom 20. Mai bis zum 3. Juni — und wurde von den Jesuitenpatres Wilhelm Becker, Franz X. Neubrand und Johannes B. Aschenbrenner gegeben. Da damals noch die Katholiken englischer Zunge zu unserer Gemeinde gehörten, so wurde in der ersten Woche die Mission für sie gehalten und daher nur auf englisch gepredigt. Die zweite Woche nur für die Deutschen. Ungefähr 1200 Communionen wurden in dieser Mission gespendet.

Die zweite Mission wurde von den Patres Martin Port, S. J., und Nitolaus Simeon, S. J., vom 18. Oktober bis zum 1. November 1891 gegeben, und zwar in der ersten Woche für die Frauen und Jungfrauen, in der zweiten für die Männer und Jünglinge. Die Communionen erreichten die Zahl von 1500.

In der dritten Mission, — vom 6. bis zum 17. November 1898 — die von den P P. Anton von Haza=Radlitz, S. J., und Franz X. Neubrand, S. J., abgehalten wurde, empfingen weit über 1700 Personen die hl. Communion. Daraus ließe sich — wenn wir drei Communikanten auf die Familie rechnen — die Zahl der zur Gemeinde gehörenden Familien annähernd auf sechshundert Familien bestimmen, eine Schätzung, die der Wirklichkeit ziemlich entspricht.

Ist in Bezug auf die Zahl der Missionscommunionen von einer Mission zur anderen ein Fortschritt wahrzunehmen, ungeachtet daß i. J. 1884 an die achtzig irische Familien behufs Bildung einer eigenen Gemeinde aus der St. Peter und Pauls Gemeinde ausschieden, so läßt sich ebenso hinsichtlich der **jährlichen Communionen** eine Zunahme constatieren. Als anfangs 1874 die Jesuitenväter die Seelsorge an der Gemeinde übernahmen, überstiegen am Ende besagten Jahres die während desselben ausgetheilten Communionen nicht die Zahl 4500. Jetzt dagegen belaufen sich die jährlich in unserer Kirche gespendeten Communionen auf durchschnittlich 12,000.

Fügen wir dem noch die folgenden **statistischen Angaben** bei. In den 25 Jahren seit dem 1. Januar 1874 — 1. Januar 1899 betrug in der St. Peter und Paulskirche zu Mankato die Zahl der

Taufen: 3129.

Erstcommunikanten: 1855 (893 Knaben, 963 Mädchen).

Trauungen: 568.

Begräbnisse: 1034.

Was die Zahl der Begräbnisse anbetrifft, so ist zu bemerken, daß sie wohl um mehr als 100 niedriger sein würde, wäre die große Sterblichkeit von 1878 und 1879 nicht gewesen. Während nämlich selbst seit den letzten zehn Jahren — in denen doch zugleich mit dem Wachsthume der Gemeinde auch die Sterblichkeitsrate derselben im Vergleiche zu früher nicht unbeträchtlich zugenommen hat — die Zahl der Todesfälle in keinem Jahre höher stieg, als 56; so starben dagegen im Jahre 1878 nicht weniger als 82 und im darauffolgenden Jahre sogar 93 Gemeindeangehörige. Von den 82 waren aber 54, von den 93 waren 70 noch K i n d e r u n t e r z w ö l f J a h r e n, so daß mithin allein in den zwei Jahren 124 (hundertvierundzwanzig) Kinder aus unserer Gemeinde gestorben sind.

Was war die Ursache dieser erschrecklichen Sterblichkeit unter den Kleinen? Das war die damals in Mankato und Umgegend epidemisch auftretende, unter dem Namen „Diphtheria" bekannte Halskrankheit, diese grausame Kindermörderin, die in jenen zwei Jahren zahlreiche Familie heimsuchte. Wie manche Eltern sahen da blutenden Herzens einen ihrer kleinen Lieblinge nach dem anderen von der heimtückischen Krankheit angefallen und auf qualvolle Weise erwürgt. Doch wenn auch die Menschen trauerten, so frohlockten doch die Engel Gottes ob der großen Schaar von Kinderseelen, die, strahlend in dem bräutlichen Gewande ihrer Taufunschuld, aus dem irdischen Thränenthale ihren Flug zum Himmel nahmen, um ihnen beigezählt zu werden.

4. Die Schule.

Als die neue Kirche soweit vollendet war, daß sie zur Abhaltung des Gottesdienstes benutzt werden konnte, hörte das obere Stockwerk in dem alten Steingebäude an Ecke von Fünfter- und Mainstraße auf, Kirche zu sein, und konnte nun ganz zur Schule geschlagen werden, nachdem es derselben schon geraume Zeit vorher wenigstens theilweise hatte dienen müssen. Dadurch wurde für die Schule Raum gewonnen. Indessen, da das Steinhaus nach wie vor auch Schwesternwohnung blieb, so war dieser Raumgewinn nicht so groß, daß er auf die Dauer von Bedeutung sein konnte. Dafür war die Zahl der Schulkinder zu stark in der Zunahme begriffen.

In kurzer Zeit waren denn auch die neugewonnenen Räumlichkeiten kaum mehr ausreichend, und konnte es nicht mehr lange dauern, bis man sich genöthigt sehen würde, eine Menge Kinder zum Schaden ihrer Seelen und der Religion überhaupt wegen Raummangels von der Aufnahme in die katholische Schule auszuschließen. So geschah es, daß, als kaum die neue Kirche gebaut war, auch schon die Nothwendigkeit einer n e u e n S c h u l e handgreiflich zu Tage trat, einer Schule, die für den Nachwuchs einer großen Gemeinde auf lange Jahre hinaus auszureichen im Stande wäre und zu der großen Kirche paßte. Denn wo hierzulande neben einer großen Pfarrkirche nur eine kleine und unbedeutende Pfarrschule — wenn überhaupt eine — steht, da hat man umsonst die große Kirche gebaut. Anstatt im Laufe der Zeit mit Gemeindeangehörigen sich mehr und mehr zu füllen, wird diese Kirche immer leerer werden, in dem Maße, wie die Gemeinde zerbröckelt. Besondere Umstände mögen diesen Auflösungsproceß verlangsamen, aber demungeachtet bleibt das die Regel, daß die zum Wachsthum und Gedeihen, ja, zum Fortbestande erforderlichen Bedingungen für eine katholische Pfarrgemeinde in ihrer Pfarrschule liegen, ähnlich wie der Baum seine Lebenssäfte aus dem Erdreiche bezieht, in welchem er wurzelt.

Aus diesem Grunde war die erste Sorge der Jesuitenväter nach Uebernahme der St. Peter und Pauls Gemeinde in Mankato darauf gerichtet, eine allen Auforderungen genügende Pfarrschule zu bauen. Sobald es nur thunlich war, wurde die Ausführung des geplanten Baues ins Werk gesetzt.

Bereits im September 1874 wurde der im Bausache wohlausgebildete und erfahrene Laienbruder K a r l H a l f m a n n, S. J.,*) von seinen Oberen nach Mankato geschickt zu dem Zwecke, die Pläne für das neue Schulgebäude anzufertigen und den Bau zu leiten. Unter seiner Leitung wurde denn auch das große Gebäude aufgeführt, weßhalb er bis zum 13. Juni 1876, wo es nahezu vollendet war, in Mankato verweilte.

Der zwischen der alten und der neuen Kirche leergebliebene

---

*) Br. Karl Halfmann, S. J., auf den sich noch Manche unserer Leser wohl erinnern werden, starb fromm im Herrn zu Baffalo, N. Y., am 8. April 1898, im 66sten Jahre seines Alters und im 40sten seines Ordenslebens. R. I. P.

Raum an der Fünften Straße gelangte jetzt zur Erfüllung des einzigen Zweckes, den er haben konnte. Er wurde der Bauplatz für die neue Schule. Am 27. April 1875 wurde mit den Ausgrabungen für die Fundamente begonnen. Auch hier leisteten wieder wackere Männer aus der Gemeinde bei den Erdarbeiten und später bei Herbeischaffung des Baumaterials freiwillige und uneigennützige Dienste.

Bis zum 11. Juli desselben Jahres war man mit den Arbeiten so weit gediehen, daß an diesem Tage die feierliche Grundsteinlegung zu der neuen Schule stattfinden konnte. Zu derselben war der hochw. John Ireland, damals noch einfacher Priester und Sekretär des Bischofs Grace, eingeladen und hielt bei der Gelegenheit eine englische Predigt. Der Pfarrer, der hochw. P. Schnitzler, predigte deutsch.

Ein Jahr später war das Gebäude so weit fertig, daß es bereits seiner Bestimmung dienen konnte. Am 4. September 1876 wurde das neue Schuljahr in der neuen Schule eröffnet. Damit hörte das alte Steinhaus auf, Schule zu sein. Es blieb von nun an ausschließlich die Wohnung der Schulschwestern, bis diese im Jahre 1886 ihr neues und schöneres Heim im Sommereisen'schen Hause bezogen.

Am 26. September wurde in der im Erdgeschosse (Basement) eingerichteten Kapelle zum ersten Male Messe gelesen, und von da an wurde während der Wintermonate die „Basement"-Kapelle an Werktagen, die Kirche dagegen nur an Sonn- und Feiertagen benutzt. Erst seit im Jahre 1891 die Luftheizung in der Kirche eingerichtet wurde, wird Sommer und Winter aller Gottesdienst auch während der Woche in der Kirche gehalten.

Am 27. September vertauschten P. Schnitzler und die übrigen Patres das hinter der Kirche gelegene Pfarrhaus, welches sie seit ihrer Ankunft in Mankato bewohnt hatten, mit der im neuen Schulgebäude für sie eingerichteten Priesterwohnung. Diese befand sich in dem von den Schullokalen abgetrennten

Die St. Peter und Paulsschule.
(Eingeweiht am 1. Oktober 1876.)

Theile des Hauses, den die in Mankato stationierten Jesuiten=
väter noch heute ihr Heim nennen. Das alte Pfarrhaus hinter
der Kirche war von nun an zumeist an Privatleute vermiethet,
eine Reihe von Jahren diente es auch dem an der Pfarrschule
angestellten weltlichen Lehrer zur Wohnung.

Am Sonntag den 1. Oktober nachmittags erhielt die neue
Schule in feierlicher Weise die kirchliche Weihe. Dieselbe wurde
vollzogen durch den hochwürdigsten Mgr. John Ireland,
denselben, der bei der Grundsteinlegung im Vorjahre zugegen
gewesen, aber inzwischen zur Würde eines Coadjutor=Bischofs
von St. Paul emporgestiegen war. Er hatte am Morgen des=
selben Tages in unserer Kirche gefirmt. Auch jetzt, bei der
Einweihung, hielt er wieder eine Anrede an die zahlreich Ver=
sammelten. Er sprach über die Pflicht katholischer Eltern, ihre
Kinder in die katholische Schule zu schicken. —

Das unter Mühen und Sorgen erstrebte Ziel war erreicht.
Die neue Schule stand vollendet da, und blieben auch noch Bau=
kosten abzutragen, so war doch für deren Tilgung in absehbarer
Zeit alle Sicherheit geboten. In der That wurde mit den auf
dem Gebäude lastenden Schulden bereits soweit aufgeräumt,
daß auch der letzte Rest derselben mit Leichtigkeit getilgt werden
kann.

Die neue Schule durfte sich neben der neuen Kirche wohl
sehen lassen. Durch ihre Höhe und ihre langgestreckte Front,
durch ihre die Stadt beherrschende Lage zieht sie schon von Wei=
tem die Aufmerksamkeit des Ankömmlings auf sich. Ueber
einem massiven Erdgeschosse aus Quadersteinen erhebt sich in
vier Stockwerken der aus graugelben Ziegeln — dem gleichen
Materiale wie die Kirche — aufgeführte Oberbau. Das an
die Kirche sich anschließende und gleich dieser mit der Front der
Fünften Straße zugekehrte Gebäude mißt 150 Fuß in der
Länge bei einer Breite von 64 Fuß. Zwei Portale, zu denen
man auf Freitreppen emporsteigt, führen von der Straße ins
Innere. Durch das näher bei der Kirche befindliche gelangt

man in die Priesterwohnung, durch das andere in die eigentliche Schule. Dieselbe enthält außer den acht geräumigen, hohen und hellen Schulzimmern und der schon erwähnten Basement=Kapelle einen durch zwei Stockwerke emporstrebenden Saal, in dem sich eine für dramatische Unterhaltungen bestimmte Bühne befindet.

Diese „Halle" ist, die Bühne mitgerechnet, 94 Fuß lang. Ihre Breite beträgt 56 Fuß. An der der Bühne gegenüber=liegenden Wand befindet sich ungefähr in halber Höhe eine Tribüne. Auch ohne diese, die wenig benutzt wird, faßt die Halle achthundert Sitzplätze. Die 19 Fuß tiefe Bühne ist 23 Fuß weit und 14 Fuß hoch in der Oeffnung, die der Vorhang schließt. Derselbe stellt eine von Fräulein I d a K l e i n — jetzt Schwester Gertrudis de Notre Dame — kunstvoll gemalte Schweizerlandschaft vor. Nach und nach wurde die Bühne mit einem hübschen Vorrathe von Decorationen ausgestattet. Die schöne Scenerie, die auf dem die offene Bühne darstellenden Bilde zu sehen ist, wurde als ein Beitrag zu der beim Jubiläum i. J. 1898 stattfindenden Festvorstellung von Meister M a s= b e r g gemalt.

Im Laufe der Jahre wurden an dem Schulgebäude werth=volle Verbesserungen vorgenommen, insbesondere indem der Anschluß desselben an die städtische Wasserleitung, die Gasbe=leuchtung und die Abzugskanäle hergestellt wurde. Arg mit=genommen wurde das Haus von dem schrecklichen W i r b e l= s t u r m e (Cyclone), der am unvergeßlichen 5. Juni 1880 gegen 10 Uhr vormittags die Stadt Mankato traf. Er entführte dem Gebäude seine Blechbedachung, große Fetzen derselben wie Papier zusammenrollend und nach allen Richtungen schleudernd. Auf den Orkan folgte ein Tage lang anhaltender, in Strömen nie=dergehender Regen, und wenn demungeachtet die schöne, neue Schule vor weiterer Zerstörung bewahrt blieb, so war das nur den vereinten Anstrengungen der zur Hülfeleistung herbeigeeil=ten Leute aus der Gemeinde zu verdanken, die Tag und Nacht

Die Schulhalle mit der Bühne.

arbeiteten, um das seines Daches beraubte Gebäude vor dem Eindringen des fluthenden Regens zu schützen. —

Das Schuljahr 1876 auf '77, das erste in der neuen Schule, wurde mit 189 Kindern eröffnet, die sich auf fünf Klassen vertheilten. Eine davon war eigens für die irischen Kinder neu errichtet worden, die in einer ihrer Nationalität angehörenden Schulschwester eine sehr tüchtige Lehrerin erhielten. Diese Klasse bestand bis zum Ausscheiden der irischen Familien aus der St. Peter und Pauls Gemeinde.

Neu war auch, daß von nun — von 1876 an — für die höchste Knabenklasse ein weltlicher Lehrer angestellt wurde. Der erste war Joseph Karl. Er blieb nur ein Jahr hier, von 1876—'77. Ihm folgte Nikolaus Moes, der zwanzig Jahre an unserer Schule Lehrer war, von September 1877 bis Ende Juni 1898. Sein Nachfolger ist seit September 1898 Franz Süllentrop.

Da es zweckmäßig erschien, den der Elementarschule entwachsenen Knaben Gelegenheit zu geben, fern von den die Jugend in religionslosen öffentlichen Anstalten bedrohenden Gefahren die fürs Geschäftsleben nöthigen Kenntnisse zu erwerben, so wurde der Versuch gemacht, neben der Pfarrschule einen kaufmännischen Lehrcursus, eine sog. „High-School", zu unterhalten. Der erste weltliche Lehrer an dieser höheren Schule war Wilhelm Borget, der von 1875 an in derselben Unterricht ertheilte, bis er i. J. 1878 Mankato mit Toledo, O., vertauschte, um dort an der Schule und Kirche der auch von Jesuitenvätern pastorierten St. Marien-Gemeinde die Stelle eines Lehrers und Organisten anzutreten. Unter verschiedenen Lehrern ward dann die Schule noch eine Zeit lang fortgesetzt, im Frühjahre 1880 aber endgültig aufgegeben. Der Erfolg, den man bis dahin mit dem Versuche erzielt hatte, war zu sehr hinter den gehegten Erwartungen zurückgeblieben.

Unterdessen wuchs und gedieh die Pfarrschule in der erfreulichsten Weise. Hatte noch bei der Einweihung der neuen

Schule i. J. 1876 die Zahl der Schulkinder nicht ganz 200 betragen, so stieg sie bereits vier Jahre später — i. J. 1880 — auf 373 und nach zehn weiteren Jahren — im Schuljahre 1889 bis '90 — auf 502. Gegenwärtig wird die Schule von mehr als 600 Kindern besucht.

Und mit dem äußeren Wachsthume der Schule hielt auch ihre innere Entwickelung und Vervollkommnung gleichen Schritt, was nicht zum Wenigsten der mit Recht gerühmten Tüchtigkeit der Schwestern de Notre Dame als Lehrerinnen zu verdanken ist. Die jedes Jahr vor Ostern stattfindenden öffentlichen Prüfungen der einzelnen Klassen, ja, selbst das für das jugendliche Alter bemerkenswerthe Verständniß und Geschick, mit welchem unsere Kinder bei ihren gelegentlichen Bühnenspielen sich ihrer Aufgabe entledigen, die dabei an den Tag gelegte Fertigkeit in beiden Sprachen, der englischen und der deutschen: das sind ebenso viele beredte und unwiderlegbare Zeugen zu Gunsten unserer Schule.

Soviel ist gewiß, daß es ein gänzlich unbegründetes Vorurtheil wäre, zu glauben, die öffentlichen Schulen erzielten bessere Erfolge. Thatsachen beweisen eher das Gegentheil. Wohl mag es vorkommen, daß Eltern, deren Kinder in der Schule nur geringe Fortschritte machen, in ihrem Verdrusse das der Schule und den Lehrern in die Schuhe schieben möchten. Aber wenn sie nicht verblendet wären, so könnten sie sich leicht überzeugen, daß die Schuld lediglich an der Talentlosigkeit, oder an dem Unfleiße, vielleicht auch an dem unregelmäßigen Schulbesuche ihrer Kinder liegt, und daß dieselben Kinder in jeder anderen Schule nicht mehr, wahrscheinlich noch weniger lernen würden. —

In dem Maße, wie mit der Zeit die Zahl der Klassen in der Schule sich mehrte, vergrößerte sich auch die Communität unserer Lehrschwestern. Zu ihrer Lokaloberin in Mankato hatten dieselben i. J. 1874, als die Jesuitenpatres die St. Peter und Paulsgemeinde übernahmen, Schwester A n t o n i a

Knaben der St. Peter und Paulsschule i. J. 1899.

Batcher. Sie stand dem hiesigen Schwesternhause volle neunzehn Jahre vor, vom 24. August 1872 bis zu ihrem Abgange von Mankato am 1. September 1891. Ihr folgte als Oberin Schwester Bathildis Kösterer. Für sie sollte Mankato die letzte Station auf der irdischen Pilgerfahrt sein. Nach langer und schmerzlicher, mit großer Geduld ertragener Krankheit starb sie hier eines überaus erbaulichen Todes am 18. November 1896, tief betrauert nicht bloß von ihren Mitschwestern, denen sie eine liebevolle Mutter gewesen, sondern auch von zahlreichen Priestern sowohl, wie Laien, die sie im Leben gekannt und geschätzt hatten. Jetzt ruht sie auf unserem Calvarienkirchhofe neben der am 10. Dezember 1875 auch in Mankato verstorbenen Schwester Ferriola Chretien. Zwei einfache Holzkreuze bei der Kirchhofskapelle bezeichnen die Gräber der beiden demüthigen Ordensfrauen. R. I. P.

Seit dem Tode der Schwester Bathildis bekleidet das Amt der Lokaloberin die seit 1876 dem hiesigen Schwesternhause und dem Lehrkörper unserer Schule angehörende Schwester Hieronymo Schrage.

Die übrigen Schwestern, die zur Zeit an unserer Schule lehren, sind die folgenden:

Schw. Lumena Hoffmann, Lehrerin der IV. (höchsten) Mädchenklasse.

Schw. Dignata Meyer, Lehrerin der III. Knabenklasse.

Schw. Regnalda Göden, Lehrerin der III. Mädchenklasse.

Schw. Isidora Schumacher, Lehrerin der II. Knabenklasse.

Schw. Gerina Peth, Lehrerin der II. Mädchenklasse.

Schw. Remigia Oberhöfner, Lehrerin der I. (untersten) Knabenklasse.

Schw. Norberta Schnorr, Lehrerin der kleinsten Knaben und Mädchen.

Schw. Cölina Meinhard, Lehrerin der Musik.

In einer von berufstreuen Ordensfrauen geleiteten Schule weht der Geist einer lauteren und opferfreudigen Gottesliebe. Da kann es nicht ausbleiben, daß unter dem warmen Hauche desselben in manchen unverdorbenen Kinderherzen auch ohne menschliches Zuthun der großmüthige Entschluß, der Welt zu entsagen, um Gott allein anzugehören, allmählig aufkeimt und zur Reife gelangt. Das hat sich, wie anderswo, so auch in Mankato bewahrheitet. Seit unsere Pfarrschule besteht, sind aus ihr bis jetzt nicht weniger als dreiundvierzig Mädchen hervorgegangen, die, von dem Tugendbeispiele ihrer Lehrerinnen angezogen, gleich diesen der Genossenschaft der Schulschwestern de Notre Dame sich angeschlossen haben.

Von den Knaben aber, die unserer Gemeinde angehörenden Familien entsprossen sind und unsere Pfarrschule besucht haben, ist einer bereits Priester bei den Vätern vom Kostbaren Blute, der, wie oben berichtet wurde, seine Primiz in unserer Kirche gefeiert hat, neun andere befinden sich in der Vorbereitung auf den Priesterstand in der Gesellschaft Jesu, einer ist Laienbruder derselben Gesellschaft.

5. Der Gottesacker.

Im VI. Kapitel (S. 51) erzählten wir, unter welchen Umständen und wo die katholische Gemeinde von Mankato im Jahre 1857 ihren Kirchhof anlegte, und bemerkten hinsichtlich des für denselben ausgewählten Ortes, die Wahl sei keine glückliche gewesen. Das war sie nicht aus verschiedenen Gründen, wie sich in der Folge zeigte. Namentlich mußte es bedenklich erscheinen, daß der Kirchhof bei dem fortschreitenden Wachsthume Mankatos allmählig innerhalb des Stadtgebietes zu liegen kam und deßhalb eines Tages gesetzlich condemnirt werden konnte. Anstatt daher den überfüllten Kirchhof durch Ankauf neuer anliegender Grundstücke zu erweitern, wollte man lieber in günstigerer Lage einen neuen anlegen, eine Ansicht

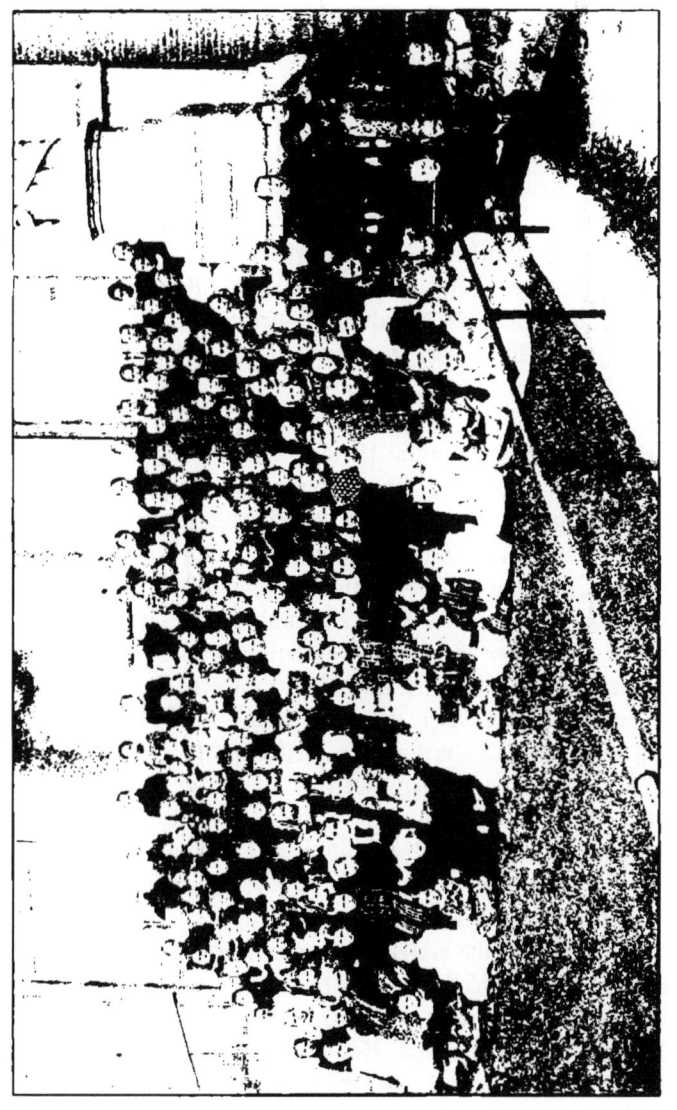

Mädchen der St Peter und Paulsschule i. J. 1899.

die von den Gemeindeangehörigen bald allgemein getheilt wurde.

So geschah es, daß behufs Anlage eines neuen Kirchhofes im November 1885 ein zum Thomas Rieger'schen Nachlasse gehörendes, an der östlichen Stadtgrenze gelegenes und 40 Acres großes Grundstück um den Preis von $2020 käuflich erworben wurde. Die Kaufsumme wurde aus den Fonds der St. Peter und Pauls Gemeinde bestritten, womit besagtes Grundstück in den Besitz dieser Gemeinde überging. Im Uebrigen haben, was die Benutzung desselben als Begräbnißplatz angeht, die Mitglieder der katholischen St. John's Gemeinde die gleichen Rechte mit denen von der St. Peter und Pauls Gemeinde.

Ein passendes Grundstück für den neuen Gottesacker hatte man, aber nun mußte der Gottesacker auch angelegt werden. Die zu dem Zwecke erforderlichen Arbeiten wurden im Jahre 1886 aufgenommen. Damit begann die Thätigkeit des in der Person von Johann Klein zum Kirchhofs-Intendanten ernannten Mannes. Von dem Augenblicke, da er sein Amt antrat, bis auf den heutigen Tag hat er demselben in einer Weise vorgestanden, die aller Anerkennung werth ist. Ihm gebührt das Verdienst, den neuen Kirchhof — Calvarienkirchhof genannt — mit vielem Fleiß und liebender Sorgfalt zu dem gemacht zu haben, was er ohne Zweifel ist: ein Gottesacker, wie einen schöneren, besser angelegten, besser gepflegten andere katholische Gemeinden weit und breit im Lande nicht aufzuweisen haben, so zwar, daß er die Bewunderung aller fremden Besucher erregt.

Bereits im Herbste desselben Jahres 1886 waren die Anlagen des neuen Kirchhofes soweit vollendet, daß derselbe der Benutzung übergeben werden konnte. Am 5. November fand das erste Begräbniß auf dem Calvarienfriedhofe statt. Von da an wurden die Ueberreste sehr vieler auf dem alten Kirchhofe bestatteter Todten, wenigstens derer, die noch überlebende Angehörige in Mankato hatten, nach und nach auf den neuen

Gottesacker übertragen und da beigesetzt. Daher kommt es, daß bereits ein ansehnlicher Theil desselben mit Gräbern angefüllt erscheint. Viele dieser Gräber schmücken kostbare, aus Marmor, Granit und anderem Gestein gehauene Monumente.

Genau im Mittelpunkte des Calvarienkirchhofes steht die aus Mankato=Bruchstein aufgeführte, hübsche Grabkapelle. Nach ihrer Vollendung wurde sie am Allerseelentage 1895 durch den hochwürdigsten Bischof Cotter von Winona eingeweiht, bei welcher Gelegenheit auch der ganze neue Kirchhof seine kirchliche Weihe erhielt. Bis dahin hatte man sich darauf beschränkt, jedes neue Grab einzeln für sich zu benediciren.

Diese Einweihung des Gottesackers mit seiner Kapelle war eine große, erhebende Feierlichkeit für beide katholische Gemeinden von Mankato. Zu einer imposanten Prozession geordnet, zogen die Vereine von der Kirche aus nach dem Calvarienkirchhofe. Dort wurde, nach vollzogener Einweihung der Kapelle und des Altars in derselben, in dem neugeweihten Heiligthume ein feierliches Requiem=Hochamt celebrirt, bei welchem mit den Priestern von der St. Peter und Pauls Gemeinde auch der Pfarrer von der St. John's Gemeinde, der hochw. John Prior, assistirte. Der Bischof hielt eine ergreifende Ansprache an die auf dem weiten Gottesacker versammelte, tausendköpfige Volksmenge. P. Sigg predigte deutsch.

Unter der Kapelle befindet sich eine zur letzten Ruhestätte von Vätern und Brüdern aus der Gesellschaft Jesu bestimmte Gruft. Der kunstvoll gearbeitete Marmoraltar in der Kapelle — ein Geschenk von Friedrich Kron — ist ein Werk von Meister Masberg, dem auch die schönsten und stylvollsten Grabmonumente auf dem Kirchhofe ihren Ursprung verdanken.

Am 19. April 1896 fand auf dem Calvarienkirchhofe wieder eine eindrucksvolle Feierlichkeit im Beisein einer großen Zahl von Andächtigen statt. Zwei neue Statuen, die über dem Altare in der Grabkapelle ihren Platz gefunden hatten, wurden geweiht. Vater Prior von der St. John's Kirche hielt bei der

Kapelle auf dem Calvarienfriedhofe.

Gelegenheit eine englische, P. Suter eine deutsche Predigt.

Die eine von den Statuen stellt den glorreich auferstandenen Heiland vor, wie er, strahlend von himmlischer Hoheit und Verklärung, aus der Grabeshöhle hervorgeht, die andere den die Auferstehung verkündenden Engel. Er deutet mit der Hand auf den vom Grabe weggewälzten Stein, der in leuchtenden Schriftzügen die Inschrift trägt: „Er ist auferstanden."

Könnte es wohl ein passenderes Bildwerk für den Altar einer Grabkapelle geben? Im auferstandenen Heilande liegt der Trost und die Hoffnung des Christen. Er hat auf dem Kirchhofe begraben, was ihm das Liebste war auf Erden, bald wird auch für ihn ein Grab bereitet werden. Aber ein Blick auf das Bild des Auferstandenen belehrt ihn, daß Tod und Trennung nicht ewig währen, da die in Christus Entschlafenen auch in Christus wieder auferstehen. Und in dem aus dem leeren Grabe des Auferstandenen hervorbrechenden Lichte eines neuen Lebens erscheint ihm der Kirchhof mit seinen vielen Gräbern in Wahrheit als ein Gottesacker, ein Acker des himmlischen Hausvaters, in welchem die Leiber der Todten wie eine Aussaat ruhen. Eine Aussaat, die zu neuem Leben aufgehen und zugleich zur Ernte reif sein wird an jenem Tage, an welchem der Herr seine Engel als die Schnitter aussenden wird, um den vom Unkraute geschiedenen Weizen in seine himmlischen Scheunen zu sammeln.—

6. Das Spital.

Seit dem Jahre 1897 beherbergt die Stadt Mankato in ihren Mauern eine Zweigniederlassung der zur Krankenpflege gegründeten Genossenschaft der Schwestern „von der Schmerzhaften Mutter", die zur Zeit ein neues Spital bauen. Obgleich dieses Spital an sich nicht zur St. Peter und Pauls Gemeinde gehört, so steht es doch zu derselben in so nahen Beziehungen, daß ihm in ihrer Geschichte ein Platz gebührt.

Schon lange war es der Wunsch der Bestgesinnten in der

St. Peter und Pauls Gemeinde, ein tüchtiges, von katholischen Krankenschwestern geleitetes Spital in Mankato zu haben. Aber es stand das kleine Stadtspital — nach seinem Stifter Tourtellotte=Spital genannt—im Wege. Denn man scheute sich, dieser Stiftung, so unbedeutend sie war, durch Gründung eines zweiten und besseren Spitals das Wasser abzugraben. Glücklicherweise kam der städtische Vorstand des Tourtellotte=Spitals schließlich selbst zur Einsicht, daß es wohl weit vortheilhafter für die Anstalt sein möchte, wenn sie, anstatt von weltlichen Krankenpflegerinnen, von solchen, die einem katholischen Orden angehörten, besorgt würde.

Daraufhin gab sich der Pfarrer der St. Peter und Pauls Gemeinde, der hochw. P. Suter, S. J., große Mühe, katholische Krankenschwestern für die Stadt Mankato zu gewinnen. Nach verschiedenen vergeblichen Versuchen gelang es ihm endlich, von den Schwestern „von der Schmerzhaften Mutter" eine Zusage zu erlangen. Die Genossenschaft „von der Schmerzhaften Mutter" besteht aus nur deutschen Schwestern, ist aber in Rom gegründet worden. Erst kürzlich wurden ihre Regeln vom Papste approbirt. Das Mutterhaus der ganzen Genossenschaft befindet sich in Rom, das für Amerika in Marshfield, Wisconsin.

Am 29. April 1897 kamen die vier ersten Schwestern aus dieser Genossenschaft in Mankato an, worauf anfangs Mai der Verwaltungsrath des Tourtellotte = Spitales mit Gutheißung des Stadtrathes einen Vertrag mit den Schwestern abschloß, gemäß welchem ihnen gegen eine bestimmte Entschädigung die Besorgung besagten Spitales auf ein Jahr übertragen wurde.

Aber noch war das Jahr nicht um, als schon die Schwestern das Zutrauen der Bevölkerung in so hohem Grade sich erworben hatten, daß allgemein der Wunsch sich äußerte, sie sollten für immer hier bleiben und ihr eigenes Spital haben, um so mehr, als das Tourtellotte=Spital mit seinen primitiven Einrichtungen den heutzutage gestellten Anforderungen nicht genügen konnte.

Während daher die Stadt nach Ablauf dieses ersten Jahres den Contrakt, betreffend die Ueberlassung des städtischen Spitales an die Schwestern, mit diesen erneuerte, ja, auf zehn weitere Jahre ausdehnte, machten sich die Katholiken von Mankato anheischig, für die Schwestern zur Errichtung ihres eigenen Spitales in dieser Stadt einen Beitrag von $6000 aufzubringen, wofern die Schwestern willens wären, wenigstens weitere $18,000 aus ihren eigenen Mitteln auf den Bau zu verwenden.

Die Schwestern erklärten sich bereit, unter solchen Bedingungen ein neues Spital zu bauen, was indessen nicht hindern sollte, daß sie, dem mit der Stadt abgeschlossenen Contrakte gemäß, die Besorgung des städtischen Tourtellotte = Spitals bis auf Weiteres fortführten.

Sehr glücklich traf es sich, daß gerade um die Zeit das für ein Spital sehr passend gelegene Besitzthum des verstorbenen John A. Willard käuflich war. Die Schwestern griffen zu und erwarben den ganzen Grundbesitz mit dem schönen, geräumigen Wohnhause darauf und den anderen Gebäulichkeiten um den Preis von $9900. Während einstweilen das Willard'sche Haus als Spital diente, wurde der prächtige Neubau begonnen. Zur Zeit naht er sich seiner Vollendung. Das Gebäude, welches eine neue Zierde der Stadt Mankato bildet, wird mit der inneren Einrichtung auf ungefähr $35,000 zu stehen kommen.

So hat denn die St. Peter und Pauls Gemeinde die Genugthuung, den Anstoß gegeben und kräftig mitgeholfen zu haben zu der Errichtung eines Spitales in dieser Stadt, welches, was moderne Einrichtung angeht, keinem im Nordwesten Amerikas nachsteht und durch die Tüchtigkeit der in der Krankenpflege vorzüglich ausgebildeten Schwestern sich die Achtung und das Vertrauen der Bevölkerung nicht bloß Mankatos, sondern der ganzen Umgegend errungen hat. Dieses Spital macht Mankato auf viele Meilen in der Runde zum Mittelpunkte einer wissenschaftlichen Krankenpflege, die auch in den schwierigsten Fällen allen Anforderungen genügt. Endlich kann es nicht ausbleiben, daß das stille, selbstlose, pflichttreue Wirken der demüthigen Ordensfrauen im Dienste der Kranken zur allgemeinen Auferbauung, zur Zerstreuung der Vorurtheile gegen die Kirche und ihre Orden, und mithin zum großen Nutzen der Religion gereicht.

XII.
Ein Silbernes Jubiläum.

Ungeachtet die St. Peter und Pauls Gemeinde im Jahre 1905 das Goldene Jubiläum ihrer Gründung feiern kann und, wie wir zu Gott hoffen, auf das Freudigste auch feiern wird, — ein Zeitpunkt, der nicht mehr so ferne liegt: so wurde doch, als im Verlaufe des Jahres 1898 der Gedächtnißtag der vor fünfundzwanzig Jahren erfolgten Einweihung der neuen Kirche allmählig näher rückte, der Wunsch immer allgemeiner, auch diesen in der Geschichte der Gemeinde bedeutsamen Tag durch eine seiner würdige Festfeier auszuzeichnen. Demgemäß wurde nach emsigen Zurüstungen dieses S i l b e r n e J u b i l ä u m d e r K i r c h w e i h am Sonntag und Montag den 27. und 28. November 1898 in glanzvoller Weise begangen.

Zahlreiche Festgäste von nah und fern fanden zur Jubelfeier sich ein. Von Missouri und von Kansas kamen Freunde und Verwandte unserer ältesten Ansiedler, auch jenes hochverdienten Mannes, der unter den Gründern der Gemeinde die erste Stelle einnahm, des nun verewigten Michael Hund. Ein Sohn von ihm kam mit seiner Familie zum Feste.

Die hochwürdige Geistlichkeit war durch eine stattliche Anzahl von Priestern aus verschiedenen, zum Theile weit entlegenen Gegenden Minnesotas vertreten. Zur besonderen Freude gereichte es der Gemeinde, den hochw. P. Augustin Wirth, O.S.B., ihren alten, verehrten Seelsorger, den Erbauer der Kirche, bei dem Jubiläum anwesend zu sehen. Zur Erhöhung des Festes trug wesentlich bei die Betheiligung zweier Bischöfe an demselben: des hochwürdigsten Oberhirten der Diöcese Winona, Mgr. Joseph Cotter, und des hochwürdigsten Mgr. Jakob Trobec, des Bischofs von St. Cloud.

Die Jubiläumsfeierlichkeiten begannen am Sonntag Morgen mit einem feierlichen Pontifikal=Amte um 10 Uhr, welches Bischof Cotter celebrirte, während Bischof Trobec im Chore demselben beiwohnte. Bei der heiligen Handlung kam mit Orchesterbegleitung die „Messe zu Ehren des hl. Ludwig" von La Hache zur Aufführung. Der Festredner war Vater Wirth. Er hielt eine gediegene Predigt über die Bedeutung des Tages. Nach dem Amte richtete auch noch Bischof Cotter Worte der Beglückwünschung und Ermunterung an die versammelte Gemeinde. Wohl niemals hat die große Kirche eine größere Menschenmenge in ihren Mauern gesehen.

Das Mittagsmahl, bei welchem Mitglieder der Jünglings=sodalität aufwarteten, wurde von den Bischöfen und Priestern in der festlich geschmückten Schulhalle eingenommen.

Nachmittags hielt Bischof Trobec die feierliche Pontifikal=Vesper. Darauf folgte in der mit Menschen angefüllten Schulhalle und im Beisein der Bischöfe und Priester die von den Schulkindern gegebene Festvorstellung. Dieselbe war von den Schulschwestern auf das Sorgfältigste mit den Kindern vorbereitet worden. Gleich ausgezeichnet durch künstlerische Composition und vollendete Ausführung, gestaltete sie sich zu einem glänzenden Erfolge.

Noch einmal am selben Tage — des Abends um 8 Uhr — sah die Schulhalle die Festgäste und die Gemeinde in ihren Räumen versammelt, dieses Mal zu einer geselligen Zusammenkunft. Orchestermusik belebte dieselbe, Erfrischungen wurden gereicht, die beiden Bischöfe und Vater Wirth hielten mit Humor gewürzte Reden, und alte Ansiedler, namentlich Stephan Lamm und Philipp Hodapp, erzählten von alten Zeiten.

Alle fühlten sich an jenem Abende wie Glieder einer Familie, gemüthlicher Frohsinn herrschte in der Versammlung, und dennoch war die Festfreude nicht ganz ungetrübt. Noch am Vorabende des Jubiläums — Samstag den 26. November — war Leo Lamm, der Brave, der an dem Wohl und Wehe der Gemeinde von ihren ersten Anfängen an so warmen Antheil genommen, ihr und seiner Familie durch den Tod entrissen worden. Fromm, wie er gelebt hat, ist er gestorben. So müssen wir ihn, den wir auf den ersten Blättern dieses Buches noch unter den Lebenden nannten, in diesem letzten Kapitel den Todten beizählen. Gerade ihm verdankten wir bei Sammlung des Materials zu diesem Buche sehr werthvolle Beiträge aus dem reichen Schatze seiner Erinnerungen. Er ruhe im Frieden. Von jenen „sieben Ersten" von St. Charles, Mo., zu denen auch Leo Lamm gehörte, sind jetzt nur noch drei am Leben. —

Der Morgen des Montags, als des zweiten Tages des Jubiläums, war dem Gedächtnisse der verstorbenen Mitglieder der St. Peter und Pauls Gemeinde geweiht. Um 9 Uhr wurde für sie ein feierliches Seelen-Amt gehalten.

Am Abend fand die Jubelfeier einen ebenso würdigen, wie glanzvollen Abschluß in der Aufführung des vom hochw. Johann Oechtering verfaßten, schönen Schauspieles: "Hermigild, or: The two crowns" durch unseren Thalia-Verein, der damit bei den Anwesenden, namentlich bei den Festgästen, große Ehre einlegte. Darunter waren die beiden Bischöfe, die die Vorstellung mit ihrer Gegenwart beehrten, dann außer den Priestern von hier zwölf hochwürdige Herren von auswärts. Bei Allen erntete das vortrefflich aufgeführte und glänzend ausgestattete Spiel ungetheilten Beifall. —

So schloß die Jubelfeier. Von ihr aufs Höchste befriedigt, traten die Festgäste ihre Heimreise an, für die Mitglieder der St. Peter und Pauls Gemeinde aber wird sie unvergeßlich bleiben. Mit diesem Silbernen Kirchweih-Jubiläum ist die

Gemeinde bei einem hervorragenden Marksteine in ihrer Geschichte angelangt, und wenn sie von diesem Punkte aus den zurückgelegten Weg überblickt, so hat sie wohl guten Grund, sich zu freuen und Gottes Güte zu preisen.

Eine Blockhütte in einer Wildniß war ihre Geburtsstätte. Dort trat sie ins Dasein, als am letzten Tage des Jahres 1854 *) die ersten katholischen Ansiedler von Mankato — ein kleines Häuflein — zur Bildung einer Gemeinde sich verbrüderten. Eine Blockhütte war ihre erste Kirche. Unter den ärmlichsten Verhältnissen, kämpfend mit Noth und Entbehrung, mehr als einmal bedroht von den bluttriefenden Tomahawks der rings im Lande mordenden und sengenden Indianer, aber immer wieder durch eine besondere Vorsehung vor dem drohenden Verderben bewahrt: so wuchs sie langsam auf und dünkte sich schon glücklich und reich, als sie es zu einem bescheidenen Steinkirchlein gebracht hatte.

Aber von kleinen Anfängen hat sich diese Gemeinde in weniger als einem halben Jahrhundert zu einer der größten und blühendsten des Nordwestens entwickelt. Eine große, herrliche Kirche und eine Achtung gebietende Pfarrschule nennt sie ihr eigen. Reges katholisches Leben pulsirt in ihr. Und auch der zeitliche Segen ist nicht ausgeblieben. Unsere alten Ansiedler, die vom Lande sowohl, wie die in der Stadt, haben es an sich erfahren, daß, wer zur Erhaltung und Erhöhung der hl. Religion für Gott und seine Kirche gibt, davon nicht ärmer wird.

O, wenn nur die Kinder jener wackeren Männer, die die Gemeinde gründeten, niemals vergessen, wie unverdrossen ihre Väter für die Erhaltung des heiligen, katholischen Glaubens gearbeitet und gedarbt haben, wenn sie, dessen eingedenk, selbst wieder für ihre Nachkommen das kostbare Erbgut des Glaubens in treue Obhut nehmen und für sie zum leuchtenden Beispiele

---

*) Im Jahre 1854 fiel der Sonntag zwischen Weihnachten und Neujahr auf den 31. Dezember. (Siehe S. 22.)

werden durch ein Leben nach dem Glauben, durch echt katholische Gesinnung, durch Opferwilligkeit, durch Eintracht und Liebe unter sich, durch Festhalten an der von biederen, deutschen Vä= tern überkommenen Zucht und Sitte: ja, dann ist es uns nicht bange um die Zukunft der St. Peter und Pauls Gemeinde in Mankato, dann wird der herrliche Baum, der bis jetzt schon aus dem von den Gründern der Gemeinde gepflanzten Reislein emporgewachsen ist, immer herrlicher gedeihen und blühen und Früchte bringen bis in die spätesten Zeiten. Das walte Gott!—

Zweiter Theil.

Verzeichniss
Der Vereine und Mitglieder
der Gemeinde.

I.
Die Vereine.

1. Die Marianischen Sodalitäten.

Unter allen Vereinen der St. Peter und Pauls Gemeinde sind die Sodalitäten, beziehungsweise die Vereine, aus denen sie hervorgegangen sind, die ältesten.

Der Zweck der Marianischen Sodalität ist die Förderung und Pflege eines echt christlichen Lebens in der Ausübung aller religiösen Pflichten und Standestugenden. Die Mittel zum Zwecke sind angemessener Unterricht, freundschaftliches Zusammenhalten untereinander, häufiger Empfang der hl. Sakramente, und namentlich eine ausgezeichnete Verehrung der allerseligsten Jungfrau und Gottesmutter Maria.

Die Frauen-Sodalität.
Gegründet 1875.

Die Frauen-Sodalität ist hervorgegangen aus dem 1871 unter dem damaligen Seelsorger, P. Augustin Wirth, O. S. B., gestifteten Altarverein. Die erste Präsidentin desselben war Frau Michael Hund, die erste Schatzmeisterin Frau Matthias Sontag. Den Zweck dieses früheren Altarvereins, beizutragen zur Ausschmückung des Hauses Gottes, verfolgt neben dem allen Sodalitäten gemeinsamen Zwecke auch die jetzt bestehende Frauen-Sodalität, und hat sie darin schon Großes geleistet.

Der erste geistl. Direktor der Frauen = Sodalität war P. Petrus Schnitzler, S. J.

Der erste Vorstand:
>Frau Michal Hund, Präsidentin.
>Frau Leo Lamm, Vice=Präsidentin.
>Frau Matthias Sontag, Schatzmeisterin.

Bestand der Sodalität im Jahre 1899:

Geistl. Direktor: P. Heinrich Wochner, S. J.

Vorstand:

Präfektin, Louise Kiffe.
Assistentinnen, Anna Kruse und Anna Göttl.

Consultoren:

Elisabeth Leonard,
Elisabeth Kreuzer,
Magdalena Schlingermann,
Carolina Lamm,
Julia Schröder,
Josephina Sontag,
Clara Kron,
Clara Zimmermann,
Elisabeth Fallenstein,
Gertrude Kiffe,
Catharina Mahowald,
Theresia Walser,
Elisabeth Oster,
Ottilia Kreutzer.

Mitglieder:

Adams Cäcilia
Albert Maria
Albert Rosa
Alvord Julia
Appel Margaretha
Arnold Catharina
Bauer Anna
Bauer Anna Sr.
Bauer Gertrud
Balkenhol Ottilia
Balmes Franziska
Beckmann Helena
Berend Rosa
Berg Catharina
Bienapfl Clara
Bienapfl Catharina
Bienapfl Elisabeth
Biewerle Maria
Blissenbach Catharina
Blöchel Ottilia
Bonert Julia
Borgmeier Theresia Sr.

173

Borgmeier Theresia
Bögen Maria
Braam Johanna
Bruels Tina
Bröcher M. Anna
Bröcher Maria Jr.
Buchholz Barbara
Busch Franziska
Busch Josephina
Butzer Julia
Butzer Theresia
Cläsius Rosa
Coe Maria
Cousandier Josephina
Danzer Barbara
Danck Elisabeth
Danck Margaretha
Denn Anna
Denn Julia
Dentinger Catharina
Deglmann Louise
Deuser Emilia
Deuser Wilhelmina
Dombeck Maria
Eckel Theresia
Eckstein Anna
Eder Maria
Esser Catharina
Engelen Anna
Ewan Barbara
Fallenstein Elisabeth
Fleck Rosalia
Fleischmann Anna
Friedriks Emilia

Friedriks Maria
Gitter Gertrud
Gitter Dora
Göttl Anna
Göttl Anna (Paul)
Göttl Barbara
Grasser Maria
Grasser Theresia
Gremer Franziska
Gulden Carolina
Guth Barbara
Hagen Maria
Hagen Theresia
Hagen Elisabeth
Hanisch Eva
Heulein M. Anna
Heulein Margaretha
Hartmann Catharina
Hecht Catharina
Heger Rosalia
Heidwinkel Cälestina
Heidwinkel Emilia
Heil Maria
Heinzmann Maria
Heinzmann Catharina
Henderson Adelheid
Hennicker Maria
Hickel Elisabeth
Hilgers Anna Catharina
Hillesheim A. Maria
Hodapp Anna
Hodapp A. Catharina
Hodapp Catharina
Hodapp Apollonia

Hodapp Clara	Korth Katharina
Hoffmann Barbara	Kopp Maria
Hoffmann Maria	Kotthoff Margaretha
Höhn Rosa	Kranz Margaretha
Hörr Margaretha	Kraus Anna
Hummer M. Anna	Krätz Christina
Hüttl Elisabeth	Kreutzer Elisabeth
Hüttl Josephina	Kreutzer Ottilia
Hüttl Maria	Kron Johanna
Hüttl Maximiliana	Kron Clara
Hüttl Theresia	Krost Emma
Hüttl M. Josephina	Krost Gertrud
Jakoby Elisabeth	Kruse Anna
Jakoby Margaretha	Kruse Theresia
Jäger Anna	Kunz Catharina
Janda Maria	Kurkowski Theresia
Janda Maria Cleophä	Lackmann Mina
Janda Maria Elisabeth	Lamm Carolina
Janisch Viktoria	Lamm Catharina
Jünther Jakobina	Lamm Philomena
Kaiser Margaretha	Lamm Regina
Kempernolte Anna	Lamm Theresia
Kerber Elisabeth	Landgraf Catharina
Kiefer Barbara	Landkammer Maria Sr.
Kiffe Anna	Landkammer Maria
Kiffe Christina	Lang Anna
Kiffe Gertrud	Leifermann Cath. Sophia
Kiffe Gertrud Maria	Leifermann Catharina
Kiffe Louise	Leonard Elisabeth
Klages Friederika	Leonard Maria
Klein Gertrud	Lorentz Anna Maria
Koll Anna	Lorentz Barbara
Koonze Elisabeth	Lorentz Theresia
Koonze Magdalena	Mahowald Catharina

Mitglieder der Frauen-Sodalität.

175

Mai Catharina
Mai M. Catharina
Margel Anna
Marka Theresia
Martin Catharina
Meany Elisabeth
Meier Barbara
Meier Catharina
Meier Regina
Menne A. Maria
Menne Sophia
Menten M. Anna
Mock Creszentia
Neubert M. Anna
Nimmerfroh M. Magdalena
Nübel Elisabeth
Oberle M. Anna
Oberle Maria
Olinger Anna
Olinger Creszentia
Olinger Barbara
Ostoba Luzia
Oster Elisabeth
Panther Maria
Paulus Maria
Peters M. Gertrud
Peters Gertrud
Pietsch Rosalia
Pihale Franziska
Pihale Theresia
Pirath Barbara
Potts Theresia
Prosser Catharina
Randig Barbara

Rauchmann Ottilia
Rausch Maria
Rausch Sophia
Reibenstein Anna
Reichel Julia
Reichel Rosalia
Ritter Anna
Robel Carolina
Robel Franziska
Robel Magdalena
Robel Theresia
Roll Catharina
Roll Hedwig
Rose M. Anna
Rothans Maria
Römer Elisabeth
Saftig Catharina
Sänger M. Anna
Sänger Theresia
Schaffan Rosalia
Schäfer Barbara
Schaub Rosalia
Schaub Magdalena
Schaus Catharina
Schell Louise
Scheible Anna
Schindel Magdalena
Scheurer Catharina
Scheurer Seraphina
Schlingermann Magdalena
Schmitt Josephina
Schneider Theresia
Schomer Catharina
Schröder Elisabeth

Schröder Maria
Schröder Julia
Schulte Clara
Schulte Elisabeth
Schulte Josephina
Schulte Maria
Schnweiler Josephina
Schwarbel Margaretha
Sedlmeier Bertha
Shanahan Josephina
Siebauer Franziska
Siebauer Theresia
Sieberg Catharina
Sieberg Margaretha
Sieberg Mathilda
Simon Elisabeth
Solaka Ottilia
Sontag Franziska
Sontag Maria
Sontag M. Anna
Sontag Josephina
Stahl Anna
Steidel Cecilia
Stemper Elisabeth
Stein Maria
Tanger Barbara
Theil Augusta
Theissen Anna
Tief Theresia
Thro Maria
Udelhofen Catharina
Ulmen Anna
Ulmen Barbara

Ulmen Catharina
Ulmen M. Elisabeth
Ulmen Veronika
Unzeitig Rosalia
Vahle Franziska
Wagen Maria
Wagner Barbara
Walz Catharina
Walser Theresia
Wallraf Clara
Weber Barbara
Weber Maria
Wenner Dina
Wenner Elisabeth
Wenner Maria
Wenner Margaretha
Westhoff Rosa
Weidinger M. Anna
Weingartz Johanna
Weingartz Sophia
Weis Anna
Widdmann Helena
Wilmes Franziska
Wilmes Maria
Wilmes Margaretha
Wiltgen Maria
Wittrock Bernadina
Zellmer Anna
Zellmer Catharina
Ziegler Gertrud
Zierwick Maria
Zimmermann Clara
Zipfler Catharina

Seit Anfang April 1893 sind folgende Mitglieder fromm im Herrn verschieden:

Maria Ulmen, April 1893; Bertha Moes, Juli 1893; Waldburga Hoffmann, Aug. 1893; Johanna Fronert, Februar 1894; Theresia Ott, Aug. 1894; Anna Walesch, November, 1894; Barbara Thomas, März 1895; Dora Kisse, Juni 1896; Regina Weidenbauer, Juni 1896; Anna Ruhland, Juli 1897; Maria Kappler, Juli 1896; Anna Sieberg, April 1897; Catharina Wallraf, Juni 1897; Ottilia Lamm, Juni 1897; Justina Meier, Juni 1897; Anna Heger, Juli 1897; Tina Puschmann, Febr. 1898; Elisabeth Ulmen, Februar 1898; Magdalena Sontag, März 1898; Catharina Pirath, August 1898; Angela Kranz, Okt. 1898; Cäcilia Schmidt, November 1898, Eva Butzer, Dez. 1898; Dora Röhrich, Jan. 1899; Eva Kräß, Febr. 1899, Maria Kremer, März 1899; Maria Guth, Juni 1899; Maria Heidwinkel, Juni 1899; Theresia Wittrock, Juni 1899; Josephina Salfer, Aug. 1899; Anna Stock, Aug. 1899. R. I. P.

Gemeinschaftliche Kommunion und Versammlung ist am ersten Sonntag eines jeden Monats.

Die Jünglings = Sodalität.
Gegründet am 5. Nov. 1876.

Sie ist aus dem früheren Aloysius=Verein hervorgegangen. In einer am 5. November 1876 abgehaltenen Versammlung organisirte sich die Sodalität als solche und nahm mit 52 Mitgliedern ihren Anfang unter der Leitung von P. Ludwig Kramer, S. J., als ihrem ersten geistl. Direktor.

Aus der ersten Vorstandswahl gingen hervor:

  Johann Krost, als Präsident;

  Franz Schulte, als Vicepräsident;

  Clemens Schröder, als Sekretär.

Am 4. Februar 1877 beging die inzwischen auf 68 Mit=

glieder angewachsene Sodalität ihre unter dem 1. Januar genannten Jahres erfolgte canonische Errichtung unter den vorgeschriebenen Feierlichkeiten.

Bestand der Sodalität im Jahre 1899:

Geistl. Direktor: P. Wilhelm von Festenberg-Pakisch.

Vorstand:

Präfekt, Lorenz Mayer, 2. Assistent, Simon Lamm,
1. Assistent, Johann Kiffe, Sekretär, Ed. Ruebel,
Schatzmeister, Nic. P. Korth.

Consultoren:

1. Distrikt................Anton Randig.
2. Dist.................Wendel Lamm
3. Dist..................Frank Stahl.
4. Dist..................Ernst Fallenstein.
5. Dist..................Wm. Schäfer.
6. Dist..................Simon Korth.
7. Dist..................Peter Sontag.

Ehrenmitglieder:

George Deglmann   Wilhelm Weis
Peter W. Leonard Franz Deglmann
Theodor Schütte   Heinrich Hagen
Joseph Weis   Aloys Menne
August Siebauer

Mitglieder:

Albert Georg   Bründer John
Beckmann Johann   Buchholz Friedrich
Bienapfl Franz   Buchholz August
Behrent Eduard   Butzer Wenzel
Bohnert F. G. *   Busch Joseph
Bröcher Heinrich Bohnert Wilhelm
Bröcher August   Braam Johann

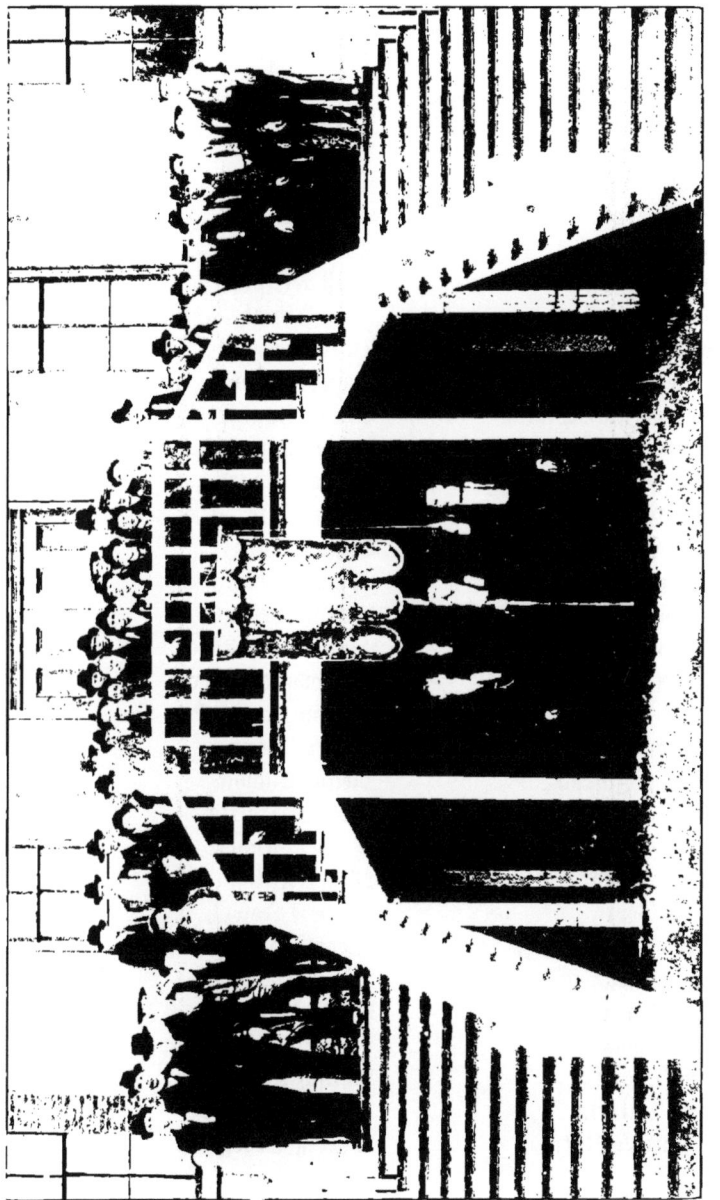

Mitglieder der Jünglings-Sodalität.

Berg Wilhelm
Balkenhol Anton
Dauk Anton
Deglmann Wendel
Eckstein Georg
Esser Bernhard
Esser Joseph
Ewan Heinrich
Ewan Joseph
Fallenstein Ernst
Friederichs Richard
Grabowenski Simon
Graeber Georg
Guth Aloys
Guth Georg
Guth Heinrich
Hagen Georg
Hagen Johann
Heß Hermann
Heß Rudolph
Heß Leo
Hodapp Georg *
Hodapp Joseph
Hörr Karl
Hüttl Franz
Hüttl Jacob
Hüttl Georg
Kaiser Johann
Kiffe Joseph
Kiffe Franz
Kiffe Johann
Kiffe Ludwig
Kiffe Wilhelm
Klasius Wilhelm

Klugherz Wendel
Koch Joseph
Korth Nikolaus
Korth Simon
Korth Jakob
Köhler Oscar
Kotthoff Georg
Krost Friedrich
Krost Albert
Kunz Lorenz
Kranz Joseph
Lamm August
Lamm Simon
Lamm Eduard
Lamm Otto
Lamm Franz
Lamm Johann
Lamm Wendel
Landkamer Georg
Mahowald Joseph
Mahowald Leo *
Mayer Lorenz
Menne Ludwig
Meany Heinrich
Mettler Aloys
Meyer Anton
Neubert Joseph *
Niehoff Hubert
Nübel Eduard
Oster Johann
Pihale Johann
Rausch August
Randig Anton
Randig Georg *

Römer Joseph
Römer Aloys
Rösch Philipp
Roll Michael *
Schäfer Franz
Schäfer Wilhelm
Schell Karl
Schröder Heinrich
Schütte Peter
Siebauer Joseph *
Sontag Ignatz
Sontag Jacob
Sontag Joseph
Sontag Peter
Sontag Johann
Stahl Franz

Traunsberger Albert
Ulmen August *
Ulmen Karl
Walesch Hubert
Wittrock Heinrich
Wittrock Joseph
Wittrock Aloys
Wittrock Eduard
Wittrock Hermann
Wilmes Franz
Wilmes Heinrich
Zellmer Franz
Zimmermann Georg
Zimmermann Peter
Weingärtz Georg

Verstorbene Mitglieder.

Wilhelm Lamm
August Hettler
Eduard Roller
Johann Zelmer
Georg Beckmann

Christian Bründer
Carl Schütte
Johann Wittrock
Aloys Pihale

R. I. P.

Die mit einem Sternchen * bezeichneten Namen gehören auswärts weilenden Mitgliedern an.

Jeden zweiten Sonntag im Monat ist gemeinschaftliche Communion und Versammlung.

Jungfrauen-Sodalität.

Gegründet am 12. November 1876.

Auch diese Sodalität ist aus einem schon vorher bestehenden, für Jungfrauen gegründeten Vereine hervorgegangen. Sie nahm mit ungefähr 100 Mitgliedern ihren Anfang.

Ihr erster geistl. Direktor war P. **Petrus Schnitzler**, S. J.

Ihr erster Vorstand:

Maria Borgmeier, Präsidentin;
Julia Lamm, Vice-Präsidentin;
Anna Wittrock, Sekretärin.

Bestand der Sodalität im Jahre 1899:

Geistl. Direktor: P. **Aloysius Suter**, S. J.

Vorstand:

Präfektin: **Josephina Zimmermann**.
Assistentinnen: **Theresia Wilmes** und
Anna Raudig.
Sekretärin: **Bertha Balkenhol**.

Consultorinnen:

Anna Hüttl	Regina Lamm
Josephina Sontag	Ida Hodapp
Anna Deglmann	Julia Klugherz
Apollonia Wagner	Maria Landkamer
Catharina Göttl	Maria Busch

Ehrenmitglieder:

Barbara Brück	Gertrud Klein
Elisabeth Brück	Ida Klein
Magdalena Guth	Elizabeth Lamm
Magdalena Hodapp	Julia Lamm
Catharina Jacoby	Rosa Lamm
Gertrud Jocoby	Dorothea Menne
Josephina Jocoby	Theresia Oberle
Catharina Janda	Louise Walz
Clara Kisse	Maria Weidinger

Mitglieder:

Adams Gertrud
Albert Clara
Albert Rosa
Balkenhol Bertha
Bartz Anna
Bauer Maria
Beckmann Anna
Behrendt Anna
Bieberle Adolphina
Birk Emma
Bienapfl Clara
Bienapfl Anna
Bienapfl Anna Ther.
Blissenbach Elisabeth
Bögen Eva
Bohnert Juliana
Borgmeier Anna
Brisbois Josephina
Brisbois Barbara
Bröcher Anna
Buschmann Margareth
Butzer Anna
Busch Maria
Classen Theresia
Danzer Barbara
Deglmann Anna
Deutinger Maria
Deuser Elisabeth
Deuser Wilhelmina
Deuser Maria
Eckstein Julia
Fallenstein Karolina
Fleck Anna
Fleck Sophia
Friederiks Anna

Gabler Maria
Glotzbach Agnes
Göttl Catharina
Gramer Christina
Griebel Bertha
Griebel Lena
Griebel Nellie
Guth Julia
Guth Maria
Hagen Maria
Heil Ottilia
Hickel Helena
Hillesheim Maria
Hodapp Agatha
Hodapp Anna
Hodapp Gertrud
Hodapp Ida
Hodapp Ida Louise
Hodapp Julia
Hodapp Clara
Hodapp Rosa
Hoffmann Maria
Hüttl Emma
Hüttl Maria
Hüttl Anna
Hüttl Elisabeth
Hüttl Maria
Jäger Elisabeth
Juberien Franziska
Kaiser Anna
Kieffer Lucia
Kiffe Anna
Klages Maria
Klugherz Anna

Mitglieder der Jungfrauen-Sodalität.

Klugherz Julia
Kunz Barbara
Lamm Karolina
Lamm Emma
Lamm Regina
Lamm Theresia
Landgraf Anna
Landkamer Anna
Landkamer Maria
Landkamer Rosa
Leifermann Josephina
Leifermann Maria
Leonard Catharina
Lerch Maria
Lerch Theresia
Margel Catharina
Marka Theresia
McDonald Agnes
Menne Clara
Miller Maria
Millnor Viola
Niehoff Anna
Niehoff Maria
Nübel Maria
Oberländer Johanna
Olinger Franziska
Olinger Maria
Panther Margaretha
Panther Theresia
Peters Gertrud
Philipps Bertha
Pietsch Elisabeth
Pihale Anna
Pirath Catharina

Powalsta Wanda
Randig Anna
Randig Catharina
Rausch Maria
Rayland Catharina
Reichl Vinzentia
Pribila Florentina
Richard Elisabeth
Robel Franziska
Robel Ida
Römer Ida
Römer Rosa
Roll Julia
Roll Clara
Saftig Josephina
Saftig Maria
Schäfer Rosa
Schlingermann Josephina
Schmalz Anna
Schmalz Maria
Schmidt Barbara
Schmidt Christina
Schmidt Elisabeth
Schröder Anna
Schroff Theresia
Schütte Anna
Schütte Elisabeth
Schütte Clara
Schütte Maria
Schulte Rosa
Schuweiler Maria
Seifert Josephina
Siebert Catharina
Sontag Josephina

Sontag Maria
Sontag Josephina M.
Sparra Martha
Spapens Johanna
Stock Theresia
Ulmen Anna
Ulmen Barbara
Ulmen Julia
Ulmen Clara
Ulmen Rosa
Wagner Anna
Wagner Apollonia
Wagner Barbara
Wagner Franziska

Walser Elisabeth
Walz Ida
Walz Catharina
Weingärtz Gertrud
Weingärtz Catharina
Weis Ida
Weis Catharina
Wilmes Maria
Wilmes Theresia
Wittrock Catharina
Zimmermann Anna
Zimmermann Josephina
Zimmermann Louise

Verstorbene Mitglieder:

Maria Berg
Maria Balkenhol
Franziska Daut
Maria Heger
Ottilia Hodapp
Maria Jakoby
Maria Kiffe

Sophia Leifermann
Catharina Lies
Maria Clinger
Theresia Sänger
Bernardina Schollenberg
Margareth Walser

R. I. P.

Gemeinschaftliche Communion und Versammlung ist am dritten Sonntag eines jeden Monats.

2. Der St. Peter und Pauls = Unterstützungsverein.

Gegründet am 1. November 1879.

Der Zweck dieses Männervereines ist „Förderung eines kräftigen religiösen Lebens im Geiste der römisch katholischen Kirche, gegenseitige, auch materielle Unterstützung und christliche

Erziehung der Jugend, besonders durch Unterstützung dürftiger Schul- und Waisenkinder dieser Gemeinde". (Lokal-Constitutionen, Art. 1. § 2.)

Der Verein hat seine regelmäßige Versammlung jeden vierten Sonntag im Monat, nachmittags nach der Vesper.

Die erste Versammlung des neugegründeten Vereines war am 23. November 1879.

Zum ersten geistl. Direktor oder "Ehrenpräsidenten" hatte der Verein den Pfarrer der Gemeinde, P. Petrus Schnitzler, S. J.

Die ersten Beamten waren:

Präsident: Friedrich Busch jun.

Vicepräsident: Leo Lamm.

Protokollirender Sekretär: Quirinus Leonard.

Correspondirender Sekretär: Sebastian Zimmermann.

Schatzmeister: Johann Klein.

Der Verein fing an mit 70 aktiven und 15 Ehrenmitgliedern. Am 19. April 1882 erfolgte sein Anschluß an den Deutschen Römisch Katholischen Centralverein von Amerika.

Bei jedem innerhalb des St. Peter und Pauls-Lokalvereins sich ereignenden Todesfalle zahlt jedes Mitglied einen Dollar an den Verein, und dieser die ganze Summe an die Hinterbliebenen des Verstorbenen, so daß dieselben so viele Dollars erhalten, wie der Verein zur Zeit Mitglieder zählt. Demgemäß beträgt gegenwärtig diese Summe $209.

Seit seiner Gründung bis heute hat der Verein an solchen Sterbegeldern im Ganzen ausgezahlt: $2934.

Der Verein besitzt auch eine aus den regelmäßigen Beiträgen der Mitglieder gebildete Krankenkasse. Aus derselben wurden, seit der Verein besteht, an Kranken-Unterstützungsgeldern im Ganzen verausgabt: $3935. Die Krankenunterstützung beträgt $3 die Woche für das erkrankte Mitglied.

Mit dem St. Peter und Pauls = Männerverein ist auch die Marianische Sodalität verbunden, so daß die Mitglieder des Vereines zugleich auch Mitglieder der Sodalität sind. Die feierliche Aufnahme des Männervereines, d. h. aller damaligen Mitglieder des Vereines, in die Sodalität fand statt am Sonntag den 24. Dezember 1882 und wurde durch P. Petrus Schnitzler, S. J., vollzogen, bei welcher Gelegenheit auch die prächtige, mit den auf Goldgrund gestickten Bildern der hl. Apostel Petrus und Paulus geschmückte Vereinsfahne ihre Weihe erhielt. Von da an wurden wiederholt Aufnahmen neuer Mitglieder des Vereines in die Sodalität vorgenommen, namentlich bei den Missionen in den Jahren 1891 und 1898 durch die Missionäre, die Patres Martin Port, S. J., und Anton von Haza=Radlitz, S. J. Als Sodalen tragen die Vereinsmitglieder, zusammen mit ihrem Vereinsabzeichen und an diesem befestigt, auch die Sodalitäts = Medaille. Desgleichen ist für sie als Sodalen immer der vierte Sonntag in jedem anderen Monat zur gemeinschaftlichen hl. Communion bestimmt, und bei ihren monatlichen Versammlungen wird vom hochw. Ehrenpräsidenten jedes Mal eine kurze Erbauungsrede gehalten, so wie es überhaupt in Sodalitäten von seiten des geistl. Direktors zu geschehen pflegt.

Bestand des Vereines im Jahre 1899:

Ehrenpräsident: der Pfarrer der Gemeinde,
        P. Aloys Suter, S. J.
Präsident: Gottfried Kruse.
Vice=Präsident: Johann Lamm.
Prot. Sekretär: Joseph Masberg.
Corresp. Sekretär: Sebastian Zimmermann.
Schatzmeister: Heinrich Leonard.

Vereinsbote: Nikolaus Korth, sen.
Erster Marschall: August Schulte.
Zweiter Marschall: Johann Eckstein.

Fahnenträger: Alphons Friedrich.
Adjutanten: Heinrich Lill und Thomas Hüttl.
Aufnahme=Comite: Joseph B. Hüttl, Anton Tegl=
 mann, Heinrich Klugherz.
Kranken=Comite: Johann Lamm, Joseph Rausch,
 Paul Göttl.
Witwen und Waisen=Comite,
 Aktive Mitglieder: Konrad Wolf, Franz
 Süllentrop.
Ehrenmitglieder: Stephan Lamm, Joseph Kron,
 Val. Neubauer.

Aktive Mitglieder: *)

Borgmeier Franz	Bienapfl Wenzel A.
Borgmeier Math.	Beckmann Georg
Borgmeier Philipp	Butzer Thomas
Bienapfl Franz	Bohnert Remigius

---

*) Der Männerverein der St. Peter und Pauls Gemeinde in Mankato wird es sich immer zur Ehre anrechnen, daß eine Reihe von Jahren auch Graf Leopold zu Stolberg=Stol= berg, ein würdiger Nachkomme seines großen Ahnen Friedrich Leopold, zu seinen Aktiven Mitgliedern zählte. Er hat von November 1880 bis zu seiner Rückkehr nach Deutschland im Oktober 1885 dem Vereine angehört, im Ganzen aber elf Jahre in Mankato zugebracht. Während dieser ganzen Zeit führte er auf der in der Nähe der Stadt gelegenen Farm, die er be= wirthschaftete, mit seiner Familie ein Leben, das sich nach außen hin in nichts von der rauhen Lebensweise eines schlichten amerikanischen Farmers unterschied, dabei aber ein so durch und durch christliches Gepräge trug, daß sich die Gemeinde ein Bei= spiel daran nehmen konnte. Wegen seiner soliden Frömmig= keit, seiner strengen Rechtschaffenheit und Wahrheitsliebe stand Graf Stolberg, dieser christliche Edelmann im vollsten Sinne des Wortes, in der höchsten Achtung bei Allen, die ihn kannten. Zeitlebens werden die Freunde, die er in Mankato sich erworben, sein Andenken in Ehren halten.

Bachmeyer Michael
Buschmann Johann
Blissenbach August
Berger Heinrich
Bauer Johann
Bütscheid Math.
Balkenhol Anton
Balmes Hermann
Brahm Johann
Blöchel Karl
Bauer Karl
Behrend Eduard
Confandier Eduard
Dank Joseph
Dank Joseph N. .
Dank Peter
Dank Anton
Dank Philipp
Deglmann Johann
Deglmann Johann N.
Deglmann Anton
Demoly Johann
Dittel Joseph
Deuser Wendelin
Dief Friedrich
Drummer Conrad
Esser Jakob
Edel Franz
Ewan Phillipp
Eckstein Johann
Engelin Theodor
Engelin Johann
Fleischmann Franz
Fleischmann Wenzel

Fleischmann J. P.
Fleck Anton
Friedrich Alphons
Gramer Peter
Guth Heinrich
Gapter Andreas
Gebhard Joseph
Graser Nikolaus
Graser Peter
Graman Anton
Göttl Paul
Göttl Johann
Göttl Georg
Hecht Johann
Hoffmann Georg
Hoffmann Johann G.
Hodapp Johann B.
Hodapp Joseph
Hodapp Dennis
Hagen Conrad
Hagen Franz
Hagen Baptist
Hüttl Wenzel
Hüttl Peter
Hüttl Thomas
Hüttl Joseph B.
Hüttl Joseph W.
Hüttl Anton
Hüttl Joseph J.
Heil Albert
Hunt Roman
Habinger Johann
Hanisch Adolph
Heger Joseph

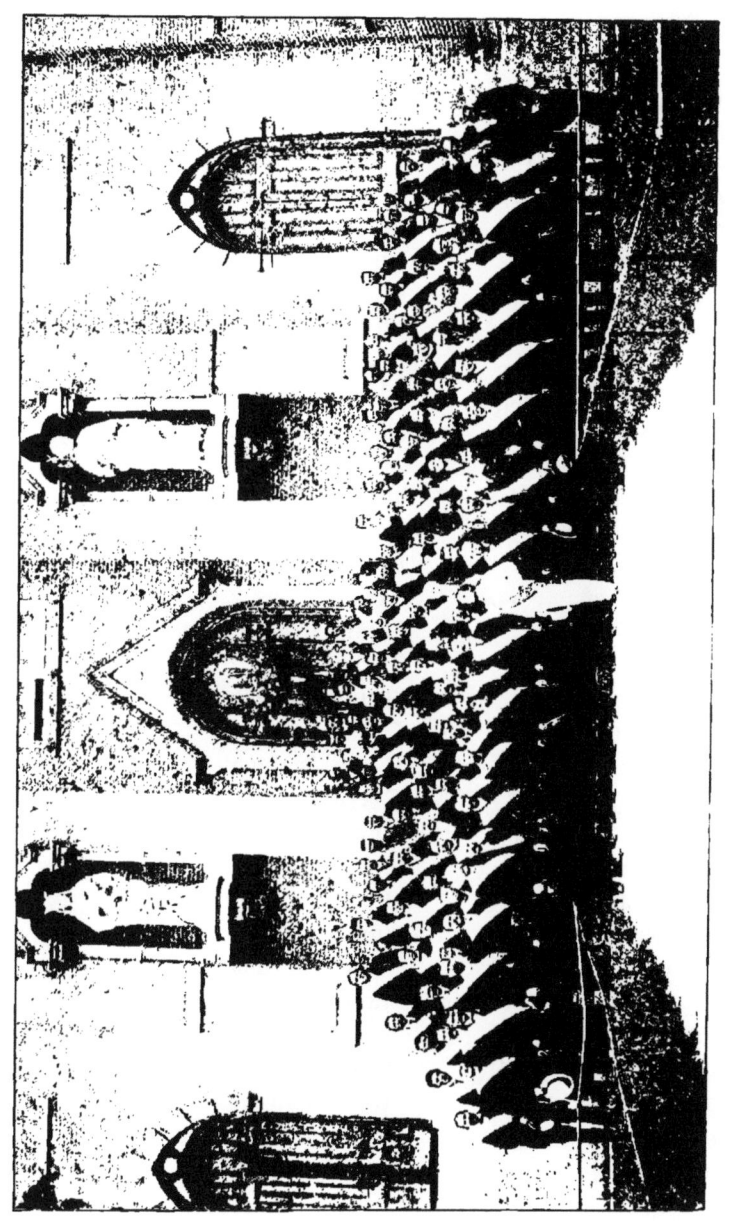

Mitglieder des St. Peter und Pauls-Männervereins.
(Im Hintergrunde die Kirchenfront.)

Hilgers Albert
Hilgers Jakob
Janda Johann
Janda Aloys
Jacoby Franz
Knoll Jakob
Klein Johann
Kisse Georg
Kisse Ferdinand
Kisse Leo
Kisse Johann
Korth Nikolaus, sen.
Korth Nikolaus, jun.
Kempernolte Anton
Klugherz Heinrich
Klugherz Adam
Kaufer Heinrich
Koll Anton
Kruse Gottfried
Kraus Peter
Kurz Johann
Kotthoff Joseph
Kaiser Georg
Kunz Adam
Kunz Franz
Kreuzer Franz
Landkamer Joseph
Leisermann Wilhelm
Leisermann Clemens
Lamm Leo S.
Lamm Johann
Lamm Barthel
Lamm Franz
Lamm Wendel

Lang Anton
Lang Matthias
Lill Heinrich
Lorentz Johann F.
Leonard Heinrich
Mayer Louis
Mayer L. P.
Mayer Wilhelm
Menne Anton
Masberg Joseph
Meyer Joseph
Marka Franz
Mahowald Johann
Mahowald Franz
Michels Johann
Mettler Joseph
Menne Louis
Nimmerfroh Karl
Nübel Eberhard
Neubert Joseph
Olinger Johann
Oberle Hermann
Oberle Anton
Ostoba Jakob
Pirath Anton
Pihale Georg
Panther Georg
Römer Matthias
Randig Georg
Rausch Joseph
Robel Joseph
Rauchmann Joseph
Rauchmann Johann
Reichel Franz

Reichel Johann
Rürup Joseph
Ruder Joseph
Rudjes Graves
Steidel Florian
Schaus Joseph
Saftig Heinrich
Stein Johann
Seifert Franz
Seifert Joseph
Schön Paul
Sänger Nikolaus
Sänger Johann N.
Sänger Matthias
Schell August
Schröder Clemens
Schulte August
Schulte Heinrich
Schulte Franz
Schulte Georg
Schulte Georg B.
Schmidt Georg
Schmidt Johann
Saluta Johann
Scheible Roman
Spapeus Johann
Sedlmeyer Georg
Schwickert Jakob
Schaub Arthur
Süllentrop Franz
Schmaus Dr.

Thilgen Philipp
Ulmen Johann
Ulmen Anton
Ulmen Matthias
Ulmen Joseph
Ulmen Michael
Udelhofen Franz
Veigel Franz
Walser Martin
Wilmes Heinrich
Wilmes Karl
Weingärtz Peter
Weingärtz Johann
Weingärtz Hubert
Weingärtz Philipp
Weinberger Hermann
Wagner Wenzel
Wallraf Joseph
Wolf Conrad
Wallesch Gerhard
Willeke Anton
Wiltgen Martin
Weimer Johann
Wittrock Wilhelm
Wittmann Friedolin
Zimmermann Sebastian
Zellmer Theodor
Ziegler Friedrich
Ziegler Simon
Zerwig Johann
Zimmer Joseph N.

Adoptirtes Mitglied: Niehoff Theodor.

Ehrenmitglieder:

Busch Anton
Lamm Stephan
Lorenz Johann
Mayer Bernhard

Mayer Lorenz
Wittrock Heinrich
Kron Joseph
Neubauer Valentin

Die verstorbenen aktiven Mitglieder:

Martin Mettler, 10. Juli, '83
Joseph Ruhland, 2. Mai, '84
Johann Hoffmann, April, '85
Georg Hettler, 18. April, '85
Martin Siebauer, 19. Aug. '86
Joseph Hitz, 14. Dezember, '86
Joseph Lamm, 4. Juli, '88
Joseph Bienapfl, 7. Mai, '90
Wenzel Humer, 13. Aug., '90
Joseph Weber, 9. Mai, '91
Andreas Sauer, 23. Dez., '92
Michael Roll, 7. Dezember, '95
Engelbert Sontag, 27. Dez.,'95

Johann Heger, 14. April, '96
Kaspar Walz, 28. April, '96
Dominik Schuweiler, 20.N. '96
Anton Dauk, 14. Juni, '97
Johann B. Bauer, 22. Sep.'98
Franz Lorenz, 27. Sept., '98
Leo Lamm, 26. November, '98
Quirinus Leonard, 5. Dez. '98
August C. Wenner, 8. Jan. '99
Arnold Wittrock, 18. Jan. '99
Georg Bienapfl, starb als
   Präsident des Vereins
      3. April, '99

Die verstorbenen Ehrenmitglieder:

Gottfried Robel, 11. Aug., '80
Joseph Guth, 29. Okt., '82
Rud. Androwsky, 6. Mai, '83
Friedrich Busch, sen., 19.
     September, '86

Matthias Weidinger,
     21. Mai, '88
Franz Wenner, 2. Sept., '89
Blasius Jobst, 24. April, '92
Peter Schulte, 2. Dez., '93
Joseph May, 7. August, '94

Zusammen: 24 Aktive Mitglieder, 9 Ehrenmitglieder.

R. I. P.

5. Der St. Josephs-Hof
des „Katholischen Ordens der Foresters".

Gegründet am 8. November 1895.

Die Unterstützungsgesellschaft, die sich zum Unterschiede von der nichtkatholischen Verbrüderung der „Independent Foresters" der „Katholische Orden der Foresters" nennt, und von welcher der seit 1895 in Mankato bestehende „St. Josephs-Hof" ein Lokalzweig ist, stammt aus Illinois, wo sie im Jahre 1883 unter dem Protektorate Sr. Gnaden, des Erzbischofs von Chicago, Mgr. P. A. Feehan, gegründet wurde. Von da aus hat sie sich rasch über die Ver. Staaten und Canada verbreitet.

Der Zweck, den man bei Gründung dieser Organisation — wie auch anderer ähnlicher — vornehmlich im Auge hatte, war: Katholiken von dem Eintritte in die von der Kirche verbotenen, geheimen Gesellschaften fern zu halten, indem sie ihren Mitgliedern in Krankheit und Noth, und wenn sie sterben, deren Hinterbliebenen, ähnliche materielle Vortheile zu sichern bestimmt ist, wie sie auch jene Gesellschaften, denen beizutreten Katholiken verwehrt ist, ihren Mitgliedern und deren Hinterbliebenen bieten. Was insbesondere die Versorgungsgelder angeht, die von der Verbrüderung der katholischen Foresters beim Tode eines Mitgliedes an dessen natürliche oder testamentarische Erben ausgezahlt werden, so belaufen sie sich je nach der Höhe der von ihm bei Lebzeiten entrichteten Beiträge zu den Fonds auf 500 bis 3000 Dollars.

Nur solche katholische Männer, die ihre Religion ausüben und von unbescholtenem Rufe sind, sollen in die Gesellschaft zugelassen werden, und damit katholisches Leben und kirchliche Gesinnung unter den Mitgliedern bewahrt und gefördert werde, sollen sie in ihren lokalen Zweigverbänden, „Höfe" genannt, einen Priester zum geistlichen Direktor haben und zum öfteren Empfange der hl. Sakramente angehalten werden.

Was insbesondere den hiesigen „St. Josephs=Hof" betrifft, so ist durch die Lokalstatuten desselben bestimmt, daß seine Mitglieder in den Monaten, die fünf Sonntage haben, immer an dem fünften Sonntage—d. i. vier bis fünfmal im Jahre—gemeinschaftlich zur hl. Communion gehen.

Die regelmäßigen Versammlungen des St. Josephs=Hofes finden statt am 2ten und 4ten Montag in jedem Monate.

Der, wie oben vermerkt, am 8. November 1895 hier gegründete St. Josephs=Hof erhielt einen im Erdgeschosse unseres Schulgebäudes befindlichen großen und schönen Saal mit Vorzimmern zur Benutzung als Versammlungslokal überwiesen, und wurde am 9. Dezember desselben Jahres statutenmäßig errichtet (installirt).

Die ersten Mitglieder, die sog. Charter=Mitglieder, die bei Errichtung des St. Josephs=Hofes in die Gesellschaft aufgenommen wurden, waren die folgenden achtundzwanzig:

Albert Hermann
Andring Heinrich
Glotzbach Albert
Glotzbach Wilhelm
Guth Georg
Hilger David D.
Hodapp Johann B.
Hodapp Franz X.
Kiffe Franz
Krost Georg G.
Krost Johann
Krost Johann P.
Lamm Otto
Lamm Albert J.

McCall James L.
McGrath Philipp
Michels Johann H.
Nübel Franz H.
Prior Rev., John
Robel Gottfried J.
Römer Albert G.
Rösch Philipp
Thro Johann C.
Thro Joseph H.
Wallraf Joseph J.
Zimmermann August A.
Sieberg Stephan
Wenner Friedrich

Die ersten Beamten des neuerrichteten St. Josephs=Hofes waren:

C. R., J. B. Hodapp   P. C. R., G. J. Robel

194

V. C. R., J. C. Thro
R. S., Jos. H. Thro
F. S., Joseph J. Wallraf
Treas., David Hilger
S. C., Albert G. Römer
J. C., Georg Guth
I. S., Otto Lamm

O. S., Stephan Sieberg
Trustees, Franz Nübel
         Franz Hodapp
         Aug. Zimmermann
S. D., Rev. John Prior
M. E., Dr. C. D. Steel
D. H. C. R., Johann Krost

Bestand des St. Josephs-Hofes i. J. 1899:

Die Beamten:

C. R., J. C. Thro
P. C. R., J. H. Nübel
V. C. R. Johann Krost
R. S. Lorenz L. Mayer
F. S., Albert J. Lamm
Treas., Jos. H. Thro
S. C., Louis Eder
J. C., Heinrich Hüttl
I. S., Eduard Miller

O. S., Franz Wild
Trustees, Jos. Kircher
         Nic. North
         Albert J. Hodapp
S. D., Rev. Wilhelm von
     Festenberg-Pakisch, S. J.
M. E., Dr. C. D. Steel
D. H. C. R., Arthur Schaub

Mitglieder:

Albert Georg
Albert Hermann
Ahlersmann Conrad
Balzer Louis M.
Bauer Joseph
Baumgärtner Joseph
Blissenbach August
Blissenbach Joseph
Beckmann Johann
Borgmeier Matthias
Borgmeier Philipp
Bröcher Heinrich W.
Bruels Nicolaus
Buchholz Ferdinand

Buschina Arnold
Butzer Johann
Butzer Thomas
Danzer Johann
Danzer Joseph O.
Deglmann Johann N.
Deglmann Wendel J.
Denn Martin P.
Deuser Wendel
Deyling Wm. A.
Dietz Georg
Dittmann Joseph
Eder Louis J.
Engelhardt Georg

Mitglieder des St. Joseph=Hofes der „Vorestera".

Evan Philipp L.
Fallenstein Michael
Foley Dan.
Frederics Albert O.
Gabler Anton B.
Gardner Walter
Glotzbach Albert
Glotzbach Wilhelm
Goblisch A. J.
Grabowenski Heinrich E.
Göbel Johann J.
Göttl August
Göttl Georg
Gould James J.
Grasser Andreas E.
Grasser Karl
Grasser Nicolaus
Günther Johann B.
Gulden Paul
Guth Georg
Heil Albert
Hodapp Albert J.
Hodapp Johann B.
Hoffmann Karl J.
Hoffmann Hermann J.
Hoffmann Johann
Hummer Franz
Hub Karl
Hughes Rev. D.
Hüttl Franz N. J.
Hüttl Heinrich L.
Hüttl Thomas
Jäger Karl
Jäger Heinrich B.

Jost Wm. J.
Kennedy Johann P.
Kenney Thomas J.
Kiffe Ferdinand
Kiffe Franz
Kiffe Georg
Kircher Joseph
Klugherz Eberhard
Klugherz Heinrich
Kopp Georg
Korth Nic. P.
Kotthoff Johann G.
Kremer Nicolaus
Kranz Heinrich
Kronfuß Vincenz
Krost Georg J.
Krost Johann
Krost Johann P.
Kruse Friedrich
Kruse Heinrich J.
Kurkowski August
Lamb Richard F.
Lamm Albert J.
Lamm Franz A.
Lamm Hermann
Lamm Joseph
Lamm Leo S.
Lamm Otto
Lamm Simon C.
Lamm Wendel
Landkamer Joseph
Leifermann Hermann C.
Leifermann Johann A.
Lenertz Alex.

Lenertz Michael
Lorenz Franz G.
Lorenz Franz J.
Lorenz Johann F.
McCall James L.
McGovern Thomas
McGrath Philipp
Marka Joseph S.
May Johann T.
Mayer Conrad J.
Mayer Lorenz L.
Mayer Louis
Mettler Franz
Meyer Wilhelm
Michels Johann H.
Miller Eduard
Mock Joseph
Mock Joseph J.
Niehoff Arnold E.
Niehoff Hubert A.
Nübel Franz H.
Olinger Johann B.
Olinger Lorenz F.
Page Sam. B.
Pihale Johann J.
Poos Peter
Prior Rev., John
Prybylla Joseph
Randig Anton
Randig Georg J.
Ransch Joseph H.
Reibenstein Arnold
Reichel Engelbert
Reichel Johann

Robel Gottfried
Römer Albert G.
Rösch Philipp
Ruder Joseph
Rürup Franz
Rürup Joseph
Sänger Jac. J.
Schaub Arthur
Schaus Jacob
Schell August
Scheurer Adam J.
Scheurer Karl E.
Scheurer Johann B.
Scheurer Simon J.
Scheurer Georg L.
Schmalz Peter
Schmidt Joseph
Schorn Jacob
Schröder Clemens
Shannahan M. P
Sieberg Stephan
Sontag Engelbert H.
Sontag Jacob A.
Sontag Joseph W.
Spellman James J.
Standfest Anton
Steinmann August
Stemper Nicolaus
Tighe James J.
Theissen Johann
Theissen Joseph
Thilgen Nicolaus
Thilgen Philipp
Thro Karl E.

Ihro Johann G.
Ihro Joseph H.
Wallesch Gerhard
Wallraf Joseph J.
Welter Heinrich N.
Wenner Karl
Wenner Franz W.

Wenner Friedrich
Wenner Joseph
Wild Franz
Wilmes Anton
Wirtz Karl
Zellmer Bernhard
Zimmermann August
Zipfler Joseph

4. Der dramatische Verein „Thalia".
Gegründet am 2. März 1895.

So lange es der Gemeinde an einem zu öffentlichen Unter=
haltungen geeigneten Lokale fehlte, konnte für sie von Bühnen=
spielen kaum die Rede sein. Aber als im Jahre 1876 das
neue Schulgebäude benützt zu werden anfing, sollte die große,
prächtige „Halle" in demselben jugendliche Talente zu Versuchen
„auf den Brettern, die die Welt bedeuten", nicht umsonst ein=
laden.

Den ersten Anlaß zu solchen Versuchen bot noch im selben
Jahre der Bazar, von welchem wir im I. Theile des Buches
(S. 141) berichteten. Am Abende des 12. Dezember, an wel=
chem Tage der Bazar eröffnet wurde, gaben Mitglieder von der
Jünglingssodalität im Vereine mit Schülern unserer „High=
School" eine Unterhaltung für die Besucher des Bazars, welche
darin bestand, daß sie auf einer improvisirten Bühne drei kleine
Theaterstücke, zumeist heiteren Inhaltes, aufführten.

Auf diese erste dramatische Vorstellung folgte bereits am
11. Februar 1877—am Fastnachtssonntag—eine zweite, gleich=
falls von der Jünglingssodalität unter Leitung von
P. Kramer, S. J., veranstaltet, zu welcher schon die inzwischen
errichtete Bühne benützt wurde, dieselbe, die heute noch den
Musen dient, wenn sie auch damals im Vergleiche zu ihrem

heutigen Aussehen noch als sehr unfertig und primitiv erscheinen mußte. Dabei ist es interessant, aus dem alten Protokollbuche der Sodalität zu ersehen, daß diese neue Bühne, ungeachtet man bei ihrer ersten Einrichtung vorläufig sich auf das Unentbehrlichste beschränkte, doch nicht unbeträchtliche Auslagen verursachte, so zwar, daß dieses erste Spiel, das über ihre Bretter ging, bei einer Einnahme von $119.60 mit einem Deficit von $63.15 abschloß. Dasselbe wurde indessen schon aus der bei der nächsten Vorstellung von 21. Juni desselben Jahres erzielten Einnahme gedeckt, wobei noch Geld zu Verbesserungen an der Bühne zurückgelegt werden konnte.

Von den durch Schulkinder unter Leitung der Schulschwestern oder des Lehrers gegebenen Vorstellungen abgesehen, blieb es nun lange Jahre lediglich Sache der Jünglingssodalität und ihres geistl. Direktors, dramatische Unterhaltungen zu veranstalten, bis im Jahre 1893 eigens zu diesem Zwecke ein besonderer Verein, der „Thalia = Verein", gegründet wurde.

Die Gründung dieses Vereins entsprang vornehmlich dem Wunsche, auch solche, als tüchtige Darsteller bekannte, Herren aus der Gemeinde, die der Jünglingssodalität nicht angehörten, von denen aber manche ihr in früheren Jahren und bis zu ihrer Verheirathung angehört hatten, von Neuem für die Mitwirkung bei dramatischen Unterhaltungen zu interessieren. Denn man erwartete, das am Sichersten bei ihnen zu erreichen, wenn ihnen die Möglichkeit geboten wurde, einem für sich und neben der Jünglingssodalität bestehenden dramatischen Vereine als aktive Mitglieder beizutreten.

Was man sich in dieser Hinsicht vom Thalia=Vereine versprochen hatte, das erfüllte sich auch. Sehr bald verfügte derselbe über eine gute Auswahl von Bühnenkräften, die bei Aufführung von Stücken, wie „Columbus" „Garcia Moreno," „Hermigild" und anderen — lauter Dramen, die an die Darsteller keine geringen Anforderungen stellen — Treffliches leisteten.

Mitglieder des dramatischen Vereines „Thalia".

Mit Glück ist bisher der Thalia=Verein in Verfolgung des ihm gesteckten schönen Zieles bestrebt gewesen, neben kleineren und komischen Stücken, deren Zweck hauptsächlich harmlose Erheiterung ist, von Zeit zu Zeit auch größere Schauspiele von tieferem sittlichen Gehalte, die veredelnd wirken, zur Aufführung zu bringen. Die Bühne, die ihm dazu zur Verfügung steht, ist namentlich unter seiner Aegide bedeutend verbessert und mit schönen Dekorationen bereichert worden.

Seine erste Unterhaltung gab der neugegründete Thalia=Verein als solcher am 22. Mai 1893. Seither hat er—die Wiederholungen desselben Stückes an verschiedenen Abenden nicht mitgerechnet—zwei bis drei Vorstellungen jedes Jahr gegeben.

Die Einübung und Leitung der Bühnenspiele ist die Aufgabe der jeweiligen Direktoren. Die ersten, die das Amt von Bühnendirektoren bekleideten, waren **Johann B. Hodapp** und **Joseph Masberg**. Die übrigen Beamten des Vereines, die aus der ersten, am 2. März 1893 gehaltenen Vorstandswahl hervorgingen, waren: **August Blissenbach** als Präsident, **Johann Krost** als Vicepräsident, **Joseph H. Thro** als Sekretär.

Der Bestand des Vereines im Jahre 1899:

Der Vorstand:

Direktor: P. **Wm. von Festenberg=Packisch**, S. J.
Präsident: **Heinrich F. Leonard**.
Vice-Präsident: **Johann B. Günther**.
Sekretär: **Simon Lamm**.
Schatzmeister: **Otto Lamm**.

Mitglieder:

Albert Hermann L. Deyling Wilhelm
Albert Georg Eder Louis
Blissenbach Joseph Fallenstein Michael
Deglmann Johann Fallenstein Ernst

Günther Johann B.
Göttl Georg
Guth Georg
Hilgers Albert
Hilgers Jacob
Hodapp Albert J.
Hüttl Heinrich
Kiffe Franz
Kiffe Johann
Kircher Joseph
Köhler Oscar
Korth Nikolaus P.
Korth Simon
Krost Johann
Krost J. P.
Lamm Albert J.
Lamm Otto
Lamm Simon
Lamm Wendel

Leonard Heinrich J.
Mayer, Louis
Mayer Lorenz L.
Mettler Franz J.
Niehoff Hubert
Pihale Johann
Pirath Georg
Randig Anton
Ruerup Franz
Schaub Arthur
Schulte Peter
Sontag Joseph
Theissen Johann
Thro Joseph H.
Wallraf Joseph J.
Welter Heinrich
Zellmer Franz
Zimmermann August
Zimmermann Georg.

5. Der St. Elisabeth-Verein.

Gegründet am 5. Februar, 1893.

Dieser aus Frauen der St. Peter und Pauls Gemeinde bestehende Verein hat zum Zwecke die Unterstützung der Armen innerhalb der Gemeinde. Vom 5. Februar 1893 bis Oktober 1899 wurde für diesen Zweck vom Vereine die schöne Summe von $3159.91 verausgabt.

Außerdem wurden ungefähr 20 Waisenkinder bei guten Familien durch den Verein untergebracht und versorgt, es wurde eine Anzahl geschenkter Kleider ausgetheilt und durch Besuch und freundlichen Rath den Hülfsbedürftigen Trost gespendet.

Bestand des Vereines im Jahre 1899:

Geistl. Direktor: P. Aloys Suter, S. J.

Vorstandsmitglieder des St. Elisabeth-Vereins.

Vorstand:

Präsidentin: Clara Kron.
Sekretärin: Julia Schröder.
Schatzmeisterin: Anna Kruse.
Beisitzende: Theresia Walser, Elisabeth Oster, Clara Zimmermann, Catharina Mahowald, Elisabeth Kreutzer, Louise Kisse, Gertrud Kisse.

Mitglieder:

Albert Maria	Kisse Louise
Alvord Julia	Kunz Katharina
Bröcher Maria	Krost Gertrud
Beckmann Carolina	Kranz Josephina
Borgmeier Theresia	Kreutzer Elisabeth
Berg Katharina	Kron Clara
Blissenbach Katharina	Klages Friderica
Dauk Margaretha	Kieffer Barbara
Effert Katharina	Lamm Carolina
Fleischmann Anna	Lamm Theresia
Guth Barbara	Lamm Regina
Gramer Franziska	Lamm Philomena
Gulden Carolina	Lamm Katharina
Göttl Anna	Leonard Elisabeth
Heinzmann Katharina	Lorenz Theresia
Hüttl Maria	Mahowald Katharina
Hodapp Clara	Menne Sophia
Hodapp Apollonia	May Katharina
Hodapp Katharina	Nübel Maria
Hüttl Elisabeth	Pirath Barbara
Henlein Maria	Pihale Theresia
Kruse Anna	Peters Maria
Klein Gertrud	Robel Franziska
Koonze Elisabeth	Reichel Rosalia
Kisse Gertrud	Oster Elisabeth

Schröder Julia	Ulmen Barbara
Sänger Maria	Weber Barbara
Sieberg Katharina	Weber Maria
Sieberg Margaretha	Wenner Margaretha
Sontag Josephina	Walser Theresia
Schlingermann Margaretha	Weingärtz Barbara
Schulte Maria	Zimmermann Clara
Schorn Wilhelmina	Zellmer Anna
Schaus Katharina	Ziegler Anna
Trampert Maria	

6. Der St. Cäcilien-Kirchenchorverein.

Gegründet Oktober 1898.

Von dem allerersten Kirchenchore der Gemeinde haben wir im I. Theile (S. 52) berichtet.

Zu einem eigenen Vereine mit obigem Namen organisirte sich der Kirchenchor erst 1898. Der Zweck des Vereins ist, kräftig zusammenzuwirken zur Hebung des Kirchengesanges in der St. Peter und Paulskirche. Der Pfarrer der Gemeinde, P. Aloys Suter, S. J., ist Ehrenpräsident.

Der Vorstand:

Dirigent: **Franz Süllentrop**.
Präsident: **August Blissenbach**.
Sekretär: **Nikolaus Korth**, sen.
Schatzmeister: **Louis Mayer**.
Musik-Comite: Clemens Schröder, Martin Walser
Catharina Leonard

Mitglieder:

Bauer Karl	Blissenbach August
Bauer Joseph	Blissenbach Joseph

Der Kirchen=Gesangchor.
(Im Hintergrunde der Vorhang der Bühne in der Schulhalle.)

Hüttl Heinrich Fallenstein Carolina
Hüttl Franz Guth Maria
Hüttl Georg Heil Ottilia
Krost Peter Hüttl Elizabeth
Kruse Gottfried Hüttl Maria
Kruse Louis Klugherz Julia
Korth Nil. Lamm Regina
Mayer Louis Leonard Catharina
Niehoff Th. Marka Theresia
Raudig Anton Niehoff Gertrud
Schröder Clemens Raudig Anna
Schorn J. Rausch Maria
Steinmann August Sontag Josephine
Walser Martin Sontag Maria
Wolf Conrad Walz Catharina
Zellmer Franz Zimmermann Josephine
Deuser H. Jost Julia

7. St. Berchmans-Chorknabenverein.

Der erste Knabe aus der Gemeinde, der die Ehre hatte dem neuangekommenen ersten Pfarrer, dem hochw. Vater Val. Sommereisen, bei der hl. Messe zu dienen, war **Anton Pirath**, damals zehn Jahre alt.

Die Meßdiener von 1899.

Georg Mahowald Heinrich Deglmann
Stephan Osdoba August Raudig
Clemens Kisse Friedrich Walser
Aloysius Sontag Albert Kruse
Nicolaus Korth Johann Lorenz
Eduard Hüttl Karl Rürup
Clemens Klugherz Martin Hodapp
Clemens Weber Norbert Westhoff
Clemens Mahowald Albert Kircher

Johann Schaus Alphons Lamm
Johann Wallraf Wilhelm Lamm
Johann Balkenhol Johann Siebauer
Joseph Blissenbach Robert Sieberg
Joseph Koll Franz Wolf
Nicolaus Tilgen

Chorknaben von 1899.
(Im Hintergrunde die Lourdes=Grotte im Garten der Patres.)

II.
Verzeichniß der Kirchenstuhl-Inhaber.

Wo, wie hierzulande, die Kirchen und Pfarrschulen keine Einkünfte aus alten Stiftungen beziehen, und den Pfarrgeistlichen und Pfarrschullehrern keine Gehälter vom Staate ausbezahlt werden, da wäre der Fortbestand der Religion ein Ding der Unmöglichkeit, wenn nicht die Gläubigen aus ihren eigenen Mitteln ihre Gotteshäuser und Schulen unterhielten. Deßhalb muß es in jeder wohlgeordneten Pfarrgemeinde bestimmte Einrichtungen geben, mit deren Hülfe die Gemeindemitglieder in solcher Weise zur Entrichtung ihrer pflichtschuldigen Beiträge angehalten werden, daß letztere eine feste und ausreichende Einnahmequelle zur Bestreitung der Ausgaben für den Unterhalt von Kirche und Schule, Priestern und Lehrern zu bilden im Stande sind.

Von derartigen Einrichtungen ist die im Allgemeinen zweckmäßigste und gewöhnlichste die Kirchenstuhlrente, die in den Einnahmen besteht, welche die halbjährliche Vermiethung der Kirchenstühle an die Gemeindeangehörigen — ganze Familien sowohl wie einzelne Personen — abwirft. Ueberall, wo eine Gemeinde auf die „Stuhlrente" als ihre Haupteinnahmequelle angewiesen ist, da ist es für alle auf eigenen Füßen stehenden Gemeindeangehörigen eine Gewissenspflicht, Sitze in der Kirche zu miethen und die fällige Miethe pünktlich zu bezahlen. Nur Kirchenstuhl-Inhaber in diesem Sinne — wofern nicht wirkliche Armuth entschuldigt — können als vollberechtigte Mitglieder der Gemeinde gelten.

Wir geben hier eine Liste derjenigen Personen oder Familien aus unserer Gemeinde, die zur Zeit Kirchenstuhl-Inhaber sind, und zwar nach der Ordnung, in welcher sie in der Kirche ihre Plätze einnehmen. Die mit „frei" bezeichneten Sitze warten noch auf ihre Miether.

Mittelschiff, Epistelseite.

Die Spitalschwestern.
A. 1-3 Johann Bröcher
    4-5 Johann Salata
    6 frei
B. 1-2 Felix Jarmer
    3 Franz Nübel
    4-6 Ludwig Rose
    7 frei
C. 1 Dr. L. F. Schmaus
    2 frei
    3-4 Jakob Sänger
    5 Andreas Landgraf
    6-7 Anton Standfest
D. 1 Bernard Meyer
    2 Elisabeth Köhler
    3 Oskar Köhler
    4 Valentin Neubauer
    5-7 frei
E. 1-3 Johann Mahowald
    4 Johann Butzer
    5 frei
    6 Maria Kaufmann
    7 Franziska Kaufmann
F. 1-2 Ludwig Henniker
    3 Jakob Hoffmann
    4 Nelly Griebel
    5-6 Heinrich Andring

    7 Adelheid Henderson
I. 1 Maria Leifermann
    2 Elisabeth Leifermann
    3 Maria A. Bröcher
    4 frei
    5 Heinrich Jakoby
    6 August Schell
    7 Mrs. Joseph Mai
II. 1-2
    3-4 M. Dittemann
    5-7 Wilhelm Hörr
III. 1-2 Johann Arnold
    3 Mrs. W. Hidde
    4 Ignatz Appell
    5 Johann Koonze
    6 Adam Kunz
    7 J. G. Koller
IV. 1 Dr. Follmann
    2 Jakob Schorn
    3 Anna Gramer
    4-5 Joseph Zimmer
    6 Joseph Dittemann
    7 Heinrich Giese
V. 1-2 Clemens Schröder
    3 Mrs. Martin
    4 frei
    5-7 Nikolaus Weis

Mittelschiff, Epistelseite.

VI.	1-2 Jakob Knoll		7 Maria Hagen
	3-4 Karl Hub	XIII.	1-2 Johann Clinger
	6 Elisabeth Hickel		3-4 Bernard Zellner
	7 Mrs. Menten		5-6 Nikolaus Sänger
VII.	1-2 Mrs. J. Sontag	XIV.	1-4 Joseph Robel
	3-4 frei		5-6 Georg Scheurer
	5 Katharina Fitterer		7 Theresia Schroff
	6 Leo Kiffe	H.	1 Georg Hennifer
VIII.	1-2 Franz Henlein		2 Gottfried Robel
	3-5 Joseph Landkamer		3 Heinrich W. Meany
	6 frei		4 Matthias Simon
IX.	1-2 Johann Krost		5 6 Lorenz Wolf
	3 Mrs. Krost		7 Ludwig Balzer jun.
	4-6 Wendel Hodapp	XV.	1-2 Anna M. Niehoff
G.	1 2 Bernhard Kiffe		3 Theresia Schwarz
	3 Jakob Römer		4 Heinrich Potz
	3-5 Joseph Hodapp		5 Adam Wolf
	6 Anna Degen		6 Eberhard Nübel
	7 Joseph Rurup		7 Mrs. Maria Bögen
X.	1 2 Heinrich Guth	XVI.	1-2 August F. Wenner
	3 Johann Brarmeier		3-4 Karl Wenner
	4 Joseph W. Hüttl		5-6 August Wenner
	5 Julia Hüttl		7 August Kurkowsky
	6 Heinrich Saftig	XVII.	1 Franz Bienapfl
	7 Georg Kiffe		2 Johann Hoffmann
XI.	1 Christ Oberle		3 Joseph Stahl
	2 u. 4-5 Georg Panther		4 Jakob Meier
	3 Nikolaus Buchholz		5 Wenzesl. Wagner
	6. 7 frei		6 Katharina Bienapfl
XII.	1-2 Heinr. Heidwinkel		7 Mrs. Schröder
	3 4 Mich. Fallenstein	XVIII.	1 Johann Meany
	5 Martin Denn		2 Jakob Cidoba
	6 Johann Hagen		3-4 Gerhard Wallesch

Mittelschiff, Epistelseite.

5 Peter Stemper	7 frei
6 Peter Kraus	XXIII. 1-2 Katharina Zipfler
XIX. 1-2 Amalia Deuser	3-4 Sebastian Göttl
5 Mrs. Georg Wagen	5-6 Joseph Wenner
6-7 Maria Milnor	XXIV. 1-2 Anton Margel
I. 1-2 Michael Wagner	3-4 Johann Inberien
3 Mrs. Maria Kämmerer	5 frei
4-5 Peter Hüttl	6 Karl Jäger
6 Wilhelm Bleiß	J. 1-2 Joseph Klasius
7 Anton Oberle	3-4 Friedrich Ziegler
XX. 1-2 Georg Rutjes	5-6 Peter Dauf
3-4 Karl Wilmes	XXV. 1-2 Joseph Friedl
5 Anton Fleck	3 frei
6-7 Michael Löwen	4-7 Joh. Buschmann
XXI. 1 Elisabeth Ulmen	XXVI. 1-2 frei
2 Barbara Bartz	3-4 Nikolaus Buchholz
3 Eduard Rübel	6 Johann Löwen
4 Anton Koll	7 Joseph Berg
5-6 Joseph Masberg	5 Franz Schassan
7 Franz Wilka	XXVII. 3-4 Mrs. Theresia
XXII. 1 Mrs. J. Koch	Schneider
2 Maria Trampert	5 frei
4 Michael Bachmeier	6 Nikolaus Koch
4-5 Peter Löwen	7 Georg Reinbold
6 Jos. Luntenheimer	

Mittelschiff, Evangelienseite.

Schulschwestern d. N. D.	7 Franziska Pihale
A. 1-6 Johann B. Meagher	C. 1 Peter Sieberg
B. 1-3 Ludwig Janda	2 Joseph Gitter
4 Berthold Schaub	3 Engelbert Reichel
5 Maria Gramer	4 Heinrich Sontag
6 Andreas Gramer	5 frei

Mittelschiff, Evangelienseite.

	6 Lorenz B. Mayer		6–7 Heinrich (F. Sontag
	7 Anton Mayer	VI.	1 Mrs. Robel
D.	1–2 Mrs. A. Wiltgen		2–4 Johann Mai
	3–4 Martin Wiltgen		5 Joseph Wallraf
	5 Mrs. Oberländer		6–7 Nikolaus Bruels
	6 Maria Heger	VII.	1–7 Philipp Hodapp
	7 Remigius Bohnert	VIII.	1–2 Matthias Sänger
E.	1–4 Kaspar Schulte		3 Franz Reichel
	5 Bernard Volz		4–5 frei
	6 frei		6 Maria Lerch
	7 Margareth Appel	IX.	1–3 J. C. Thro
F.	1–2 Dominikus Oster		4–7 H. Heinzmann
	3 Aug. Blissenbach	X.	1–3 Stephan Lamm
	4–7 Alphons Friedrichs		4 Robert Lamm
I.	1–3 Georg Albert		5–7 Heinr. Hillesheim
	4–7 Franz Schäfer	G.	1 Heinr. Schwarbel
II.	1–2 Matthias Ulmen		2–4 Engelbert Sontag
	3 Lorenz Mayer		5 Theresia Panther
	4–5 Georg Pibale		6–7 Wend. Denser
	6 Mrs. Weidinger	XI.	1–4 Johann Ulmen
	7 Jakob Schaus		5 Conrad Hagen
III.	1 Franz Beigel		6 Joh. Günther
	2–3 Georg Hoffmann		7 Heinrich Bahle
	4–5 Johann Lies	XII.	1–2 Fritz Kron
	6 Mrs. K. Tentinger		3 Johann Gräber
	7 Georg Griebel		4–5 Mrs. E. Leonard
IV.	1–3 Johann Albert		6 Franz Leonard
	4 Mrs. P. Schulte		7 Franz Lorenz
	5 Phil. Weingärtz	XIII.	1–4 August Schulte
	6–7 Nik. Heinzmann		5–6 Georg Schulte
V.	1–3 Georg Kiffe	XIV.	1–2 Anton Balkenhof
	4–5 Barbara Kieffer		3 Maria Reichel

Mittelschiff, Evangelienseite.

	4 Elisabeth Vietsch	I.	1 Heinrich Kranz
	5 Heinrich Lill		2 Christ. Bründer
	6–7 Georg Schulte		3 Anton Hüttl
XV.	1–2 Mrs. J. Weber		4–5 Thomas Butzer
	3–4 Mrs. J. Kron		6–7 M. Lunkenheimer
	5–7 Johann Lamm	XXI.	1–2 Mrs. J. Heger
H.	1–4 Mrs. A. Wittrock		3 Philipp Ewan
	5 Christ. Henniker		4 Michael Lenertz
	6–7 Conrad Mayer		5 Alex. Lenertz
XVI.	1–2 Fritz Bögen		6 Georg Gitter
	3 Georg Paulus		7 Theresia Sänger
	4 Remigius Pohnert	XXII.	1 Robert Halter
	5 Jos. Henniker		2 Franz Schröder
	6 Mrs. J. Gulden		3 Joseph Halter
	7 Amalia Bennet		4 Peter Schmalz
XVII.	1–2 C. Leifermann		5–6 Andreas Fuchs
	3 Jos. Rausch, jun.		7 Joseph Lerch
	4 M. P. Shanahan	XXIII.	1–2 Johann Süß
	5–7 Jos. Rausch, sen.		3 Sophia Weingärtz
XVIII.	1–2 Mrs. P. Henniker		4 Mag. Klingel
	3 Georg Kreuzer		5–6 Georg Schmidt
	4 August Halter	XXIV.	1 Franz Heger
	5–6 Jakob Esser		2 Rosa Appert
XIX.	1–3 D. Hodapp		3 Kath. Wilmes
	4 Albert Hodapp		4 Joseph Peters
	5–6 Heinrich Theissen		5 Mrs. B. Theissen
XX.	1 Georg Gitter		6 Martha Materne
	2 frei	XXV.	1–2 Anton Heß
	3 Christian König		3 Franziska Kollers
	4 Mrs. M. Schaub		4 Joseph Bieberle
	5–6 Barth. Lamm		5 Isaak Kouri
	7 Anton Wilmes		6 Johann Reichel

211

Mittelschiff, Evangelienseite.

		7 Aug. Materne	6 frei
J.	1	Th. Eggersdörfer	XXVI. 1–3 Aug. Behrendt
	2	J. Rauchmann	4–5 frei
	3	J. B. Hagen	6–7 Nik. Steinbach
	5	Nik. Taschent	

St. Marien-Seitenschiff.

A.	1–6 Joseph Jäger	IV.	1–3 Heinr. Klugherz
	5 Mrs. J. Dumbeck		4–5 August Halter
B.	1–2 Stephan Sieberg		6 Franziska Saylor
	3–6 Leo Heidwinkel	V.	1–2 Peter Gramer
	5 Johann Bauer		3 Mich. Reidegger
C.	1 Mrs. A. Daut		4–6 Heinr. Wilmes
	2–3 Franz Daut	VI.	1–2 Gerhard Sieberg
	4–5 Philipp Daut		3 frei
	6 Sophie Weingärtz		4 Mich. Hummer
D.	1–2 Jakob Schwickert		5 Fridol. Widmann
	3 Franz Wild		6 Fritz Thissen
	4–6 Peter Brisbois	VII.	1–2 Theodor Schütte
I.	1 Aloys Mettler		3–4 Wm. Umen
	2–3 Mrs. P. Schmalz		5–6 Johann Stein
	4–5 frei	VIII.	1–6 Wenz. Hüttl
	6 Johann Koonze	IX.	1–6 Heinrich Schulte
II.	1 Franz Jakoby	X.	1–3 Johann Richard
	2 Rosa Höhn		4–6 Joseph Daut
	3 Jos. Landkamer	XI.	1 Johann Schmidt
	4–5 Ludwig Eder		2 Helena Schwartz
	6 Regina Mettler		3–5 Michael Sturm
III.	1 Martin Kratz		6 Wilhelm Mayer
	2 Agnes McDonald	XII.	1–3 Georg Randig
	3–4 frei		4 Michael Kratz
	5–6 Nikolaus Tilgen		5 Joseph Lang

St. Marien-Seitenschiff.

	6	Joseph Hüttl	XVIII	1–4	Gebrüder Kruse
XIII.	1	Alb. Schwarbel		5 6	Martin Walser
	2	Karl Schwarbel	XIX.	1–2	Nikolaus Korth
	3	Nik. Welter		3–4	Joseph Klein
	4	Mar. Scheumann		5	Albert Heil
	5–6	Ludwig Mayer		6	Johann Pihale
XIV.	1–3	Mrs. A. Jakoby	XX.	1–2	Franz Kunz
	4–6	S. Zimmermann		3–4	Philipp Tilgen
XV.	1–2	Peter Hartmann		5–6	Mrs. Jak. Klasius
	3	Johann Adams	XXI.	1	Johann Arend
	4–5	Joh. Buschina		2	Mrs. N. Schomer
	6	Simon Kerber		3	Simon Ziegler
XVI.	1	Johann Janda		4	Jakob Jünther
	2	Johann Hecht		5–6	Theodor Zellmer
	3–6	Lorenz Clinger	XXII.	1	Peter Hartmann
XVII.	1–2	J. Schlingermann		2	Anton Magin
	3	D. Schmidt		3	Johann Halter
	4	Franz Kunz		4–6	G. J. Hoffmann
	5–6	Franzis. Siebauer			

St. Josephs-Seitenschiff.

A.	1–2	Wilhelm Jost		3	Joseph Lamm
	3–4	Hermann Albert		4	Wm. Henlein
	5–6	frei		5	frei
B.	1–6	Johann Klein		6	Anton Salfer
C.	1–2	Wm. Wittrock	IV.	1	Mrs. H. Tanger
	3–4	Ed. Cousandier		2–3	Leo S. Lamm
	5–6	Heinr. Wittrock		4	Mrs. P. Hennifer
D.	1–6	Anton Busch		5–6	Mrs. H. Roll
I.	1–2	Mrs. G. Walz	V.	1–2	Franz J. Lorenz
	3–4	Karl H. Griebel		3	Johann Lorenz
	5–6	Arnold Niehoff		4	Mrs. J. Wagner
II.	1–6	Gebrüder Lamm		5	Aug. Lorenz
III.	1–2	Fritz Westhoff			

St. Josephs-Seitenschiff.

	6 Nikolaus Rief		2 J. W. Wenner
VI.	1-2 D. Schmweiler		3 Mrs. G. Bauer
	3-4 Joseph Kircher		4 Thomas Hüttl
	5-6 Matth. Sontag		5 Nikolaus Grasser
VII.	1-3 J. Deglmann		6 Matthias Stoffel
	4 Georg Klasius	XVI.	1 Maria Hüttl
	5-6 Aloys Dietmann		2-3 Paul Göttl
VIII.	1-2 Anton Menne		4-5 Johann Göttl
	3-4 Mrs. J. Menne		6 Georg Göttl
	5-6 Mrs. A. Wenner	XVII.	1-2 Lorenz Henlein
IX.	1-3 A. Hartung		3-6 Seb. Göttl
	4 J. Landkamer	XXIII	1-2 Johann Mock
	5 Conrad Wolf		3-4 Johann Clinger
	6 Karl Klingel		5-6 Anton Klages
X.	1 Johann Laux	XIX.	1 Albert Römer
	2 Anton Gramann		2-4 J. A. Lorenz
	3 Paul Aachen		5-6 J. G. Gobel
	4-5 Jos. Ulmen	XX.	1-3 Franz Schulte
	6 Michael Ulmen		4 Hermann Oberle
XI.	1-4 Franz Borgmeier		5 Seb. Göttl
	5-6 M. Borgmeier		6 Johann P. Lorenz
XII.	1-2 Adolph Hanisch	XXI.	1 Maria Milnor
	3 Mich. Ulmen, jun.		2 Mich. Bachmeier
	4 Wanda Powalska		3 Johann Zirwick
	5-6 Mrs. J. Klages		4-5 Joseph Kotthoff
XIII.	1-6 Simon Scheurer		6 Joseph Tanzer
XIV.	1-2 Ferdinand Kiffe	XXII.	1-3 Mrs. M. Ulmen
	3-4 Mrs. G. Bienapfl		4-5 Ambros Lorenz
	5-6 Jos. Zimmeth		6 J. B. Harst
XV.	1 Eberh. Klugherz		

III.
Verzeichniß
—der—
Gemeindemitglieder.

A

Aachen, Paul, 1107 N 6th st.
Adams, Johann, 116 Adams st.
Adams, Johann G, 116 Adams st.
Adams, Johann Joseph, 116 Adams st.
Ahlersmann, Conrad, 1709 E Main st.
Albert G, Albert's Hill Road, Mankato Town.
Albert, G D, Albert's Hill Road, Mankato Town.
Albert, Hermann L, 1536 N 5th st.
Albert, Johann J, 116 S 6th st.
Albrecht, Johann, 224 Hinckley st.
Albrecht, Johann, Eagle Lake road.
Alexander, Hermann, 212 N Broad st.
Alvert, Frau Julia, 113 N 6th st
Andring, Heinrich, North Mankato.
Appel, Ignaz. 324 Poplar st.
Appel, Margaretha (Witw J G) 324 Poplar st.
Apert, Rosa, Mankato.
Arendt, Johann, 1024 N 6th st.
Arnold, Elisabeth, 324 N 4th st.
Arnold, Johann A, 324 N 4th st.

B

Bachmeier, Michael, Mankato.
Balkenhol, Anton. 1012 N 7th st.
Balmes, Herman, Kasota, Minn.
Balzer, L M, Jr, 321 N 2nd st.

Bartz, Barbara, Eagle Lake road, Mankato Town.
Bartz, Joseph, Eagle Lake road, Mankato Town.
Bartz, Matthias, Eagle Lake road, Mankato Town.
Bauer, Georg, 1210 N 6th st.
Bauer, Gertrud (Witw John B) 619 N 4th st.
Bauer, Johann, 1210 N 6th st.
Bauer, Johann, 1303 Marsh st.
Bauer, Joseph, 619 N 4th st.
Bauer, Karl, St Joseph's Hospital.
Baumgaertner, Joseph, 1434 Broad st.
Beckmann, Georg, Agency road, Mankato Town.
Beckmann, J, Agency road, Mankato Town.
Behrendt, August, 520 Pleasant st.
Behrendt, Eduard, 520 Pleasant st.
Bennett, Frau Amalia, North Mankato.
Berg, Frau Katharina, Albert's Hill road, Mankato.
Berg, Joseph, Mankato.
Berger, Heinrich, Nicollet county, Mankato.
Bieberle, Joseph, 329 Rhine st.
Bieberle, Vincentia, 329 Rhine st.
Bienapfl, Anton, Belgrade ave, North Mankato.
Bienapfl, Clara (Witw Joseph), 203 Rhine st.
Bienapfl, Elisabeth (Witw Georg), 806 N Front st.
Bienapfl, Franz, 1028 N Front st.
Bienapfl, Franz, 203 Rhine st.
Bienapfl, Georg, 203 Rhine st.
Bienapfl, Karl, 116 Franklin st.
Bienapfl, Katharina (Witw Anton), 116 Franklin st.
Bienapfl, Margaretha (Witw Joseph), 408 N Broad st.
Bienapfl, Wenzel G, 730 N Front st.
Biewer, Nicolaus, 1213 N 7th st.
Biner, Elisabeth, 1101 N 6th st.
Birk, Emma, 919 S Front.
Birk, Frau Peter, 1510 4th ave.
Birk, Joseph, 1510 4th ave.
Blatzheim, Frau Wilhelmina, 713 N 2nd st.
Bleiss, Wilhelm, 232 Adams st.
Blissenbach, August, 128 N 6th st.

Blissenbach, Joseph, 101 S 6th st.
Bloechel, Karl, South Bend road. Mankato Town.
Boegen, Friedrich, 315 N 5th st.
Boegen, Heinrich, 103 S Broad st.
Boegen, Maria (Witw H), 103 S Broad st.
Bohnert, Remigius, 528 Range st, N Mankato.
Borgmeier, Anna, 629 N Broad st.
Borgmeier, Franz, 629 N Broad st.
Borgmeier, Matthias, Borgmeier's road, Lime Town.
Borgmeier, Philipp, Borgmeier's road, Lime Town.
Braun, Johann, Mankato Town.
Braus, Peter, N Mankato.
Braxmeier, Johann, 219 N Front st.
Brisbois, Peter, 207 Page st, N Mankato.
Broecher, Heinrich, 1527 N 4th st.
Broecher, Johann, 1527 N 4th st.
Broecher, Maria A, (Witw), 914 N 5th st.
Bruels, Nicolaus, 801 N Broad st.
Bruender, Christoph, Indian Lake road, Mankato Town.
Bruender, Johann, Indian Lake road, Mankato Town.
Brueggemann, Georg, 314 Ann st.
Brugger, Jacob. 704 N 5th st.
Buchholz, Nicolaus, Lime st.
Buedscheit, Matthias, 1502 N 5th st.
Bummel, Max, Tivoli.
Busch, Anton J, 102 S 5th st.
Busch, Franz J, 414 S 2nd st.
Busch, Friedrich, 127 N Front st.
Busch, Heinrich, 117 N Broad st.
Busch, Joseph, 102 S 5th st.
Busch, Maria, 102 S 5th st.
Buschina, A, Albert's Hill road, Mankato Town.
Buschina, F, Albert's Hill road, Mankato Town.
Buschina, J, Albert's Hill road, Mankato Town.
Buschina, J, Jr. Albert's Hill rd, Mankato Town.
Buschmann, Johann, Bunker Hill road.
Butzer, Johann, 927 N Front st.
Butzer, Thomas, 1512 5th ave.

C

Chapman, Frau Katharina, Cr Mill St & St Peter road.
Classen, Frau Johann, 916 Hinckley st.
Coe, Joseph, N 4th st.
Coe, Patrick, 449 Division st.
Constans, Eduard, 121 N Broad st.
Constans, Frau Georg, 121 N Broad st.
Cousandier, Eduard, 601 N Front st.

D

Damel, Frau Anna, E Main st.
Danzer, Johann, Eagle Lake road, Mankato Town.
Danzer, Jos, Eagle Lake road, Mankato Town.
Danzer, Jos O, Eagle Lake road, Mankato Town.
Dauber, Frau Dorothea, 113 S 5th st.
Dauk, Anton, Jr, Borgmeier's rd, Lime Twn, Mankato.
Dauk, Franz, 228 N 5th st.
Dauk, Frau Witw Anton), 228 N 5th st.
Dauk, J, Borgmeier's road, Le Ray Town, Eagle Lake.
Dauk, Peter, Bunker Hill road, Mankato Town.
Dauk, P, Borgmeier's road, Le Ray Twn, Eagle Lake.
Degen, Anna, 602 N Broad st.
Deglmann, Anton, 602 N Front st.
Deglmann, Johann N, E Walnut st.
Deglmann, Wenzel, 602 N Front st.
Demoulley, Johann, Lake Crystal, Minn.
Denn, Martin P, Decoria town, St Clair.
Dentinger, Georg A, 126 N 5th st.
Dentinger, Joseph, 126 N 5th st.
Dentinger, Katharina (Witw Ludwig), 126 N 5th st.
Dentinger, Maria, 126 N 5th st.
Depuydt, Desiderius, Poor Farm road,
Deuser, Alo s, Marsh st.
Deuser, Amalia, 207 N Front st.
Deuser, Paulina, 207 N Front st.
Deuser. Wenzel J, 1710 E Main st.
Dief, Fritz, North Mankato.
Dief, Theresa (Witw Ferdinand) N Mankato.
Dietz, Georg, Stahl House.

Dittl, Joseph, 1317 N 7th st.
Dittmann, Joseph, Mankato.
Dittmann, Maria (Witw), 105 S Front st.
Dombeck, Barbara (Witw Joseph) 156 Dickinson st.
Dombrowsky, Johann, 156 Dickinson st.
Dombrowsky, Johann Valentin. 156 Dickinson st.
Dombrowsky, Julia, 156 Dickinson st.
Dombrowsky, Maria, 156 Dickinson st.
Dombrowsky, Nicolaus, 156 Dickinson st.
Domogala, Karl, 1515 4th ave.
Donahue, Daniel, N Mankato.
Drummer, Conrad, Mankato town, Tivoli.
Drummer, Johann, Mankato town, Mankato.

E

Eckel, Franz, 1506 5th ave.
Eckstein, Johann. cor Mill st & St Peter road.
Eckstein, Theresia, cor Mill st & St Peter road.
Eder, Anna Katharina, 412 Charles st, N Mankato.
Eder, Ludwig J, 412 Charles st, N Mankato.
Eder, Maria Eva. (Witw Joseph)412 Charles st, N Mkto.
Effer, Benjamin, 920 N 2nd st.
Effer, Jacob, 920 N 2nd st.
Eggersdoerfer. J B, 1206 N 7th st.
Eggersdoerfer, Peter, N Mankato.
Eggersdoerfer, Theresia, N Mankato.
Engelin, Frau Johanna, South Bend road, Mankato.
Engelin, Johann, South Bend road, Mankato.
Engelin, Theodor. South Bend road, Mankato.
Engelhart, Georg, Mankato.
Engelhart, Joseph, 704 N Front st.
Evan, Philipp, N 6th st.

F

Fallenstein, Ernst, 107 S 5th st.
Fallenstein, Michael, 107 S 5th st.
Ferro, Amalia, Bunker Hill road, Mankato Twn.
Ferro, Aug, Bunker Hill road, Mankato Town.
Ferro, Franz, Bunker Hill road, Mankato Town.
Ferro, Ludw, Bunker Hill road, Mankato Town.
Ferro, Frau Seraphina, Bunker Hill road, Mkto Town.
Fischer, Joseph, 212 N 2nd st.

Fitterer, Heinrich, Mankato.
Fix, Johann D. St Peter road, Lime Town, Mankato.
Fleck, Anton, East Mankato.
Fleischmann, Franz Jr, N 7th st.
Fleischmann, Franz, Sr, 924 N 2nd st.
Fleischmann, Wenzel, 924 N 2nd st.
Foemenich, Benjamin, North Mankato.
Foley, Daniel, Mankato town, Mankato.
Follmann, Peter, Dr, 129 S Front st.
Ford, Maria, Frau, 828 N Broad st.
Fraenzel, Albert, Bunker Hill road.
Fraenzel, Eduard, Mankato.
Frescholtz, Heinrich, Bunker Hill road, Mankato town.
Freundl, Franz, 728 N 2nd st.
Fricke, Fritz, 713 N Broad st.
Fricke, Heinrich, 307 N Front st.
Friedel, Joseph, 1202 Marsh st.
Friedrichs, Albert, Mankato town.
Friedrichs, Alphons, Bunker Hill road, Mankato town.
Fuchs, Andreas, Eagle Lake road, Le Ray town.
Fuchs, Jacob, Eagle Lake road, Le Ray town.

G

Gabler, Anton, St Peter Prairie road, Lime town.
Gabler, Anton, Jr, St Peter Prairie road.
Getzel, Alois, 1624 N 4th st.
Giese, Heinrich, Mankato.
Gitter, Georg, Eagle Lake road, Mankato town.
Gitter, Joseph, Eagle Lake road, Mankato town.
Glotzbach, Agnes, State st.
Glotzbach, Albert A, State st.
Goebel, Johann J, Agency road, Mankato.
Goberisch, Andreas J, Mankato.
Goettl, Georg, 208 N 5th.
Goettl, Johann, Bunker Hill road, Mankato town.
Goettl, Katharina, 208 N 5th.
Goettl, Paul, 208 N 5th st.
Goettl, Sebastian, Bunker Hill road, Mankato town.
Gramann, Anton, Mankato town.
Gramann, Karolina, Marysburgh road.
Grabowenski, Heinrich, Mankato.

Graeber, Johann F, 203 N Front st.
Gramer, Andreas, 1501 N 4th st.
Gramer, Anna, 1501 N 4th st.
Gramer, Christina, 1501 N 4th st.
Gramer, Peter, 1501 N 4th st.
Grasser, Andreas E, 131 Dickinson st.
Grasser, Karl, 152 Dickinson st.
Grasser, Maria, (Witw Heinrich), 152 Dickinson st.
Grasser, Nicolaus, 1106 Marsh st.
Grasser, Peter, 152 Dickinson st.
Griebel, Bertha, 209 S Front st.
Griebel, G P, 403 S Front st.
Griebel, Johann G, 209 S Front st.
Griebel, Julius, 209 S Front st.
Griebel, Karl H, 314 E Hickory st.
Griebel, Lena, 209 S Front st.
Griebel, Nellie, 403 S Front st.
Groh, Wenzel, 1616 N 5th st.
Guenther, Christina N. (Witw Jacob), 528 N 4th st.
Guenther, Heinrich, Bunker Hill road.
Guenther, Johann B, 528 N 4th st.
Gulden, Karolina (Witw Johann P), 515 N 2nd st.
Gulden, Paul F, 515 N 2nd st.
Guth, Georg J, 219 N Front st.
Guth, Heinrich, 219 N Front st.
Guth, Karl R, 219 N Front st.
Guth, Maria, 219 N Front st.

H

Habinger, Johann, 122 N 5th st.
Hagen, Conrad, 451 N 6th st.
Hagen, Johann B, North Mankato.
Halter, August, 720 N 2nd st.
Halter, August, Eagle Lake road, Mankato town.
Halter, Johann, Eagle Lake road, Mankato town.
Halter, Joseph, Eagle Lake road, Mankato town.
Halter, Robert, Eagle Lake road, Mankato town.
Hanisch, Adolph, Marysburgh road, Lime town.
Hanisch, Eva (Witw Ignaz), East Mankato.
Hanisch, Friedrich, Marysburgh road, Lime town.

Harke, Johann, 1107 N 3d st.
Harst, Johann B, East Mankato.
Hartmann, Peter, Agency road, Mankato town.
Hartung, Anton, Eagle Lake road, Mankato town.
Hartung, Johann, Eagle Lake road, Mankato town.
Hecht, Johann, 720 N 2nd st.
Heger, Alois, 1328 2nd ave.
Heger, Franz, Eagle Lake road, Mankato town.
Heger, Joseph, 4th ave.
Heger, Karl, Agency road, Mankato town.
Heger, Rosalia, (Witw Johann), 1328 2nd ave.
Heider, Franz X, Belgrade ave, N Mankato.
Heider, Michael, N Mankato.
Heidwinkel, Heinrich, St Peter bluff road, Mankato.
Heidwinkel, Leo, Marysburgh road, Lime town.
Heil, Albert, 528 N 6th st.
Heinzmann, Heinrich, St Peter bluff road, Lime town.
Heinzmann, Nicolaus, 410 N 5th st.
Hellebrand, Emil, 62 Rhine st.
Hellebrand, Wenzel, 62 Rhine st.
Hellebrand, Wenzel P, 62 Rhine st.
Henderson, Frau Adelheid, 122 N 5th st.
Henlein, Franz, 805 2nd st.
Henlein, Lorenz, 816 N 2nd st.
Henlein, Margaretha (Witw Heinrich), 111 E Spring.
Henlein, Wilhelm C, 111 E Spring st.
Henniker, Adolph, St Peter road, Lime town.
Henniker, Christoph, St Peter road, Lime town.
Henniker, Franz L, Eagle Lake, Minn.
Henniker, Georg, St Peter road, Lime town.
Henniker, Hubert, St Peter road, Lime town.
Henniker, Joseph, St Peter road, Lime town.
Henniker, Ludwig, St Peter road, Lime town.
Henniker, Maria (Witw J P), St Peter road, Lime town.
Hess, Anton, 526 N 4th st.
Hess, Hermann, 526 N 4th st.
Hess, Otto, 526 N 4th st.
Hickel, Anton, Bunker Hill road, Mankato town.
Hickel, Joseph, Mankato.
Hidde, Frau Maria, 819 N 4th st.

Hilger, Albert, Lime town, Mankato.
Hilger, Jacob, Lime town, Mankato.
Hillesheim, Heinrich, 614 N Front st.
Hirmer, Lorenz, Agency road, Mankato town.
Hodapp, Dennis, 108 N 5th st.
Hodapp, Georg, St Peter bluff road, Mankato.
Hodapp, Gertrud, 1604 N 4th st.
Hodapp, Ida, 108 N 5th st.
Hodapp, Johann, Bunker Hill road, Mankato.
Hodapp, Joseph, Bunker Hill road.
Hodapp, Philipp, 1604 N 4th st.
Hodapp, Rosa, 108 N 5th st.
Hodapp, Wenzel, N Mankato.
Hoehn, Rosa (Witw) Le Ray town, Madison Lake.
Hoerr, Ferdinand J, 103 S 5th st.
Hoerr, Franz, 103 S 5th st.
Hoerr, Johann G, 103 S 5th st.
Hoerr, Karl, 103 S 5th st.
Hoerr, Margaretha (Witw John W,) 103 S 5th st.
Hoerr, Otto A, 103 S 5th st.
Hoerr, Wilhelm G. 504 S Broad st.
Hoffmann, Georg, 709 N 2nd st.
Hoffmann, Georg, Jr, Mankato.
Hoffmann, Herman, 909 Hinckley st.
Hoffmann, Jacob, Mankato.
Hoffmann, Johann, Albert's Hill road.
Hoffmann, Johann G, Belgrade town, Nicollet Co.
Hoffmann, Karl J, 709 N 2nd st.
Hoffmann, Maria, 709 N 2nd st.
Hoffmann, Philipp, Eagle Lake road, Mankato town.
Hottinger, E J, 419 N 2nd st.
Hub, Karl, Mankato.
Hueble, Michael. Le Ray town, Mankato.
Huettl, Anton. 1618 4th ave.
Huettl, Franz N, 329 N Front st.
Huettl, Franz P. 712 N Front st.
Huettl, Franz R, S 4th st.
Huettl. Heinrich L, 516 N 4th st.
Huettl, Joseph B, 1304 4th ave.
Huettl, Joseph, Jr, 712 N Front st.

Huettl, Joseph W, 712 North Front st.
Huettl, J Peter, 524 N Front st.
Huettl, Thomas, 1618 3d ave.
Huettl, Thomas M. S 4th st.
Huettl, Wenzel, 329 N Front st.
Hummer, Anna (Witw Wenzel), 124 Germania st.
Hummer, Franz, 728 N 2nd st.
Hummer, Johann, Borgmeier's road, Lime town.
Hummer, Michael, Borgmeier's road, Lime town.

J

Jacoby, Anna (Witw Anton), 913 N 6th st.
Jacoby, Franz, poor farm road, Mankato town.
Jacoby, Heinrich, poor farm road, Mankato town.
Jaeger, Elisabeth, Agency road, Mankato town.
Jaeger, Joseph, Agency road, Mankato town.
Jaeger, Karl, Mankato town.
Jaeger, Katharina, Agency road, Mankato town.
Jaeger, Maria, Agency road, Mankato town.
Jaeger, Veronica, Agency road, Mankato town.
Janda, Johann, 126 E Rock st.
Janda, Louis, 426 E Jackson st.
Janda, Maria, (Witw Albert) 126 E Rock st.
Janisch, Johann, McPherson town, St Clair.
Janisch, Joseph, McPherson town, St Clair.
Jarmer, Felix, Mankato.
Jerzick, Johann, N Mankato.
Jost, Georg A, 209 S 5th st.
Jost, Wilhelm F, 114 N 4th st.
Juberien, Johann, 1101 N 6th st.
Juenther, Christian, 124 Rhine st.

K

Kaemmerer, Maria, 620 N 2nd st.
Kaempernolte, Anton, 418 E Mulberry st.
Kaiser, Georg, 1008 4th ave.
Kaiser, Michael, 1008 4th ave.
Kauffmann, Katharina, 214 N 6th st.
Kauffmann, Maria, 214 N 6th st,

Kerber, Simon, 926 N 7th st.
Kiffe, Benj F, Duke's addition.
Kiffe, Ferdinand, 1522 N 5th st.
Kiffe, Ferdinand S, Mankato town.
Kiffe, Franz, 118 N 5th st.
Kiffe, Georg, Jr, Bunker Hill road, Mankato town.
Kiffe, Georg, Sr, 118 N 5th st.
Kiffe, Johann, Lime town, Mankato.
Kiffe, Leo J, 125 N Front st.
Kiffe, Otto, Duke's addition.
Kieffer, Barbara, (Witw Joseph), 227 S 5th st.
Kieffer, J Anton, 227 S 5th st.
Kieffer, Lucia, 227 S 5th st.
Kircher, Joseph, 328 Belgrade ave, N Mankato.
Klages, Anton M, 313 N Front st.
Klages, Elisabeth, 712 Willow st.
Klages, Friederica (Witw Johann), 712 Willow st.
Klages, Georg, 318 Vine st.
Klages, Heinrich, 320 E Vine st.
Klages, Hermann, 712 Willow st.
Klages, Peter, 718 N 2nd st.
Klasius, Franz, Kasota, Minn.
Klasius, Georg, 1502 N 4th st.
Klasius, Joseph, Kasota, Minn.
Klasius, Michael, Kasota, Minn.
Klasius, Rosina (Witw Jacob), 1502 N 4th st.
Klingl, Francisca, 810 Marsh st.
Klingl, Magdalena, Mankato.
Klein, Georg J, 115 S Broad st.
Klein, Johann, 414 S 2nd st.
Klein, Joseph, Marysburgh road, Lime Town, Mankato.
Klugherz, Adam, 824 Marsh st.
Klugherz, Eberhart, 127 McMahon st.
Klugherz, Heinrich, E Main st.
Knauer, Anton, Eagle Lake road, Mankato town.
Knoll, Frau Henrietta, 804 N 5th st.
Knoll, Jacob, 122 N 5th st.
Knorr, Josepha, 221 Rhine st.
Knorr, Vincenz, Belle st.
Koch, Katharina (Witw Johann), 1008 N 6th st

Koehler, Oscar, 804 N 5th st.
Koenig, Christ, 825 Marsh st.
Koll, Anton, 220 N 6th st.
Koller, J G, 326 S Broad st.
Kolles, Francisca, Mankato.
Koonze, Johann, 229 N 5th st.
Koonze, Karl, 227 N 5th st.
Kopp, Anton, Mankato town.
Kopp, Georg, Mankato.
Korth, Nicolaus, 210 Branson st.
Korth, Nicolaus P, 210 Branson st.
Korth, Simon, 210 Branson st.
Kotthoff, Franz S, 1029 N 6th st.
Kotthoff, Joseph, 1114 N 7th st.
Kouri, Faddoul Isaak, Mankato.
Kranz, Heinrich, 1421 N 2nd st.
Kranz, Nicolaus, 717 N 5th st.
Kratz, Martin, 129 N 6th st .
Kraus, Peter H, 519 N 6th st.
Kreutzer, Franz, 612 N 2nd st.
Kreutzer, Georg, 612 N 2nd st.
Kron, Emilia, 309 N Front st.
Kron, Friedrich, 104 N Broad st.
Kron, Johanna (Witw Clemens), 309 N Front st.
Kron, Joseph, 309 N Front st.
Krost, Georg G, 513 N 2nd st.
Krost, Gertrud (Witw Johann P), 402 N Front st.
Krost, Johann, 217 N 5th st.
Krost, J P, 618 N Broad st
Kruse, Fritz W, 316 N 4th st.
Kruse, Gottfried, 316 N 4th st.
Kruse, Heinrich J, 319 E Mulberry st.
Kruse, Ludwig, 316 N 4th st.
Kruse, Theresa (Witw Gottfried, Sr), 122 N 4th st.
Kubias, Louisa, St Peter road, Lime town, Mankato.
Kuibler, Frau Louis, Mankato.
Kunz, Adam, 128 W Vine st.
Kunz, Franz, 704 N Front st.
Kunz, Joseph, 914 N 5th st.
Kurkowski, August C, 437 N 6th st.

L

Lamina, Joseph, 1303 5th ave.
Lamm, Albert J, 615 N 2nd st.
Lamm, Barth, Eagle Lake road, Mankato town.
Lamm, Carolina, 203 S Broad st.
Lamm, Eduard, 230 N Front st.
Lamm, Franz A, 604 N Front st.
Lamm, Hermann, Eagle Lake road, Mankato town.
Lamm, Johann, 604 N Front st.
Lamm, Joseph, 524 N 6th st.
Lamm, Leo S, 129 S 5th st.
Lamm, Otto, 203 S Broad st.
Lamm, Philipp, 203 S Broad st.
Lamm, Richard F, Mankato.
Lamm, Robert, 215 S Broad st.
Lamm, Simon, 230 N Front st.
Lamm, Stephan, 203 S Broad st.
Lamm, Theresa (Witw Leo), 230 N Front st.
Lamm, Wenzel H, 604 N Front st.
Landgraf, Andreas, 726 N Front st.
Landkamer, Johann, 927 N 6th st.
Landkamer, Joseph, Jr, 512 N Broad st.
Landkamer, Joseph, Sr, 927 N 6th st.
Landkamer, Rosa, 927 N 6th st.
Lang, Frau Wenzel, 417 Vine st.
Lang, J H, 417 Vine st.
Lang, J N, 327 N Front st.
Lang, Joseph, 417 Vine st.
Lang, Joseph, 459 N 6th st.
Lang, Matthias, Jr, Agency road, Mankato town.
Lang, Matthias, Sr, Agency road, Mankato town.
Laux, Johann, poor farm road, Mankato town.
Leas, Johann, 804 Broad st.
Leas, Philipp C, 327 Clarke st.
Leibrock, Wilhelm, 207 N Front st.
Leifermann, Clemens A, 704 E Main st.
Leifermann, Hermann, 909 N 5th st.
Leifermann, Johann A, 214 N 6th st.
Leifermann, Wilhelm, 909 N 5th st.

Lenertz, Alexander, 804 N 5th st.
Lenertz, Heinrich, 806 N Front st.
Lenertz, Michael, St Peter Prairie road.
Lenertz, Wilhelm, N Mankato.
Leonard, Elisabeth (Witw Quirinus), 608 N Front st.
Leonard, Franz J, 608 N Front st.
Leonard, Heinrich F, 212 E Rock st.
Lerch. Joseph, 1023 N 7th st.
Lill, Heinrich, 207 Rhine st.
Loewen, Johann, Jr, 924 Marsh st.
Loewen, Johann, Sr, 940 Marsh st.
Loewen, Matthias, 1105 N 5th st.
Loewen, Michael, Mankato.
Loewen, Peter G, 930 Marsh st.
Lorenz, A M, 911 N 4th st.
Lorenz. Franz G, 719 Lime st.
Lorenz, Franz J, 504 Warren st.
Lorenz, Gustav, 507 Pike st.
Lorenz, Johann A, 507 Pike st.
Lorenz, Joseph L, 824 N Broad st.
Lorenz, Theresa (Witw Franz) 719 Lime st.
Lunkenheimer, Agnes, St Peter road, Lime town.
Lunkenheimer, Joseph, St Peter road, Lime town.
Lunkenheimer, Michael, St Peter road, Lime town.

M

MacDonald, Agnes, 127 S 4th st.
Magin, Anton, 317 N Broad st.
Magin, Martin, Lime town, Mankato.
Mahowald, Franz, 625 N Front st.
Mahowald, Johann, 626 N Front st.
Manderfeld, Johann F, poor farm road, Mankato town.
Marckfelder, Georg, 402 Minnesota st.
Margel, Anton, 1030 N 5th st.
Margel, Franz, 1011 N 5th st.
Marka, Franz, 1329 3rd ave N.
Marka, Joseph L, 1329 3rd ave N.
Martin, Frau Katharina, 1603 N Broad st.
Martin, J B, 1425 N 5th st.
Masberg, Frau Katharina, 1003 N 5th st.

Masberg, Joseph, 1003 N 5th st.
Materne, August, Bunker Hill road, Decoria town.
Materne, Martha, Bunker Hill road.
May, Georg, Mankato town.
May, Johann T, Bunker Hill road, Mankato town.
May, Katharina (Witw Joseph), 1709 E Main st.
May, Stephan, Mankato town.
Mayer, Anton, Jr, 215 N 2nd st,
Mayer, Anton, Sr, 215 N 2nd st.
Mayer, Conrad J, 703 N Front st.
Mayer, Jacob, 518 Charles st, N Mankato.
Mayer, Lorenz, 802 N Front st.
Mayer, Lorenz B, 215 N 2nd st.
Mayer, Lorenz L, 802 N Front st.
Mayer, Ludwig, 117 W Vine st.
Mayer, Wilhelm, 121 N Broad st.
Meixner, Anna (Witw Vincenz), 1024 N 4th st.
Meixner, Vincenz A, 1024 N 4th st.
Menne, Anton, Marysburgh road, Lime town.
Menne, Heinrich, Mankato.
Menne, Johann, 416 N 5th st.
Menne, Johann, 453 N 6th st.
Menne, Ludwig, 453 N 6th st.
Menne, Sophia (Witw Johann), 453 N 6th st.
Menten, Maria A (Witw Adam), 902 N 6th st.
Mettler, Alois, Mankato town.
Mettler, Franz J, 311 N Front st.
Mettler, Joseph, Mankato town.
Mettler, Regina, Eagle Lake road, Mankato town.
Meyer, Bernhard, poor farm road, Mankato town.
Meyer, Heinrich, 109 River st.
Meyer, Joseph, 1017 N 6th st.
Meyer, Joseph, Jr, 1017 N 6th st.
Meyer, Johann, 1017 N 6th st.
Michels, Johann H, 427 S Front st.
Milner, Frau Maria, 128 Dickinson st.
Mock, Johann J, Eagle Lake road, Mankato town.
Mock, Joseph, Mankato town.
Mock, Lena (Witw Johann), 829 Marsh st.
Moster, Matthias, 408 Belgrade ave, N Mankato.

Mueller, Eduard, 922 N 6th st.
Mueller. Heinrich, 115 Rock st.
Mueller, Johann, 507 N Front st.
Mueller, Leonard, Lime town, Mankato.
Mueller, Margaretha (Witw Johann), 507 N Front st.
Mueller, Michael, 214 N Broad st.
Mueller, Oscar, 119 N 4th st,
Mueller, Peter, 507 N Front st.
Mueller, Theodor, 1620 4th ave.
Mueller, Theodor, 1115 N 5th st.
Mueller, Wilhelm, 507 N Front st.
Mutsch, Johann, Mankato.

N

Neidegger, Michael, Mankato.
Neubauer, Valentin, 118 N 5th st.
Neubert, Johann, 1303 5th ave.
Niehoff, Anna, 1413 E Main st.
Niehoff, Hubert, 1413 E Main st.
Niehoff, Maria, 1413 E Main st.
Niehoff, Theodor, 1413 E Main st.
Nuebel. Eberhart C. 441 N 6th st.
Nuebel. Eduard, 441 N 6th st.
Nuebel, Franz H, 621 N 2nd st.

O

Oberlaender, Rosa (Witw Bernhardt), 218 N 6th st.
Oberle, Anton. poor farm road, Decoria town.
Oberle, Christian, Mankato town.
Oberle, Herman J, 130 Wild st.
Ohlinger, Albert, Mankato town.
Ohlinger, Johann, Eagle Lake road, Mankato town.
Ohlinger, Lorenz F, Indian Lake road, Mankato town.
Ohlinger, Maria, Eagle Lake road, Mankato town.
Ohrmann, Fritz, Mankato.
Oster, Dominic, 119 S Front st.
Ostoba, Jacob, 1024 N 5th st.

P

Page, S V, 113 N 2nd st.
Panther, Georg, poor farm road, Decoria town.
Paulus, Georg, 703 N Front st.
Peters, Ida (Witw), 718 N 2nd st.
Peters, Johann, Albert's hill road, Mankato town.
Peters, Johann Peter, 130 Adams st.
Peters, Joseph, 1516 N 5th st.
Peters, Matthias, 1516 N 5th st.
Peterson, Katharina, 716 N 6th st.
Pietsch, Alois, 717 N Front st.
Pietsch, Joseph, 102 Rhine st.
Pihale, Anna, 728 N Broad st.
Pihale, Georg, 728 N Broad st.
Pihale, Johann J, 728 N Broad st.
Pirath, Georg, Mankato.
Poos, Peter, 420 N 5th st.
Potz, Heinrich, Agency road, Mankato town.
Potz Theresa (Witw Kasper), 1710 E Main st.
Powalska, Wanda, 1316 1st ave.
Power, Maria (Witw Anton), 402 N Front st.
Prosser, Franz, 144 Adams st.
Prosser, Vincenz, 144 Adams st.
Przybylla, Joseph, 1608 N 5th st.

R

Randig, Anton, 312 E Madison.
Randig, Georg, 312 E Madison.
Rauchmann, Johann, N Mankato.
Rauchmann, Joseph, N Mankato.
Rauchman, Michael, N Mankato.
Rausch, Jacob, 1704 N 4th st.
Rausch, Johann C, 1714 3rd ave.
Rausch, Joseph H, St Peter bluff road, Lime town.
Rausch, Joseph, Sr. 121 N Broad st.
Reibenstein, Anna (Witw Franz), 1428 N 2nd st.
Reibenstein, Arnold, 1428 N 2nd st.
Reichel, Engelbert, Eagle Lake road, Mankato town.
Reichel, Franz, 509 N 6th st.

Reichel, Johann, 121 Belle st.
Reichel, Johann, 509 N 6th st.
Reichel, Johann, Eagle Lake road.
Reichel, Joseph, 1429 2nd ave.
Reiff, Nicolaus, Belgrade town, Nicollet county.
Reinbolt, Georg, poor farm road, Decoria town.
Reitoper, Stephan, 1428 N 2nd st.
Renne, Johann, Decoria town.
Richard, Johann B. W Mankato.
Ritter, Emil, Mankato.
Robb, Frau Dorothea, 136 Fulton st.
Robel, Francisca (Witw Gottfried, Sr), 330 E Main st.
Robel, Gottfried J, 213 N 6th st.
Robel, Heinrich, 330 E Main st.
Robel, Joseph, Bunker Hill road, Mankato, Minn.
Roemer, Albert G, 717 N Broad st.
Roemer, Jacob, Lime town.
Roesch, Philipp, 528 N 6th st.
Roll, Clara, 729 N Broad st.
Roll, Hedwig (Witw Michael), 729 N Broad st.
Roll, Johann B, 729 N Broad st.
Roll, Ludwig D, 920 N 3rd st
Rose, Ludwig, Agency road, LeRay town, Tivoli.
Rubottena, Lena, 715 N 4th st.
Ruder, Joseph, 1515 N 4th st.
Ruerup, Franz, Mankato.
Ruerup, Joseph, 324 N Broad st.
Ruhland, Johann, 1536 N 5th st.
Rutges, Gravis, N Mankato.

S

Saenger, Eva Theresa (Witw J P) 626 N Front st.
Saenger, Jacob J, cor Broad and Rock sts.
Saenger, Johann B, 119 Madison ave.
Saenger, Johann N, 205 N Front st.
Saenger, Matthias, Borgmeier's road, Lime town.
Saenger, Nicolaus, 625 N 5th st.
Saenger, Peter, 620 S Front st.
Saftig, Heinrich, 506 N 2nd st.
Salfer, Johann J, Stahl House.

Salfer, Joseph, St Peter Prairie road, Lime town.
Salgenski, Hermann, N Mankato.
Salocke, Johann, 1002 N Front st.
Saylor, Francisca, Mankato.
Schaefer, Franz, Jr, Lime town.
Schaefer, Franz M, Borgmeier's road, Lime town.
Schaefer, Wilhelm, Lime town.
Schaffan, Franz, Mankato town.
Schaible, Roman, Lime town.
Schaub, Arthur, 211 N 6th st.
Schaub, Berthold, 122 N 5th st.
Schaub, Lambert, Indian Lake road, Mankato town.
Schaub, Magdalena (Witw Casimir), 211 N 6th st.
Schaus, Jacob J, 324 Belgrade ave, N Mankato.
Schell, August, 608 N 2nd st.
Scheurer, Adam J, Mankato town.
Scheurer, Georg, Agency road, Mankato town.
Scheurer, Johann B, 1104 N 5th st.
Scheurer, Karl E, Albert's hill road, Mankato town.
Scheurer, Simon, Albert's hill road, Mankato town.
Scheurer, Simon, Jr, Albert's hill road
Schimann, Maria (Witw Johann), 625 N 2nd st.
Schingle, Joseph F, N Mankato.
Schingle, Magdalena, N Mankato.
Schlingermann, Joseph, 1424 N 5th st.
Schlingermann, Josephina, 1424 N 5th st.
Schmalz, Peter J, Nicollet county.
Schmauss, Dr L F, 209 N Front st.
Schmidt, Dennis, Nicollet county.
Schmidt, Eduard, 624 N Front st.
Schmidt, Georg, 624 N Front st.
Schmidt, Johann, Germania st.
Schmidt, Joseph, 815 N 2nd st,
Schneider, Georg, Jr. 4th ave.
Schneider, Joseph, 1518 4th ave.
Schneider, Nicolaus, 1518 4th ave.
Schneider, Simon P, 1518 4th ave.
Schneider, Theresa (Witw Georg), 1518 4th ave.
Schoen, Paul, St Clair.
Schomer, Johann, 715 N 4th st.

Schomer, Katharina (Witw Nicolaus), 715 N 4th st.
Schomer, Michael, 715 N 4th st.
Schomer, Peter H. 715 N 4th st.
Schorn, Engelbert, 1320 N 4th st.
Schorn, Jacob, 409 N Front st.
Schroeder, Clemens, 209 S Broad st.
Schroeder, F L. 130 Rhine st.
Schroeder, Franz, 716 N 6th st.
Schroeder, Maria A (Witw Herman), City.
Schroff, Agnes (Witw Andreas), 512 E Vine st.
Schroff, Theresa, 512 E Vine st.
Schuette, Theodor, 606 E Mulberry st.
Schulschwestern de Notre Dame, 201 N 5th st.
Schulte, August, Marysburgh road, Lime town.
Schulte, Bertha, Agency road, Mankato town.
Schulte, Clara (Witw Peter), Marysburgh road.
Schulte, Franz, Agency road, Mankato town.
Schulte, Franz, Jr. Agency road, Mankato town.
Schulte, Georg, Mankato town.
Schulte, Georg P, Mankato town.
Schulte, Heinrich, Marysburgh road. Lime town.
Schulte, Karl, Agency road, Mankato town.
Schuweiler, Josephina (Witw Dominik), 508 N Broad
Schuweiler, Maria, 508 N Broad st.
Schwarbel, Albert, 125 S Broad st.
Schwarbel, Heinrich, 125 S Broad st.
Schwarbel, Heinrich, Jr. Mankato.
Schwarbel, Karl. Eagle Lake road.
Schwartz, Helena, Mankato.
Schwartz, Theresa, Mankato.
Schwestern von der schmerzhaften Mutter. St. Joseph's Hospital, cor 5th and Washington sts.
Schwickert, Jacob H. Agency road, Mankato town.
Seifert, Franz, 1228 Marsh st.
Shanahan, Michael P, Marysburgh road, Lime town.
Siebauer, Francisca (Witw Martin), 913 N 6th st.
Siebauer, Georg, 913 N 6th st.
Siebauer, Joseph. 913 N 6th st.
Sieberg, Franz, 1601 N 4th st.
Sieberg, Gerhart, Albert's hill road.

Sieberg, Katharina, 520 N 2nd st.
Sieberg, Peter, 520 N 2nd st.
Sieberg, Stephan J. 1021 N Broad st.
Simon, Matthias, 1126 E Main st.
Sontag, Engelbert H, Bunker Hill road.
Sontag. Heinrich, Bunker Hill road, Mankato town.
Sontag, Jacob A. Bunker Hill road, Mankato town.
Sontag, Joseph W, Bunker Hill road, Mankato town.
Sontag. Josephina (Witw Jacob), 518 N Broad st.
Sontag, Josephina, 806 N 6th st.
Sontag, M J, 806 N 6th st.
Sontag, Maria (Witw Engelbert), Bunker Hill road
Sparra, Martha, Mankato.
Stahl, Joseph, 309 N Front st.
Standfest. Anton, 1413 N 2nd st.
Staudinger, Georg, 1316 1st ave.
Steidl, Florian, 308 Rhine st.
Stein, Franz, 1321 N Broad st.
Stein, Johann, 1321 N Broad st.
Stein, Peter, 1321 N Broad st.
Steinbach, Nicolaus, Mankato.
Steinmann, August, 330 N Broad st.
Stemper, Nicolaus, 813 N 2nd st.
Stemper, Peter, Mankato.
Stock, Eduard, Mankato town.
Stock, Johann, Mankato, town.
Stopfel, Matthias, Mankato.
Stuetgen, Leonhard, Eagle Lake road, Mankato town.
Suellentrop, Franz, 118 N 5th st.
Suess, Franz, N Mankato.
Suess, Johann, N Mankato.
Suess, Joseph, N Mankato.

T

Tanger, Frau Barbara, 219 N 6th st.
Tascheny, Nicolaus, Mankato.
Tascheny, Peter, 1710 E Main st.
Taschner, Johann, 1203 N 7th st.
Taschner, Nicolaus, Agency road, Mankato.

Taschner, Peter, 1213 N 7th st.
Tauel, Fritz, Mankato.
Theissen, Anna (Witw Nicolaus), 617 N Front st.
Theissen, Heinrich. 706 N Broad st.
Theissen, Hubert, 706 N Broad st.
Theissen, Jacob, 625 N Front st.
Theissen, Johann P, N 513 Broad st.
Theissen. Joseph, 706 N Broad st.
Thilgen, Nicolaus, 1110 N Broad st.
Thilgen. Philipp. 308 Rhine st.
Thilgen, Wilhelm. 2025 Belle st.
Thissen. Albert. Mankato.
Thissen, Friedrich, Smith's Mill.
Thissen, Heinrich. Eagle Lake road.
Thomas. Johann R, 226 State st.
Thro, Johann C, 302 N Front st.
Thro, Joseph H, 309 N Broad st.
Thro, Karl, 302 N Front st.
Tillman, Karl. Eagle Lake road.
Trampert, Maria, Albert's hill road.
Traunsperger, Johann, 621 N 4th st.
Tutsch, Joseph, Agency road, Mankato town.
Tutsch, Joseph, Jr. Agency road, Mankato town.

U

Udelhofen, Franz, 118 Division st.
Ulmen, Anna, Bunker Hill road.
Ulmen, Anton, 525 N 2nd st.
Ulmen, August, Stahl House.
Ulmen, Elisabeth (Witw Matthias), 914 N 6th st.
Ulmen, George, poor farm road, Mankato town.
Ulmen, Heinrich, 906 N 6th st.
Ulmen, Hermann, poor farm road. Mankato town.
Ulmen, Johann, poor farm road, Mankato town.
Ulmen, Johann, Bunker Hill road, Mankato town.
Ulmen, Joseph. Indian Lake road, Mankato town.
Ulmen, Katharina (Witw Michael), poor farm road.
Ulmen, Maria. poor farm road, Mankato town
Ulmen, Matthias. poor farm road, Mankato town.
Ulmen, Matthias, Bunker Hill road, Mankato, town.

Ulmen, Michael, Jr, Bunker Hill road. Mankato town.
Ulmen, Peter, poor farm road. Mankato town.
Ulmen, Peter, Jr, Mankato town.
Ulmen, Wilhelm. Bunker Hill road.
Ulmen, Sophia, Bunker Hill road.
Ulmen, Wilhelm, poor farm road, Mankato town.
Unzeitig, Rosalia (Witw Johann), 221 Rhine st.

V

Vahle, Heinrich, 610 E Main st.
Veigel, Franz, Jr, McPherson town, St Clair.
Veigel, Franz, Sr, Indian Lake road, Mukato town.
Veigel, Heinrich, 524 N Broad st.
Veigel, Maria, Indian Lake road.

W

Wagen, Frau Maria, 201 N Front st.
Wagner, Barbara (Witw Johann), 820 Marsh st.
Wagner, Johann, 1101 N 5th st.
Wagner, Ludwig. 309 N 6th st.
Wagner, Michael, Agency road, Mankato town.
Wagner, Wenzel. 309 N 6th st.
Wallesch, Gerhart, 706 N Front st.
Wallesch, Hubert, 706 N Front st.
Wallraf, Heinrich. 520 N 6th st.
Wallraf, Joseph J, 520 N 6th.
Walser, Martin, 122 N 4th st.
Walz, Katharina. 634 S Front st.
Walz, Ida, 634 S Front st.
Walz, Karl, 634 S Front st.
Walz, Katharina (Witw Kaspar), 634 S Front st.
Wandersee, Wilhelm, Lime town.
Watters, Frau E V, 609 N Broad st.
Weber, Barbara (Witw Johann), 927 N 5th st.
Weber, Barbara (Witw), 601 W 4th st.
Weber, Maria (Witw Anton B), 927 N 5th st.
Weber, Maria (Witw Joseph), 601 W 4th st.
Weidinger, Anna, (Witw Matthias), 520 E Mulberry.
Weimer, Johann, 524 N 6th st.

Weinberger, Herman, 1320 N 7th st.
Weingaertz, Johann, 808 Willow st.
Weingaertz, Peter, 719 Maple st.
Weingaertz, Philipp, 719 Maple st.
Weis, Ida, 714 N Broad st.
Weis, Katharina, 714 N Broad st.
Weis, Nicolaus, 714 N Broad st.
Welter, Heinrich, 423 E Spring st.
Welter, Nicolaus, 423 E Spring st.
Wenner, August F, Eagle Lake road, Mankato town.
Wenner, August, Sr, 401 Marsh st.
Wenner, Bernardina, (Witw Franz), 809 Marsh st.
Wenner, Franz W, Mankato town.
Wenner, Fritz W, 458 N 6th st.
Wenner, Joseph, 2027 Belle st.
Wenner, Karl, Agency road, Mankato town.
Wenner, Peter, Eagle Lake road, Mankato town.
Wenner, Susanna (Witw Aug C), Agency road.
Westhoff, Fritz, 601 N 2nd st.
Wetzel, Ignatz, N Mankato.
Wheeler, Frau Katharina, Poor farm road, Mkto town.
Widmann, Fridolin, Eagle Lake road, Mankato town.
Wild, Franz, 202 Belgrade ave, N Mankato.
Wilka, Franz, 722 N Broad st.
Wilka, Franz J, 722 N Broad st.
Wilka, Johann F., 722 N Broad st.
Willmes, Anton, Mankato town.
Willmes, Heinrich, 220 N 6th st.
Willmes, Joseph, 901 N 5th st.
Willmes, Karl, 230 N. 4th St.
Willmes, Katharina (Witw. Franz) S 4th st.
Wiltgen, Anna, (Witw. Peter) 209 S 5th st.
Wiltgen, Martin, E Main st.
Winkelmiller, Joachim, St. Peter road, Lime town.
Winkler, Eduard, Rhine st.
Wittmers, Franz, 101 S 6th st.
Wittmers, Wilhelm, Albert's Hill road.
Wittrock, Anna, 601 N 2nd st.
Wittrock, Dina, (Witw Arnold) Bunker Hill road.
Wittrock, Heinrich, 601 N 2nd st.

Wittrock, Katharina, Bunker Hill road, Mankato town.
Wittrock, Wilhelm, Bunker Hill road, Mankato town.
Wolf, Adam, 622 N 2nd st.
Wolf, Andreas, Agency road, Mankato town.
Wolf, Conrad, 919 E Main st.
Wolf, Heinrich, 1310 N 4th st.
Wolf, Joseph, Mankato town.
Wolf, Lorenz, Borgmeier's road, Lime town.
Wolff, Michael, Mankato.

Z

Zeigner, Henrietta, 662 N Broad st.
Zellmer, Bernhard, 1403 N 2nd st.
Zellmer, Franz, 1224 N 4th st.
Zellmer, Theodor, 1224 N 4th st.
Zenopolski, Gustav, 830 N Front st.
Zervas, Gerhart, Mankato.
Zeyen, Nicolaus, 511 N Front st.
Ziegler, Franz, Mankato.
Ziegler, Fritz, Poor farm road, Decoria town.
Ziegler, Simon, 1535 N 5th st.
Zimmer, Joseph R. Mankato.
Zimmermann, August, 330 N Broad st.
Zimmermann, Georg, 215 N Front st.
Zimmermann, Sebastian, 215 N Front st.
Zimmeth, Joseph, Mankato.
Zipfler, Frau Katharina, 121 N 6th st.
Zipfler, Joseph, 121 N. 6th st.
Zirwick, Johann, 1325 3rd Ave.

Nachtrag.

Zu S. 5 und 7.

Was von den Niederlassungen der Benediktinerväter in St. Cloud, Minn., und Atchison, Kansas, gesagt wird, ist dahin zu berichtigen, daß deren eigentliche Gründung erst 1856 zur Wirklichkeit wurde. Jedenfalls aber war dieselbe in sicherer Aussicht oder schon eingeleitet, als Bischof Cretin dem ihn im Jahre 1854 besuchenden Anton Jlg unter anderen auch besagte Orte sich anzusehen anempfahl.

Zu S. 10 und 24.

Bereits im Vorworte wurde erwähnt, daß die ersten Kapitel dieses Buches schon anfangs November 1898 gedruckt waren. Daraus erklärt sich von selbst, weßhalb Leo Lamm, der erst am 26. genannten Monats starb, noch den Lebenden beigezählt wird, und weßhalb es von Michael Hund heißt, daß er am 27. Juni des laufenden Jahres—d. i. 1898—aus dem Leben geschieden sei.

Zu S. 33.

Laut einer nachträglich von uns aufgefundenen, noch von Vater Sommereisen herrührenden Eintragung in einem alten Rechnungsbuche waren es nicht 20, sondern 40 Dollars, die Bischof Cretin bei seinem Besuche in Mankato zum Kirchenbau spendete, ein von seiten eines armen Missionsbischofes in der damaligen Zeit sehr ansehnliches Geschenk, das seiner Herzensgüte alle Ehre machte.

Zu S. 57.

Durch ein Versehen steht „Ansiedelungen des nordwestlichen" statt: südwestlichen Minnesota.

Zu S. 172.

Von Frau Michael (nicht Michal) Hund heißt es irrthümlich, daß sie die erste Präsidentin der aus dem Altarvereine hervorgegangenen Frauensodalität gewesen sei. Denn als 1875 die Sodalität gegründet wurde, waren die Hunds nicht mehr in Mankato, sondern schon nach Kansas übergesiedelt. Die erste Präsidentin der neugegründeten Frauensodalität war die 1879 verstorbene Frau Heinrich Wittrock.

Zu S. 208.

In den zwei letzten Zeilen
      lies 5 Maria Grasser, statt: M. Gramer
         6 Andreas Grasser, statt: A. Gramer.